금촛대 중보자들 I

LADIES OF GOLD

금촛대 중보자들 I

제임스 말로니 엮음 | 박미가 옮김

LADIES OF GOLD

목차

6_ 금촛대 중보자들에 관하여

Chapter 1 천국 경험과 육체 이동 Ⅰ ─ 37
Chapter 2 인자의 징조 ─ 100
Chapter 3 하늘이 하나님의 영광을 선포하다 ─ 108
Chapter 4 회심자가 반드시 알아야 할 것들 ─ 121
Chapter 5 열매냐 잎이냐 ─ 145
Chapter 6 마지막 때 ─ 191
Chapter 7 왕의 잔치 ─ 198
Chapter 8 경계! ─ 204
Chapter 9 찬미의 삶 살기 ─ 210
Chapter 10 영화롭게 찬양하라 ─ 249
Chapter 11 찬양의 완성 ─ 295
Chapter 12 그 외의 기록물들 ─ 320

금촛대 중보자들에 관하여

나의 저서 《춤추는 하나님의 손》(The Dancing Hand of God, 순전한나드)을 읽은 분들이 가장 많이 물어보는 질문은 그 책에서 여러 차례 언급된 '금촛대 중보자 모임'(Golden Candlestick)에 관한 것이다. 금촛대 중보자 모임은 나의 사역에 지대한 영향을 끼쳤는데, 그 모임에 대해 알고 있는 사람들은 거의 없다. 좀 알고 있다고 해도 잘못 알고 있거나 부분적으로 알고 있을 뿐이다. 단언컨대 금촛대 중보자 모임은 매우 진실한 모임이었고, 전설적일 만큼 대단한 모임이었다. 그러나 이 모임에 대한 최종 판단은 독자들의 몫으로 남겨두겠다.

내가 첫 책의 출판을 준비할 때, 주님은 나에게 금촛대 중보자들이 쓴 글들을 수집해놓으라고 지시하셨다. 그 모임에서 가르친 내용 중 몇 개는 쉽게 구할 수 있었지만, 대부분은 이미 사라지고 없었다. 그럼에도 불구하고 나는 그곳에서 추구했던 비전들을 그리스도의 몸 된 교회에 알리기 위해 주님의 말씀에 순종하였다.

금촛대 중보자 모임의 마지막 생존자는 도라 여사였다. 나는 캘리포니아 집회에서 그녀를 마지막으로 만났다. 당시 80대였던 도라 여사는 나를 만난 후 얼마 지나지 않아 소천하였다. 마지막으로 보았을 때, 그녀는 70여 년 동안 무릎을 꿇고 기도해온 탓에 허리가 굽어 있었다. 그때 그녀가 나의 머리에 기름을 부었는데, 너무 많이 부어서 옷이 엉망이 되었다. 그럼에도 그녀는 전혀 개의치 않았다.

기름을 부은 후, 그녀는 앞으로 내가 꼭 해야 할 몇 가지 중요한 일들에 대해 말해주었다. 그중 하나가 다음 세대를 위해 금촛대 중보자 모임에 관한 자료들을 정리하여 책으로 남겨두는 것이었다. 금촛대 중보자 모임을 처음으로 시작한 멤버들은 더 이상 이 세상에 없었다. 더군다나 그들이 펴낸 책자들의 판권은 이미 소멸된 상태였고, 그 당시엔 단지 몇 사람만 그들이 펴낸 소책자들을 갖고 있을 뿐이었다.

그 소책자들에 실린 내용 중 일부는 인터넷에 올려졌다. 그리고 일부는 재판되어 싼 가격에 판매되거나 무료로 배포되었는데, 다른 가르침들과 한데 묶인 경우가 많았다. 한 수집가가 몇 가지 글들을 가지고 있긴 했지만, 내가 알기론 그 모임에서 나온 기록들만을 전적으로 모아놓은 사람은 한 명도 없었다. 이에 나는 후대 사람들을 위해 금촛대 중보자 모임에서 나온 기록들만 모아 정식으로 출판해야겠다고 결심했다.

크리스틴과 웨이드 반델린 부부가 수집한 것들과 내가 수집한 기록들을 모으면 가장 완벽한 책이 될 것 같다는 생각이 들었다. 내가 수집한 기록물들은 등사물이 대부분이었고, 일부는 60년 이상 된 것들이어서 알아보기도 힘들 정도로 낡은 상태였다. 이 기록들을 이대로 방치했다간 다 없어질 것 같아서 헤어진 기록들이라도 한데 모아 책으로 엮어내는 것이 시급했다.

내 고향 캘리포니아 주 아이딜와일드에서 실로선교회를 이끌고 있는 크리스틴과 웨이드 반델린 부부에게 나는 적지 않은 빚을 졌다. 만일 그 부부가 소장하고 있던 귀한 자료들을 빌려주지 않았다면, 금촛대 중보자 모임과 관련된 자료들을 완전하게 수집하기가 어려웠을 것이다. 고등교육을 받은 반델린 부부는 사탄숭배주의와 점집들로 가득한 고향 마을이 성령 하나님이 운행하시는 마을로 변화되기를 바라는 마음으로 오랫동안 마을 사람들을 전도하며 섬겨왔다. 게다가 반델린 부부는 금촛대 중보자 모임을 귀하게 여겼다. 그 증거는 그들이 고향 마을이 위치한 산악지역에서 이룬 사역의 열매에 잘 나타난다.

만일 당신이 반델린 부부가 사는 지역을 방문하게 된다면, 그들이 섬기는 교회에 들러 반델린 부부에게 감사와 존경을 표해주었으면 한다. 나는 이 책의 판매를 통해 들어온 수입의 10분의 1을 그 교회에 헌금하여 그들에게 고마움을 표할 것이다.

금촛대 중보자 모임에서 나온 기록물들을 모아 출판하기 위한 편집 작업을 끝냈을 때, 나는 이 기록물을 한 권의 책으로 만들기에는 양이 너무 많다는 사실을 알게 되었다. 그래서 이것을 두 권으로 펴내기로 결정했는데, 결국은 세 권이 되었다. 이 책은 그중 첫 번째 책이다.

금촛대 중보자 모임에는 여자 회원들이 많았고, 남자들은 소수였다. 그들은 자신들이 글을 쓴 날짜에 대해 별로 신경을 쓰지 않았기 때문에, 자료들을 기록된 날짜별로 정리하기가 쉽지 않았다. 어떤 글들은 정확한 날짜를 기록해놓긴 했지만, 모든 자료들을 기록된 순서대로 배열하기는 어려웠다.

금촛대 중보자 모임의 시작

이제 기록들을 편찬하면서 알게 된 금촛대 중보자 모임에 관한 사실에 대해 이야기하겠다. 1930-1940년대 초 프란시스 메트컬프가 금촛대 중보자 모임을 처음으로 만들었다. 프란시스는 의지가 매우 굳은 사람이었는데, 그녀의 사도적 선견자(apostolic seer prophetess)로서의 수준 높은 사역과 은사를 알아본 사람들은 그녀의 비전에 동참하고 싶어 했다.

프란시스는 엘림성경연구원을 나온 졸업생 중 자신과 같은 비전을 갖고 있는 사람들을 모았다. 이때 모인 사람들은 자신의 사역을 포기하고 오로지 주님만 찬양하고 경배하는 일에만 집중하기로 서약한 사람들이었다. 이에 대한 응답으로 주님은 그들에게 특별한 영적 체험을 허락하셨다. 그리고 얼마 후 그 모임의 열매로 여러 나라에서 새로운 하나님의 운동들이 일어나기 시작했다.

금촛대 중보자 모임에는 일부 결혼한 여자 회원들의 남편들도 참석하였다. 그러나 그 모임은 원래 여자들이 주가 되어 창설한 모임이었다. 모임의 주축을 이루고 있는 여성 회원들 대부분은 경배 사역에만 헌신하기 위해 평생을 독신으로 지냈다. 그러나 창시자 프란시스에게는 남편과 세 딸이 있었다. 그중 두 딸의 이름은 드와이트 주니어와 조디였다. 막내 조디는 엄마의 사역에 적극 협조하였고, 장녀 드와이트 주니어는 이 모임과는 전혀 상관없는 성경공부 모임을 인도하였다. 막내 조디를 제외한 나머지 두 딸은 엄마의 사역에 대해 소극적이었다.

금촛대 중보자 모임은 처음에 약 20명 정도의 회원들로 시작하였고,

나중에 에이미 샘플 맥퍼슨(포스퀘어교단 창시자 - 역주)이 설립한 라이프성경대학 졸업생 28명과 교회와 지역사회에서 사역을 하고 있던 몇몇 사람들이 합류하였다. 이 모임이 번창했을 때는 회원이 80명 정도였고, 평균적으로 대략 40-50명이 모였다.

금촛대 중보자 모임은 아무나 들어올 수 있는 개방된 모임이 아니었다. 이 모임의 회원이 되려면 반드시 기존 회원의 초대를 받아야 했다. 장거리 여행을 꺼리던 프란시스 메트컬프는 남캘리포니아를 중심으로 몇 개의 하프 앤 볼(harp and bowl, '거문고와 금대접'을 말하며 찬양과 기도가 어우러진 예배를 의미함 - 역주) 모임을 만들었다. 금촛대 중보자 모임은 한 주에 4-6번 정도 모였는데, 저녁 6-7시 정도에 모임을 시작해서 다음 날 새벽 1-2시 정도가 돼서야 모임을 마쳤다. 어떤 날은 날이 밝을 때까지 모임이 지속되기도 했다. 이들이 주로 밤에 모인 이유는 가정이 있는 회원들 때문이었다.

주님께 서약한 사람들의 예배와 중보기도 모임인 금촛대 중보자 모임은 아시시의 성 프란시스가 주도한 모임과 비슷하다고 볼 수 있다(금촛대 중보자 모임은 초창기에는 복음주의를 표방하다가 나중에는 오순절식의 예배형태를 취했다. 이 모임은 성 프란시스가 시작한 모임이 보여주는 가톨릭의 수도원적 성격은 거의 없었고, 회원들 간의 강한 결속력을 바탕으로 형성된 모임이라고 볼 수 있다).

금촛대 중보자 모임이 장소를 남캘리포니아로 옮긴 후, 프란시스는 함께 모여 예배할 수 있는 건물을 짓고 싶어 했다. 그녀는 캘리포니아 지도를 구해 손가락으로 어느 한 곳을 찍었는데, 하나님은 그녀가 자라나고 나의 고향이기도 한 아이딜와일드를 지목하게 하셨다. 당시 아이딜와일드 지역에 사는 남자들은 대부분 건설이나 벌목 일을 하고 있었다.

1948년 금촛대 중보자들은 건물을 새로 지어서 지하실을 예배 장소로 사용했다. 건물을 지을 때 여자 회원들이 손수 돌을 날랐다. 새로 지은 건물의 예배실 중앙에는 돌 난로가 있었고, 구약의 성막과 같이 안쪽 벽면을 자주색과 빨간색, 금색으로 칠하고, 벽면에는 왕족을 나타내는 색깔의 휘장과 커튼들을 여러 개 걸쳐놓았다. 그 예배실에서 가장 귀한 물건이 금촛대였기 때문에 그들은 자신들의 모임을 금촛대 중보자 모임이라고 부르기 시작했다.

요한계시록 5장 8절에는 금촛대 중보자 모임을 잘 설명해주는 하프 앤 볼에 대한 내용이 기록되어 있다. 금촛대 중보자들은 단지 주님께 찬양과 경배만 드린 것이 아니라, 성령의 인도하심을 따라 강력한 중보기도도 병행하였다.

금촛대 중보자들은 당시 일어났던 늦은 비 운동(the Latter Rain movement)에 힘입어 성령의 인도에 따라 예배에 새로운 요소들을 가미하였다. 찬양과 경배를 드릴 때에는 전통적인 찬송가를 부르지 않고 성령님의 인도하심만 따랐기 때문에 형식을 배제한 예배가 될 수밖에 없었다. 프란시스가 서툰 솜씨로 기타처럼 생긴 치터(zither)를 치면 모두가 방언으로 찬양하기 시작했고, 찬양을 시작한 지 몇 분이 되지 않아 회원들 모두가 성령에 사로잡히곤 하였다.

그들의 입에서는 주님의 노래(song of the Lord)가 흘러나왔다. 그리고 어느 순간 각자 내는 다양한 소리들이 합쳐져서 아름다운 합창곡이 되었다! 50여 명 또는 그 이상의 사람들이 모여 세상에서 한 번도 불린 적 없는 새 노래를 주님 앞에서 조화된 리듬과 박자로 부르는 아름다운 장면을 상상해보라!

이때 그들의 노래가 어두움의 영들을 물리치는 강력한 무기가 되곤 했는데, 참으로 놀라운 일이었다. 그들은 또한 신랑(예수)이 신부에게 불러주는 노래와 신부가 신랑에게 불러주는 노래도 불렀다. 두 그룹으로 나눠 한쪽에서 주님의 노래를 하면, 다른 쪽에서는 즉흥적으로 신부의 노래로 화답하기도 하였다. 그들이 부른 노래 중 즉흥적으로 부른 노래가 많았다는 사실 또한 매우 놀랍다.

프란시스와 금촛대 중보자들에게 구약의 절기들은 중요한 의미를 갖고 있다. 그 이유는 그들이 율법 준수를 중요하게 생각해서가 아니라, 구약의 절기들이 다시 오실 신랑 되신 주님의 예표였기 때문이다. 그들이 예배에서 행하는 모든 행위들은 율법의 완성이시자 교회의 머리이신 주님께 초점이 맞춰졌다. 그들은 구약의 모든 절기들이 예수님을 가리킨다고 생각했다. 또한 욤 키푸르(Yom Kipppur, 대속죄일)를 거쳐서 장막절로 연결되는 로쉬 하샤나(Rosh Hashanah, 유대인의 새해 첫날)를 매우 중요하게 생각했고, 이스라엘이라는 나라 자체를 매우 소중하게 여겼다.

이스라엘이 나라의 국기를 정식으로 채택하기 몇 년 전, 주님께서 프란시스에게 이스라엘 국기의 문양과 색을 미리 보여주셨다. 그녀는 이 사실을 이스라엘 임시정부에 알렸고, 이스라엘은 국기에 들어가는 다윗의 방패를 프란시스가 보았다고 주장한 청색과 백색으로 결정했다(이스라엘 국기 문양은 1880년대 후반에 이미 결정됐지만, 대중에게 알려지진 않았었다). 그 후 이스라엘이 독립을 선언하자, 그녀는 자신이 써온 색깔의 문양을 이스라엘 임시의회에 보냈고, 이스라엘 지도자들은 1948년에 그녀가 제안한 문양을 이스라엘의 정식 국기로 채택하였다.

금촛대 중보자들은 그동안 수십만 달러를 하나님 나라를 위해 사용했다. 그들은 조지 뮬러가 그랬던 것처럼 고아원과 학교들을 도왔고, 자신들이 진정으로 주님을 경배할 때 하나님으로부터 초자연적인 도움이 온다고 믿었다. 실제로 그 누구에게도 도움을 요청하지 않았는데도 많은 재정이 그들에게 들어왔다. 그들을 신뢰하신 주님은 많은 재정을 주셨고, 그 결과 그들은 한때 전 세계에 흩어져 사역하는 선교사들을 100여 명까지 돕기도 하였다. 그들은 선교의 중요성을 잘 알고 있었는데, 그 이유는 그들이 엘림성경연구원과 라이프성경대학에서 공부할 때 선교의 중요성에 대한 가르침을 잘 받았기 때문이다.

그들이 주님의 신부 됨에 대한 중요성을 경험하고 자각하게 되었다는 사실은 매우 중요하다. 그들은 예수님의 왕 되심을 제대로 이해하였기에 철저하게 그리스도 중심의 삶을 살았다. 한번은 프란시스가 "왕이신 주님께서는 여러분이 사람들을 사랑으로 대하는 것을 가장 중요하게 생각하십니다"라고 말했다. 금촛대 중보자 모임은 사람들이 왕이신 주님의 신부가 되게 하는 복음전도를 가장 귀한 사역으로 생각했다.

놀라운 현상들

이 책에서 언급될 내용 중 많은 부분이 금촛대 중보자들이 체험한 초자연적 현상에 대한 것이다. 나는 그들처럼 엘리야와 빌립이 경험한 천국 경험(rapture)과 영·혼·육의 이동(translation, 또는 영·혼·육의 천국 이동)을 많이 한 그룹이 없는 것으로 알고 있다. 그들은 종종 여러 명이 동시에 다른 지역으로 이동하였고, 심지어는 수일 동안 옮겨진 장소에서 복음전도 사역을 한 후 돌아오기도 했다. 이럴 경우, 그들은 거기서 만난 사람들이나 천사들의 도움을 받아 초자연적으로 생명을 유지하였다.

그들이 다른 나라로 가면, 성령께서 그들이 도착한 지역을 위해 어떻게 기도해야 할지와 복음에 저항하는 세력들과의 영적 전쟁을 어떻게 수행해야 할지에 대한 전략을 알려 주셨다. 일을 완수하고 원래 있던 장소로 다시 돌아오면, 그들은 성령님으로부터 받은 기도 전략에 따라 그 지역을 놓고 계속적으로 중보하였다. 이러한 그들의 사역으로 인해 여러 나라에서 하나님의 놀라운 운동들이 일어났다.

중보기도를 하는 동안에는 성령님의 인도함만을 받았는데, 성령께서 특정 지역을 놓고 기도하는 것에 대해 마음의 부담감을 주신 후 그 지역을 위해 중보하게 하셨다. 그들은 찬양과 경배를 하며 주님이 임하시길 기다렸고, 성령님이 중보하도록 인도하지 않으시면 단지 왕이신 주님만을 집중적으로 경배하였다. 그들이 강조한 것은 영적 전쟁보다는 예배였는데, 예배와 영적 전쟁 모두 그들에게 중요한 사역이었다.

이 세상의 다른 지역으로의 육체적 공간 이동(the earthly translation, transport)과 영의 천국 경험(rapture, 영이 빠져나가 천국에 다녀오는 경험)은 영·혼·육이 동시에 천국에 다녀오는 것(the translation to heaven, translation)과는 다르다. 영·혼·육이 천국으로 이동한 사람들은 천국에서 다시 이 땅으로 돌아올 때 실제로 보석이 박힌 신을 신고, 이스라엘의 열두 지파를 상징하는 열두 종류의 보석이 박힌 조끼를 입거나 금실로 짠 모자가 달린 드레스를 입고 돌아오기도 하였다. 금촛대 중보자 모임에서는 이런 일들이 자주 일어났다.

그들은 이 땅에서 살면서 천국을 자주 다녀왔다. 만일 프란시스 메트컬프가 천국에서 별을 보았다고 말한다면, 그것은 그녀가 마음의 눈으로 별을 본 것이 아니라 영·혼·육의 공간 이동이나 영의 천국 경험을 통해 실제로 천국의 별을 보았다는 말이다. 이러한 초자연적 경험들은 모임의 횟수가 더해 갈수록 그 깊이가 더해졌다. 이러한 일은 금촛대 중보자들의 첫 모임부터 일어났다.

한번은 내가 금촛대 중보자들이 모임을 가졌던 예배실 안에 있었는데, 그때 예배실 문에서 황금빛이 뿜어져 나오는 것을 보았다. 순간 나는 사람들이 그 문을 통해 천국의 방으로 간다고 생각했다.

그 경험을 한 지 수년이 지난 후 한번은 마리온 피카드(프란시스의 개인 비서로 금촛대 중보자들 중에서 도라 여사 다음으로 오래 살았다)와 함께 그 예배실이 있던 집에 갔었다. 그런데 내가 보았던 문이 그 자리에 없는 것을 보고 깜짝 놀랐다. 그때 어떤 분이 내가 보았던 그 문이 천국으로 통하는 특별한 문이었다고 설명해 주었다. 나는 이것에 대해 더 이상 묻지 않았다. 내가 질문을 했더라도 그들은 그 이상의 답을 해 줄 수 없었을 것이다.

현재 내가 알고 있는 초자연적 경험을 그때 알고 있었더라면, 아마도 나는 그들과 함께 공간이동을 하여 다른 나라나 천국으로 가는 경험을 했을 것이다. 그 당시 프란시스가 나에게 "짐, 너는 아직 준비가 안 됐어"라고 말했던 것이 기억이 났다.

《춤추는 하나님의 손》에서 이미 내가 어떻게 프란시스와 금촛대 중보자 모임을 알게 되었는지에 대해 언급했기 때문에, 여기서는 그 모임에서 내가 경험한 것 중 몇 가지만 이야기하겠다.

프란시스에 대해 말할 수 있는 첫 번째 사실은, 그녀가 편안함을 느끼게 해 주는 스타일은 아니었다는 것이다. 종종 이 세상에 속한 사람이 아니라고 생각될 정도로 프란시스는 신비스럽게 보이는 여자였다. 가령, 그녀의 눈은 사람들의 속을 꿰뚫어보는 듯 깊고 예리했다. 그녀가 매우 신비스럽게 보이긴 했지만, 그렇다고 해서 무서운 사람으로 비친 것은 아니었다. 프란시스는 무섭지도 않았지만, 그렇다고 편안함을 주지도 않았다.

금촛대 중보자들이 모여 방언으로 찬양을 하기 시작하면 하나님의 능력이 진한 안개와 같은 모양으로 임했다. 이것은 정말 놀라운 광경이었다. 그런 일이 일어나면 예배당 안에 낀 하나님의 임재의 안개로 인해, 회원들이 내는 소리는 들을 수 있어도 모습은 볼 수 없었다. 옆에 사람이 있다는 사실을 눈으로 확인하려면 몇 분 적응하는 시간이 필요할 정도였다. 좀 떨어져 있는 사람들은 안개로 인해 멀어져 가는 것처럼 느껴졌다.

그런 일이 있을 때면 천장에서는 자주색 구름이 소용돌이쳤고, 예배실 안에서는 가끔씩 깃털들이 원을 그리며 떠돌아다녔다. 놀라운 사실은 천장에 떠 있는 자주색 구름 속에서 아이들의 웃음소리가 들리곤 했다는 것이다. 그곳은 그야말로 열린 하늘이었고, 야곱의 사닥다리와 같이 천국으로 향하는 통로가 뚫린 곳이었다. 천국의 이십사 장로들이 그들의 예배에 자주 동참하였고, 예배 중간에 천사들이 드나들었다.

어떤 경우에는 예배 참석자들이 육안으로 천사를 직접 보기도 하였다. 그들은 겉보기에는 전혀 천사처럼 보이지 않았다. 그 천사들은 참석자들과 같이 예배를 드리기도 하였다. 그중 어떤 천사들은 하늘의 비밀을 알려 주기 위해 온 천사들이었다. 그들은 대부분의 경우 사람들이 입는 옷을 입고 있었다.

한번은 예배 시작 전에 평범한 옷을 입은 두 남자가 회원들과 함께 앉아 이야기하는 것을 보았다. 그런데 예배가 시작되자 이 두 남자가 일어서서 회원들과 작별 포옹을 한 후 나를 지나쳐 가더니 순식간에 사라져버렸다. 나는 프란시스에게 이것이 도대체 뭐냐고 물어보았다. 그랬더니 그녀는 나에게 종종 그랬듯이 "짐, 너는 아직 이것에 대해 알 수준이 아니야"라는 말만 되풀이하였다.

어떤 때는 천사들이 구름이 떠 있는 천장 쪽에서 예배실 바닥 쪽으로 불꽃을 던졌다. 그것이 예배실 바닥에 닿으면서 불꽃이 튀었는데, 그 순간 나는 천사들의 발을 볼 수 있었다. 그때의 그 경험이 너무 생생해서 40년이 지난 지금도 상세하게 설명할 수 있을 정도다.

한번은 세 명의 여자 회원들이 방언으로 경배를 드리고 있었다. 이때 그녀들의 몸과 얼굴은 그곳에 임한 자주색 구름 속에 감춰졌고, 팔과 손은 구름 밖으로 나와 있었다. 나는 그때 본 그 장면을 지금도 분명하게 기억한다. 또 한번은 여자 회원들이 가득히 모여 주님 앞에서 성령에 붙들려 춤을 추었다. 그녀들은 눈을 감고 춤을 추며 걸어 다녔는데도, 한 번도 서로 부딪히지 않았다. 이때 그녀들이 춘 춤은 완벽한 조화를 이루어 마치 하나님이 지휘하시는 춤의 오케스트라 같았다.

프란시스가 치터를 치면 천상의 바이올린, 호른, 하프, 트럼펫 소리가 났다. 또한 사람의 음정보다 두세 옥타브 높은 천사들의 노랫소리도 들렸는데, 이 소리들이 서로 합쳐져 천국의 오케스트라와 같았다.

이럴 때면 예배실 안에 떠 있는 구름에서 천둥소리가 났고, 천사장이 "옛적에도 계셨고, 지금도 계시고, 장차도 계실 여호와의 자비가 크시다"라고 외치는 소리도 났다. 거기에 있던 사람들은 그 소리를 듣고 그대로 따라서 선포하였다. 그것은 참석자들 모두에게 결코 잊지 못할 놀라운 경험이었다.

때로는 금가루가 공중에서 원을 그리며 안개처럼 떠다니기도 했다. 이때 나는 손을 휘저어서 안개가 작은 소용돌이가 되도록 만들기도 했다. 그 금가루가 떠 있는 안개를 깊이 들이마시자 그것이 내 폐 깊은 곳까지 들어와 있음을 느낄 수 있을 정도였다. 또 어떤 때는 미풍이 예배실 안에서 불곤 했는데, 그럴 때마다 독특한 향기가 났다. 그것은 매우 아름답고 달콤하여 우리 모두에게 귀한 영의 양분을 공급해 주는 듯 느껴졌다.

내가 체험한 이 신비한 경험들을 아무리 정확하게 서술하려 해도 글로 표현하기에는 한계가 있다. 이러한 일들은 금촛대 중보자 모임이 존속했던 50년 동안 예배 때마다 일어났다. 이러한 초자연적 역사들은 그들의 사역이 사람들의 주목을 끄는 매우 독특하고 대단한 사역이었음을 말해 준다.

금촛대 중보자들과의 만남

《춤추는 하나님의 손》을 읽어본 독자들은 이러한 영적인 현상들에 대해 이미 잘 알고 있을 것이다. 그러나 그렇지 못한 독자들에게는 이런 초자연적 역사가 새롭게 다가올 것이다. 지금부터는 어떻게 내가 금촛대 중보자들과 관계를 맺게 되었는지에 대해 이야기하겠다.

내가 열일곱 살이었을 때, 하루는 산 위에 있는 집을 나서서 산 아래에 있는 우체국으로 갔다. 우체국에서 일을 마치고 나가려는데, 한 할머니가 다가와 깡마른 손가락을 바로 내 코앞에서 흔들며 "당신이 바로 그 사람이야!"라고 말했다.

순간 나의 등줄기가 얼어붙는 것 같았다. '내가 뭘 잘못한 것은 아닐까' 하는 불안한 마음이 엄습해서 어쩔 줄 몰라 진땀까지 났다. 이 느낌은 할머니로부터 나에게 전이된 생각임이 분명했다.

당시 내가 살고 있던 마을은 캘리포니아 주에서 신비주의와 주술이 가장 번성했던 지역이다. 마을 근처 숲에는 히피들이 살고 있었고, 배낭을 멘 사람들이 산에 자주 나타났다. 그 지역은 로스앤젤레스의 갑갑한 도시 생활에 적응하지 못한 사람들을 위한 은둔 장소였다.

그 마을은 또한 사교의 강력한 진이 구축되어 있는 곳이기도 했다. 이단사교를 신봉하는 사람들은 머리를 풀어헤친 채, 긴 흰옷을 입고 무리를 지어 민가 사이를 자주 돌아다니곤 하였다. 그 당시 나는 그들이 어떤 사람들인지 몰랐다. 내 눈에 그들은 무리를 지어 자전거를 타고 다니는 지옥에서 온 사자들처럼 비쳐졌다.

실제로 그 지역은 강신술과 뉴에이지, 그리고 사탄 신봉자들이 점령하고 있는 지역이었다. 그래서 악한 영들이 내뿜는 기운들이 강력하게 역사하고 있었다.

이단사교들의 집산지에서 살았던 나는 해괴한 일들을 자주 목격하거나 경험했다. 만일 당신이 그곳에서 살았다면, 아마 숲에서 사람들이 사탄에게 제물로 바치기 위해 동물을 죽이는 광경이나 눈이 풀린 사람들이 마녀나 마술사와 같은 복장을 하고 당신 곁을 지나가는 것을 목격하였을 것이다.

그곳에 사는 동안 나는 귀신의 능력을 갖고 있는 사람들과도 자주 마주쳤고, 완전한 형체를 지닌 유령들을 실제로 보기도 하였다. 나는 이렇듯 보통 사람들이 살기 쉽지 않은 지역에서 어린 시절을 보냈다.

감사하게도 나는 (하나님께서 지켜주셨기 때문에) 그 집단에 속하거나 그들의 모임에 참석한 적이 한 번도 없다. 그곳에서 살면서 어느 정도 해괴한 경험들을 했기 때문에 나는 신비주의와 사술들, 그리고 하나님의 영과 마귀의 영을 분별할 수 있는 능력을 갖게 되었다. 이러한 능력은 현재 나의 사역에 많은 도움이 되고 있다.

다시 우체국 문 앞에서 만난 할머니 이야기로 돌아가겠다. 할머니는 "그래 맞아, 네가 바로 그 사람이야. 네가 바로 그 젊은이야"라고 말하며 앙상하게 굽은 손가락을 흔들며 나를 뚫어지게 바라보았다. 나는 그 말을 듣고 불안해지긴 했지만, 그 느낌은 마녀나 마술사를 만났을 때의 섬뜩함과는 달랐다. 그녀는 사교 신봉자들과는 뭔가가 달랐다.

나는 할머니 옆으로 비껴서며 "사람을 잘못 보셨습니다"라고 투덜거리듯 말한 후 서둘러 우체국을 빠져나왔다. 다행히 할머니는 나를 쫓아오지 않았다. 나는 그 할머니가 우리 부모님에게 전화를 걸어 내가 그녀의 꽃밭을 엉망으로 만들어 놓았다고 말할 것 같다는 생각에 밤새 잠을 이루지 못했다. 내 머리는 밤새 쉬지 않고 돌아갔다. '내가 도대체 무슨 잘못을 했단 말인가?' 그 할머니가 깡마른 손가락을 까딱거리며 나에게 "바로 당신이야. 젊은이, 바로 당신이야!"라고 말하는 모습이 뇌리에서 떠나지 않아 밤새 뒤척이다 새벽녘이 되어서야 겨우 잠이 들었다.

그런 일이 있고 나서 며칠 후 더 이상 그 일이 생각나지 않을 무렵, 주안에서 교제를 나누던 한 자매가 나에게 전화를 걸어 엄청난 사람들을 만나볼 수 있는 곳이 있는데, 저녁에 그곳에 한 번 가보라며 주소를 알려주었다. 그날 저녁, 나는 그녀가 가르쳐 준 주소지를 찾아갔다.

내가 찾아간 집은 숲 속 외딴 곳에 있었다. 그곳을 찾아가는 동안 나는 '도대체 왜 나에게 이런 곳에 가보라고 했을까?'라고 자문해 보았다. 그곳에 도착하여 노크한 후 기다리는 동안 내가 왜 고생하며 거기까지 갔는지 생각해 보았다. 이윽고 문이 열렸다. 그런데 나에게 문을 열어 주며 들어오라고 손짓한 사람이 누구였는지 아는가? 그렇다. 우체국에서 만난 바로 자그만 체구의 할머니였다! 그녀는 나에게 "들어와요. 우리는 당신이 오기를 기다리고 있었어요"라고 말했다.

나는 속으로 '뭐라고? 날 기다리고 있었다고?'라고 놀라워하며, 그녀를 따라 그 집 거실로 들어갔다. 거기에는 약 25명 정도가 모여 있었는데, 대부분 여자들이었고 남자들은 몇 명 되지 않았다. 그들은 마치 내가 오기를 기다렸다는 듯한 표정으로 나를 물끄러미 바라보았다. 나는 뭐가 뭔지 도대체 알 수 없었다.

나에게 문을 열어 준 할머니의 이름이 프란시스 메트컬프라는 사실은 나중에야 알게 되었다. 그 할머니는 자신들이 거기에 모여서 무엇을 하고 있는지에 대해 말해 주었다. 그때 그녀가 나에게 한 말들을 다 기억하지는 못하지만, 내가 기억할 수 있는 한도 내에서 말하면 다음과 같다.

"우리는 금촛대 중보자 모임에 속한 사람들입니다. 약 45-50명의 사람들이 모여 이 모임을 처음 시작했어요. 그중 일부는 이미 주님 품으로 돌아갔지요. 40여 년 전 우리는 사역을 준비하는 신학교 학생들이었어요. 그런데, 하나님께서 우리 각자에게 '나는 너에 대해 다른 계획을 갖고 있다'고 말씀하셨어요. 하나님은 우리가 계획한 사역을 포기하고, 함께 모여 오직 그분만을 찬미하며 중보기도(오늘날 '하프 앤 볼'이라고 일컫는 사역을 지칭함, 계 5:8) 하기를 바라셨던 거지요. 그렇게만 하면, 물질은 하나님이 직접 책임져 주시겠다고 말씀하셨어요. 하나님께서는 우리의 찬양과 중보를 통해 세계 곳곳에서 하늘의 능력이 풀어지는 일들이 일어나게 될 것이라고 말씀해 주셨지요.

우리는 그때부터 일주일에 4-5번씩 모여 찬양하며 기도했어요. 보통 저녁 6시에 시작해서 늦으면 밤 1-2시경에 모임이 끝났지요. 우리는 같이 모여 오직 주님만 예배했답니다. 그러자 하나님이 때로는 우리에게 수천 달러를 주셨어요. 우리는 그 돈을 하나님 나라를 위해 사용했는데, 주로 세계 곳곳에 나가 있는 선교사들을 돕는 데 사용했지요. 우리는 찬양을 통해 악한 영들과 전쟁을 치르기도 하고, 천국에서 내려온 하나님의 전략들을 주위 사람들에게 알려줌으로 이 땅을 향한 하나님의 계획을 이루어나갔어요. 우리 금촛대 중보자 모임은 하나님과 특별한 언약을 맺은 사람들의 모임이랍니다."

그녀는 나에게 이렇듯 간단하고도 알아듣기 쉽게 설명해 주었다. 나는 그녀의 설명을 들으며 계속해서 감탄사를 자아냈다.

프란시스 메트컬프 여사는 나의 감탄사에 고개를 끄덕이며, 계속해서 말을 이어나갔다.

"몇 년 전 많은 회원들이 모여 열심히 기도하던 중 한 사람이 주님께 큰 소리로 부르짖었어요. 그녀가 하나님께 부르짖은 내용은 우리가 개인적인 사역을 다 포기하고 하나님의 부르심에 순종하여 찬양과 중보기도 사역에만 전념하느라 그동안 너무 많은 희생을 치른 것에 대해 호소하는 부르짖음이었답니다. 사실 우리는 늘 다른 사람들의 사역과 그들이 당면하고 있는 문제들만을 놓고 기도해 왔었지요.

그날 우리는 그동안 우리가 치른 희생에 대한 보상으로 딱 한 가지를 구했답니다. 그것은 그동안 우리가 해 왔던 중보기도의 유산을 물려받아 세상에 나가 하나님의 사역을 크게 일으킬 사람을 보내 달라는 기도였지요. 그 사람은 하나님의 마음을 세상 사람들에 전해 줄 사람으로, 우리가 포기했던 사역들을 세상에 풀어놓을 사람이어야 한다는 것이었어요.

우리가 이런 기도를 하기 시작하자, 불덩어리가 산 위에서 우리 쪽으로 굴러 내려와 우리 주위에서부터 세상으로 퍼져 나가는 환상을 보았답니다. 환상에서 본 바로 그 불덩어리가 하나님이 우리에게 보내 주실 사람이었던 것입니다. 그래서 우리는 그 사람이 나타나기만을 기다리고 있었지요."

그 말을 하는 그녀의 눈에는 어느새 눈물이 고여 있었다. 그녀의 말을 듣는 동안 불꽃이 튈 정도로 강한 전류가 내 몸 전체에 흐르는 것이 느껴졌다. 그 순간 그녀가 눈물을 글썽이며 앙상한 손가락으로 나를 가리키며 "당신이 바로 그 사람입니다"라고 큰 소리로 말했다.

그녀의 설명을 듣는 동안 나는 카펫 바닥에 무릎을 꿇고 두 손으로 얼굴을 감싼 채 흐느껴 울었다. 그와 동시에 감당할 수 없을 만큼 엄청난 양의 기름이 내 온몸에 부어짐을 생생하게 느낄 수 있었다.

나는 몸을 움직여 보려고 여러 번 시도해 보았지만, 전혀 움직여지지 않았다. 그 순간 겸허함이 나의 전신을 감쌌다. 그때의 느낌은 너무 신기해서 글로 표현할 방법이 없다. 나는 아무 말도 할 수 없었다. 실로 나의 일생을 결정짓는 매우 중요한 순간이었다. 그때까지의 내 삶의 모든 것이 그 한순간에 초점이 맞춰진 듯했다. 나는 하나님의 놀라운 부르심을 받기에 매우 부족하다는 사실을 아주 잘 알고 있었다.

그녀의 설명이 끝나자, 거기에 있던 모든 사람이 기도해 주기 위해 내 주위로 빙 둘러섰다. 그리고 그들은 앞으로 몇 년 안에 나에게 일어나게 될 일들과 먼 미래에 일어나게 될 일들에 대해 예언해 주었다. 기도를 받는 동안 나는 어린아이처럼 흐느꼈다. 그들은 나에게 기도를 해 주는 동안 환상을 보았는데, 그 환상은 앞으로 하게 될 사역에 관한 것이었다. 그 환상에는 그들이 나를 양육함으로 하나님으로부터 칭찬을 받게 될 것이라는 내용도 포함되어 있었다.

그때의 일로 인해 현재의 내가 있는 것이다. 나는 이제 과거로 돌아갈 수 없다. 나는 이 땅에 하나님의 초자연적인 것들을 풀어내는 사역을 포기할 수 없다. 나는 나 자신을 위해 그런 사역을 하는 것이 아니라 주님을 위해 그리고 금촛대 중보자들의 명예를 위해 사역하고 있는 것이다. 이 땅에서의 나의 삶에 따라 금촛대 중보자들이 받을 상급이 결정된다. 간단하게 말해서, 내가 그들의 사역 안으로 들어간 것이다. 이러한 이유로 인해 나는 매사에 조심하고 또 겸손하려고 노력하는데, 내가 잘못하면 그들의 마음을 아프게 하는 결과가 초래되기 때문이다.

프란시스 메트컬프는 1970년대 후반에 숨을 거두었다. 하지만, 그녀가 시작한 금촛대 중보자 모임은 도라 여사가 숨을 거둔 1990년대까지 계속되었다. 거듭난 사람들은 결국 주님 곁으로 가기 마련이다. 금촛대 중보자들 모두가 이 세상을 떠났어도, 그들의 사역은 아직도 우리를 통해 계속 이어지고 있다. 금촛대 중보자들의 사역은 내가 이끄는 액츠그룹인터내셔널(AGI)에 의해 이어지고 있다. 그들의 위대한 사역을 이어받은 우리는 이 사역을 지속하고 발전시켜 나가야 할 책임이 있다.

AGI에 대하여

이제 나는 액츠그룹인터내셔널이 무엇을 하는 단체인지에 대해 이야기할 것이다. 기독교의 은사주의나 오순절 계통의 사람들 중에는 지나치게 영광 체험(glory encounter, 주님과의 만남과 천국을 체험하는 것을 말함 - 역주)을 강조하여 비성경적이거나 거짓 영으로 흐르는 경향이 있다. 또 그들 중 일부는 예수 그리스도 중심에서 벗어나 심지어 이단에 가까운 분위기를 풍기기까지 한다.

나는 누군가 예수 그리스도께서 우리에게 자유를 주셨다는 것을 지나치게 강조하는 잘못된 가르침을 유튜브에 올려놓은 것을 본 적이 있다. 내가 유튜브에서 본 영광 체험에 관한 가르침들은 하나같이 회개, 성적 순결, 죄를 멀리함 등을 귀하게 여기지 않았다. 이들은 마치 예수님을 원하기보다는 영광 체험을 더 원하는 것처럼 보였다. 이와 관련하여 이제부터 내가 몇 단락에 걸쳐 전하려고 하는 것들을 주의 깊게 읽어 주기 바란다.

당신은 내가 서술한 금촛대 중보자들의 영광 체험에 놀랐을 것이다. 아니 당연히 놀라야 한다! 그 이유는 이러한 영광 체험이 평범한 그리스도인들이 손쉽게 할 수 있는 것이 아니기 때문이다. 모든 그리스도인이 다 선견자(Seer)로 부름 받은 것은 아니다. 하나님은 사람을 창조하실 때 모든 사람이 세상의 일상사들을 잘 처리해 나갈 수 있도록 만드셨다. 따라서 우리는 누구나 일하고, 먹고, 자녀들을 키우고, 세금을 내거나 은행 통장의 잔고를 관리할 수 있다. 반면 우리는 대부분 천국으로 연결된 통로를 보지 못한다. 물론 천국으로 이어지는 통로를 꼭 봐야 하는 것은 아니지만 말이다.

예수님께서는 도마에게 "너는 나를 본 고로 믿느냐 보지 못하고 믿는 자들은 복 되도다"(요 20:29)라고 말씀하셨다. 예수님은 지상에서 사역을 해 나가시는 동안 많은 기적과 이사를 베푸셨고, 영광 체험을 자주 하셨다. 그랬던 주님이 부활하신 후, 도마에게 무엇을 보느냐에 좌우되지 말고 부활하신 주님을 보지 않고도 믿을 수 있어야 한다고 말씀하셨다. 예수님께서는 자신이 구원자요, 하나님이심을 보지 않고도 믿는 사람이 그분을 봄으로 믿는 사람보다 더 복된 자라고 말씀하셨다.

오늘날 교회 안에는 무엇이 성령에 의한 진짜 영광 체험인지, 무엇이 육적이고 마귀적인 체험인지를 구별해 내는 능력이 결여되어 있다. 은사주의를 표방하는 교회에서 나타나는 현상들은 성령에 의한 역사와 거짓 역사가 섞여 있는 경우가 많다. 나는 이 책에 서술된 영광 체험을 읽어 본 독자들이 자신들이 살고 있는 방과 천국 사이에 통로가 뚫려 있어야 한다거나 천국으로의 순간 이동이 일어나야 된다고 생각하지 않았으면 좋겠다. 만일 우리가 영의 눈으로 보는 것에만 집중하고 산다면, 이 세상의 일상적인 일들을 할 수 없게 된다.

오늘날 대부분의 그리스도인들은 영적인 분별을 잘할 수 있을 만큼 예수 그리스도와의 관계가 친밀하지 못하다. 그 결과 잘못된 영향을 받은 사람들이 이상한 체험을 빌미로 교회에 영향력을 행사하여 교회 안에 여러 가지 문제들이 나타나고 있다. 나의 표현이 좀 지나치다고 생각할 수도 있겠지만, 나를 잘 아는 사람들은 이 말의 의미를 이해할 것이다. 주님과의 관계가 가까워질수록 기적과 이사가 더 잘 나타나는 것은 사실이다. 그러나 기적과 이사가 잘 나타난다고 해서 반드시 그 사람이 주님과 친밀하다고 말할 수는 없다.

금촛대 중보자들의 사역은 일반 사람들을 대상으로 하는 사역이 아니었다. 이들이 실제로 경험한 영적인 체험들은 하나님의 선견자요 선지자였던 프란시스 메트컬프를 주축으로 모인 금촛대 중보자 모임에서 일어난 것들이다. 이들 모두가 한평생 주님과 친밀한 교제를 유지해왔고, 회원들끼리도 오랫동안 좋은 관계를 유지해왔기 때문에 이러한 특별한 체험들을 할 수 있었던 것이다. 따라서 모든 그리스도인이 다 그들과 같은 영적 체험을 할 수 있다고 생각해서는 안 된다.

반면, 내가 이끌고 있는 액츠그룹인터내셔널은 일반인들을 대상으로 사역하는 단체다. 이 모임이 금촛대 중보자 모임의 영향을 받은 것은 맞지만, 그리스도의 사역을 전 세계로 가지고 간다는 점에서 그들과는 분명하게 구별된다. 우리 액츠그룹인터내셔널은 지금도 성경에 기록된 것과 같은 기적과 이사가 일어난다고 믿고 있고, 나도 그런 것들에 관한 책들을 펴낸 바 있다. 우리의 사역에서도 영광 체험과 같은 초자연적인 일들이 일어나고 있고, 그런 일들을 통해 사람들에게 많은 유익을 끼치고 있다.

그러나 우리가 초자연적인 경험을 하지 못한다 하더라도, 그것으로 인해 예수 그리스도께서 십자가에 달리시고 부활하시고 하늘에 오르심으로 우리의 죄가 완전히 도말되고 그 결과 구원받은 우리가 그리스도의 성품을 지닐 수 있게 되었다는 기독교의 근본적인 가르침이 훼손되는 것은 아니다. 그 이유는 우리의 가르침이 성경말씀과 확고한 믿음을 토대로 하고 있고, 모든 개인적인 경험을 성경의 권위 아래 놓기 때문이다.

우리가 원하는 바는 주님과 초대 교회의 사도들이 했던 사역들을 오늘날의 그리스도인들이 동일하게 하는 것이다. 먼저 우리는 최고의 기적이라 할 수 있는 사람들이 구원을 받는 기적을 보기 위해 최선을 다하고 있다. 예수님의 지상 사역과 활동은 사람들의 병을 고치고, 귀신에 묶여 있는 자들을 자유케 하시는 것이었다.

우리는 예수님과 그분의 십자가의 구속 사역, 복음 전파, 매일의 삶을 통해 주님께 가까이 가는 성결한 삶을 사는 것을 우리 사역의 기초로 두고 있다. 물론 금촛대 중보자들도 이러한 사역들을 강조했다.

이 책에 담긴 그들의 영광 체험에 관한 이야기는 누군가에게는 기이하게 느껴질 것이다. 나의 바람은 금촛대 중보자들의 사역을 이어받은 우리 액츠그룹인터내셔널의 사역을 통해 당신이 기독교 안에서 체험하는 여러 영적 체험들을 보다 세분화하여 깊이 있게 이해하는 것이다.

나는 당신이 프란시스 메트컬프와 금촛대 중보자들이 체험한 수준의 깊이 있는 영광 체험을 하게 될 것이라고 기대하지는 않는다. 그리스도인 대부분이 자신의 삶에서 예수 그리스도의 능력이 나타나기를 바라고 있기는 하지만, 그들처럼 매일 6-7시간씩 일주일에 6일이나 모여 기도하고 하나님만을 찬양하기란 결코 쉽지 않다.

영광 체험은 성령께서 허락해 주시는 것이며, 사람들은 이 체험을 통해 성경말씀을 더 잘 이해하게 된다. 이 말은 영광 체험을 통해 이해가 부족했던 성경의 특정 주제와 개념들을 잘 이해하게 된다는 뜻이다. 또한 성령의 계시로 성경을 전체적으로 볼 수 있는 눈이 열리기도 한다. 오늘날 교회가 성경을 전체적으로 볼 줄 아는 능력을 소유하여 잘못된 영적 체험을 분별해 낼 수 있어야 하는데, 현실은 그렇지 못하여 매우 안타깝다. 아마도 대부분의 그리스도인들이 나의 견해에 공감할 것이다.

우리가 영광 체험과 같은 영적인 체험을 지나치게 강조하며 산다면 결국은 예수님과의 사이가 멀어지게 되고, 그 결과 원래 의도했던 것과는 달리 영적인 체험이 우리에게 악영향을 끼치게 된다.

우리는 예수님의 사역이 아닌 예수님을 높여야 한다. 당신이 예수님께 신실하다면, 당신의 삶 가운데 환상과 꿈을 비롯하여 여러 가지 초자연적인 것들을 경험하는 일이 더 자주 일어나게 될 것이다.

액츠그룹인터내셔널은 복음을 전함으로 믿지 않는 사람들이 회개하고 주님을 믿어 그분과 동행하는 거룩한 삶을 살고, 초자연적인 경험들을 하게 함으로 주님의 사역을 이뤄 나가는 것에 초점을 맞추고 있다. 여기서 말하는 초자연적인 경험은 병든 자를 고치고, 죽은 자를 살리고, 묶인 자들을 자유케 하여 그들로 하나님 나라에 들어오도록 하는 것을 의미한다.

우리는 금촛대 중보자 모임에서 일어났던 특별한 영광 체험을 통해 일반 그리스도인들과 심지어는 비그리스도인들까지 삶 속에서 하나님이 허락하시는 초자연적인 일들을 자연스럽게 받아들이게 되기를 바란다. 예수님의 사역은 사람들의 마음이 치유되고, 귀신이 떠나가고, 구원받고, 종양이 사라지는 것과 같은 일들이었다. 거기에 금가루와 빛나는 구름이 나타난다면 더 좋은 일이기에, 그런 것을 잘못된 것이라고 말해서는 안 된다. 그러나 그런 것들이 나타나지 않아도 우리는 여전히 사람들에게 성경을 가르치고, 교회에서 말씀을 전하고, 병든 자들에게 손을 얹어야 한다. 내가 알기론 프란시스 메트컬프가 원한 것도 바로 그런 것이었다.

금촛대 중보자들의 영향

금촛대 중보자들의 가르침과 영적인 경험들은 매우 귀한 것이다. 그러나 우리는 성경을 벗어난 거짓 가르침을 경계해야 하므로 거짓 가르침을 구별해 내는 분별력을 키워야 한다. 아울러 성경의 기본적인 가르침들을 등한시해서도 안 된다.

나는 일부 사역자들이 금촛대 중보자 모임에서 일어났던 일들을 자신들의 사역에서 보기 위해 금촛대 중보자들의 겉옷을 취하려고 시도했음을 익히 알고 있다. 그러나 그렇게 한다고 해서 금촛대 중보자 모임에서 일어났던 초자연적인 일들이 그들의 사역에 동일하게 일어나게 하지는 못할 것이다. 그 이유는 금촛대 중보자 모임에서 일어난 일들이 매우 특별한 것이었기 때문이다.

이 말은 하나님께서 앞으로 프란시스 메트컬프의 사역보다 더 새롭고 독특한 기적들을 일으키지 않으신다는 말이 아니다. 사실 그녀의 사역을 이어받은 나의 사역에서조차 금촛대 중보자 모임에서 일어났던 일이 그대로 일어나지는 않는다. 우리의 사역에서 나타나는 일들과 금촛대 중보자 모임에서 나타나는 일들은 동전의 양면과 같아서 서로 매우 다르고, 각각은 상대 쪽을 바라볼 수 없다. 우리 쪽에서도 그쪽 사역을 제대로 알 수 없고, 그쪽에서도 우리 사역을 제대로 알 수 없다. 이러한 사실로 미루어 볼 때, 그리스도의 몸인 교회가 교회에 속한 모든 사역자들의 노고로 인해 함께 전진해 나간다고 보는 것이 옳다고 생각한다.

그러므로 우리는 과거의 것들을 존중해야 하고, 옛 원리들을 현재에 잘 활용해야 한다. 사실 나는 그런 목적으로 이 책을 시작하였다. 부디 나의 말을 오해하지 말기 바란다. 나는 우리가 과거의 것을 이어받아 더 갈고 닦고 정화해야 한다고 생각한다. 만일 프란시스 메트컬프가 금촛대 중보자 모임을 이어받아 나가고 있는 나의 노력을 알게 된다면 매우 기뻐할 것이다.

금촛대 중보자 모임에서 나타났던 일들이 매우 강력하기는 하지만, 그들이 천국의 계시를 모두 다 받았다고 말할 수는 없다. 사실, 그들은 하나님의 말씀에 기록되어 있는 십자가의 구속 사역으로 그리스도인들에게 치유가 주어졌다는 것에 대해서는 이해가 부족했다. 그들은 귀신을 쫓는 것에 대해서도 잘 몰랐고, 믿음에 대한 가르침도 부족했다.

설명을 덧붙인다면, 금촛대 중보자 모임은 늦은 비 운동(Latter Rain movement)의 영향을 받아 형성된 모임이고, 믿음의 말씀 운동(the Word of Faith movement)은 금촛대 중보자 모임이 생기고 난 후에 일어난 운동이다. 프란시스 메트컬프는 종종 자신의 육체와 영이 각각 다른 세계에 있는 경험을 했는데, 이런 경험은 앞에서 언급한 두 운동에는 없던 것들이다.

프란시스 메트컬프는 몸이 매우 약했다. 그런 그녀가 치유에 대해 깊이 이해했다면, 그녀의 병이 어렵지 않게 고침 받았을 것이다. 이러한 육체적 연약함에도 불구하고 금촛대 중보자 모임은 계속 발전하여 하나님의 특별한 부르심과 기대에 충분히 부응하였다. 그렇다고 해서 그들이 다 온전한 사람들이었다고는 할 수 없다. 그럼에도 불구하고 1940년대에 시작된 금촛대 중보자들의 사역은 지금까지 그리스도의 몸인 교회들을 통해 계속해서 이어져 나가고 있다.

내가 금촛대 중보자들과 관련되었다는 사실을 이야기하는 이유는 내가 알고 있는 모든 사실을 미리 알리고 이 책을 시작하는 것이 독자들에게 도움이 될 것이라고 판단했기 때문이다. 금촛대 중보자 모임에서 일어난 일들 중 일부는 매우 계시적이고 형이상학적이었다. 그 가운데 나의 신학적 견해와 온전히 일치하지 않는 것들도 있다.

나는 그들의 신학적인 견해에 보완되어야 할 부분이 있다고 생각한다. 물론 나의 견해도 보완되어야 할 부분이 있는 것이 사실이다. 그러나 이것이 핵심은 아니기에 나는 그들의 글을 소개할 때, 철자가 잘못되었거나 옛 문제로 쓰였거나 문법이 잘못되었거나 신학적으로 문제가 있다고 해서 임의로 고치지 않았다. 그 이유는 원래 글 그대로 독자들에게 전달하기 위해서다.

오늘날의 관점에서 그들이 남긴 글들을 보면, 정치적 견해가 잘못된 면도 발견된다. 그러나 그들이 살았던 1940-1950년대의 정치상황을 감안하면, 이해할 수 있는 부분이다. 항상 그런 것은 아니지만, 큰 틀에서 보면 그들의 생각과 나의 생각은 동일하다. 프란시스는 금촛대 중보자들을 '산비둘기 무리'(Dove Company)라는 애칭으로 불렀다. 나는 이 산비둘기 무리를 매우 신뢰한다. 이들은 세상의 마지막이 다가오는 때에 주님의 부르심으로 천국 경험(rapture)과 영·혼·육의 천국 이동(translation experience)을 경험했다.

내가 조심스럽게 당부하고 싶은 것 한 가지는 우리가 경험하지 못했다고 해서, 그들의 경험이 사실이 아니거나 잘못된 것이라고 말해서는 안 된다는 점이다. 우리는 먼저 그들이 쓴 글들을 잘 읽고 난 후, 분별력을 가지고 판단을 내려야 한다. 물론 우리가 금촛대 중보자 모임에서 나타난 계시적인 일들을 다 이해하거나 동의할 수는 없다. 여기서 말하는 계시적인 일들이란 그들이 천국 경험과 육체 이동 과정 중 깨달아 알게 된 것들을 말한다. 그들의 경험에 대한 해석이 분분할 수는 있겠지만, 그렇다고 해서 그들의 경험 자체가 거짓이라고 말해서는 안 된다. 다시 말하지만, 그들이 경험한 것들이 왕이신 주님의 영광을 잘 나타내고, 그리스도만이 우리 삶의 중심 되심을 잘 나타내기에 쓸모없는 것이라고 말해서는 안 된다.

금촛대 중보자들의 글은 읽을 만한 가치가 있고, 연구할 만한 가치가 충분하다. 그들의 글을 읽다 보면 속에서 말할 수 없는 기쁨이 솟아나고 용기가 생긴다. 이 책이 지니고 있는 가장 큰 가치는 우리가 주님께 가까이 가도록 만든다는 점이다. 이 책이 지금까지 당신이 읽은 책 중 최고의 책이라고는 말할 수는 없어도, 나는 당신이 이 책을 읽음으로 그들이 받았던 복을 함께 누리게 될 것이라고 믿는다. 그들이 체험한 것의 일부만 알아도 그것은 매우 큰 복이다.

하나님께 귀하게 쓰임받는 나의 친구이자 동료인 샨 볼츠는 자신만의 독특한 천국 방문과 육체 이동을 경험했다. 그는 천국으로 불려 올라가는 경험을 자주 하였다. 내가 샨 볼츠를 처음 만난 것은 그가 영광스러운 천국 경험을 간증한 컨퍼런스에서였다. 우리는 만나기 전부터 서로에 대해 알고 있었다. 그는 나에 대해 어느 정도 알고 있었고, 나도 그에 대해 그랬지만, 개인적으로 접촉이 있었던 것은 아니었다. 내가 샨을 처음 만났을 때, 그는 금촛대 중보자들에 대해 어느 정도 알고 있었다. 하지만, 내가 그들과 긴밀한 관련을 맺고 있다는 사실은 전혀 모르고 있었다.

드디어 우리가 만났다. 그때 샨은 나에게 자신이 천국을 여행한 이야기와 천국에서 구름처럼 많은 증인들을 본 것과 천국의 한 방에 들어갔던 경험에 대해 말해 주었다. 그는 현재 지구상에서 약 400-500명의 사람들이 정기적으로 천국을 방문하고 있다고 말하면서 그 일을 천국에 있는 한 여자가 맡고 있다고 말해 주었다. 그러더니 갑자기 말을 중단하고는 나를 보며 "제임스, 갑자기 생각나는 것이 있습니다. 혹시 프란시스 메트컬프라는 분을 아세요? 내가 천국에 갔을 때, 그녀가 나에게 당신이 자신의 영적인 아들이라고 하면서 당신을 만나면 안부를 전해 달라고 부탁했습니다"라고 말했다.

그 말을 듣는 순간 나는 거의 기절할 뻔했다. 나는 그녀가 천국에서 사람들의 육체 이동과 천국 경험을 총괄하는 것이 매우 적절하다고 생각했다. 이 책을 읽는 동안 당신은 내가 왜 그렇게 생각하는지 이해하게 될 것이다.

LADIES OF GOLD

내가 조심스럽게 당부하고 싶은 것 한 가지는 우리가 경험하지 못했다고 해서, 그들의 경험이 사실이 아니거나 잘못된 것이라고 말해서는 안 된다는 점이다. 우리는 먼저 그들이 쓴 글들을 잘 읽고 난 후에, 분별력을 가지고 판단을 내려야 한다.

CHAPTER **1**

LADIES OF GOLD

천국 경험과 육체 이동 I

| 프란시스 메트컬프 |

믿음으로 에녹은 죽음을 보지 않고 옮겨졌으니 하나님이 그를 옮기심으로 다시 보이지 아니하였느니라 그는 옮겨지기 전에 하나님을 기쁘시게 하는 자라 하는 증거를 받았느니라 (히 11:5)

주께서 호령과 천사장의 소리와 하나님의 나팔 소리로 친히 하늘로부터 강림하시리니 그리스도 안에서 죽은 자들이 먼저 일어나고 그 후에 우리 살아남은 자들도 그들과 함께 구름 속으로 끌어 올려 공중에서 주를 영접하게 하시리니 그리하여 우리가 항상 주와 함께 있으리라 (살전 4:16-17)

> 보라 내가 너희에게 비밀을 말하노니 우리가 다 잠 잘 것이 아니요 마지막 나팔에 순식간에 홀연히 다 변화되리니 (고전 15:51)

이 소책자에 기록된 계시들은 1942년 1월부터 수개월에 걸쳐 일어났던 천국 경험(rapture, 영의 승천을 통한 천국 경험 - 역주)을 통해 받은 것이다. 천국 경험에 대한 간증이 부분적일 수는 있으나, 그럼에도 불구하고 부족한 이 땅의 언어로 최선을 다해 말해 보겠다.

천국 경험에 관한 소책자의 첫 번째 판이 1943년에 출판된 이후로 우리는 세계 곳곳으로부터 비슷한 경험을 한 그리스도인들이 보내 준 감사의 편지를 받았다. 그들은 우리의 천국 방문 간증이 기록된 소책자를 읽고 큰 위로를 받았다고 했다.

성령에 의해 영이 육체를 빠져나와 천국을 경험하는 천국 경험(rapture)이 육체의 공간 이동(transport)과 영·혼·육의 천국 이동의 준비 단계에 해당하는 경험이라는 사실은 이러한 경험을 한 많은 사람들이 증거하고 성령께서 확신시켜 주시는 바다. 이 세 가지 경험은 다 성경에 기록되어 있다. 세상의 마지막 때가 다가오면 그리스도 안에서 승리한 많은 사람들이 이러한 경험들을 하게 된다. 고린도전서 15장은 하나님께서 각 사람에게 하나님이 기뻐하시는 몸을 주셨기 때문에 우리가 마지막 때에 그리스도의 영광스런 부활의 몸을 가진 자로 변화될 것이라고 말해 주고 있다.

당신은 이 소책자에 기록된 신비한 경험들을 읽음으로, 세상의 마지막 날에 성도들이 경험하게 될 것들에 대해 조금이나마 알 수 있다. 그런 신비한 경험들은 세상의 종말이 가까워질수록 더 빈번하게 일어날 것이다.

| 천국 경험

산비둘기의 날개를 타고 올라가라!
사랑으로 부르시는 소리를 듣고 올라가라!
올라가라, 올라가라!
위에 있는 궁정까지 올라가라!

주님이 "내 사랑아 올라오라!
나와 함께 거닐어 보자"고 말씀하시는데,
왜 너는 이 어두운 곳에 머물려 하는가?
마음으로 슬퍼하며 의아해하는가?

올라오라! 세상의 사슬들이 끊어진다!
올라오라! 천국이 열린다!
올라오라, 올라오라!
더 높이 더 높이 올라오라!
주님이 말씀하신다.

왜 불신하며 지체하는가?
왜 의문을 던지며 두려워하는가?
주님의 계획과 그분의 음성이 있는데
왜 너의 영은 주저하는가?

올라오라! 주님이 하시는 유일한 말씀

올라오라! 여명이 밝았노라!

올라오라, 올라오라!

내 사랑아, 나와 함께 나들이 가자.

천사들이 네 주위에 가득하구나.

너를 보좌로 인도하기 위해 대기하고 있구나.

너를 부르는

부드럽고도 사랑스러운 천국의 노래가

양 무리들 사이로 퍼져 나간다.

놀라운 기쁨을 가지고 올라오라!

너에게 손짓하는 창공을 뚫고

올라오라, 올라오라!

새가 집으로 날아가듯

올라오라!

하나님의 높고 거룩한 처소로 인도되는 자는

복이 있다.

그분의 강력한 사랑의 목소리에 반응하는 자는

참으로 복이 많다.

깃털 같은 공간을 뚫고 올라가라!

너의 구속이 가까이 왔다.

올라가라, 올라가라!

너의 왕이 오신다.

겨울은 마침내 떠나갔다.

꽃들이 온 세상에 피어난다.

모든 피조물들은 회복과 새로운 탄생을

손꼽아 기다리고 있다.

세상의 어두움으로부터 도망치듯 올라가자!

빛의 궁정으로 올라가자!

올라가자, 올라가자!

천국의 날개를 펼쳐보자!

세상 것들을 뒤로한 삶

    1942년 1월에 주님이 나에게 천국 방문에 대해 말씀하셨다. 그 당시 하나님께서는 수년 동안 작은 무리인 우리를 세상으로부터 숨기셔서 중보기도와 경배에만 집중하게 하셨다. 그렇게 우리가 중보기도와 경배에 집중하며 지내는 동안 성령께서 계속 우리 가운데 임하셔서 예언적인 말씀을 주셨고, 마지막 날에 관한 계시적인 말씀도 주셨다. 우리는 주님이 약속하신 성령의 비를 갑절로 부어 주실 것과 성령의 이름으로 위대한 일들이 일어날 것을 믿고 이에 대한 준비를 하고 있었다.

그렇게 지내고 있을 때, 주님께서 나에게 내가 기도하는 사역을 그만두게 될 것과 이 세상이 아닌 다른 곳으로 옮겨져서 안식하게 될 것이라고 말씀해 주셔서 매우 놀랐다. 나는 그분의 말씀을 제대로 이해하지 못해 '어쩌면 내가 죽을 수도 있겠구나'라고 생각했다.

그러던 어느 날 몇몇 사람들과 함께 기도에 집중하고 있었는데, 갑자기 나의 영이 천국으로 끌려 올라가는 일이 일어났다. 나는 내 영이 몸을 빠져나와 자꾸만 위로 올라가고 있음을 알아챘다. 그때 내가 셋째 하늘로 끌려 올라가고 있다고 생각했다.

이때 주님이 나에게 "이 우주는 내가 너에게 주었으므로 다 너의 것이다. 네가 나의 자녀가 됨으로 세상의 것들이 모두 너의 것이 되었다. 이제 네가 천국을 경험하게 될 것이고, 천국에 있는 것들 또한 너의 것이 될 것이다"라고 말씀해 주셨다.

주님은 사탄과 그의 조력자들이 천국에서 쫓겨났기 때문에 그들의 자리를 성도들이 차지하게 될 것이라고 알려 주셨다. 이때 나는 절벽의 가장 높은 곳 제일 뾰족한 끝부분에 서 있었다. 그곳에 서서 하늘의 별들을 보고 있자니 입에서 감탄사가 절로 나왔다. 천국의 아름다움이 눈앞에서 장대하게 펼쳐졌기 때문이다. 나는 놀라 쓰러질 것 같았다. 그런데 내가 쓰러지면 이 뾰족한 절벽 끝에서 낭떠러지 아래로 떨어질 것 같아서 옆에 계신 주님의 품에 꼭 안겨 버렸다.

나는 그곳에 천사들이 있다는 것을 인식할 수 있었고, 천국의 노랫소리와 분위기를 어느 정도 파악할 수 있었다. 그러나 각각의 천사들이 내는 소리를 구별해 내거나 그들 하나하나를 똑똑히 볼 수 있을 정도는 아니었다.

내가 순식간에 천국으로 올려졌듯이, 얼마간의 시간이 지난 후 다시 순식간에 세상으로 내려왔다! 성령님은 나에게 "비둘기들조차 모르는 길이 있다. 나는 너에게 비둘기의 날개를 줄 것이고, 너는 날아다니고 또 쉬기도 할 것이다"라고 말씀하셨다.

나는 그때까지 내가 강력한 기도를 하는 독수리와 같다고 생각했었다. 그러나 주님의 말씀을 들은 순간부터 내가 비둘기라고 생각하게 되었다. 그러자 "나는 말하기를 만일 내게 비둘기같이 날개가 있다면 날아가서 편히 쉬리로다"(시 55:6)라는 말씀과 "너희가 양 우리에 누울 때에는 그 날개를 은으로 입히고 그 깃을 황금으로 입힌 비둘기 같도다"(시 68:13)라는 말씀이 전보다 더 잘 이해되었다.

수년 동안 시편 68편에 관한 이야기를 자주 들어 왔기 때문에, 그 내용에 대해서는 이미 잘 알고 있었다. 시편 68편에는 마지막 날에 관한 예언적 계시가 들어 있다. 어떤 주석가는 시편 68편에 대해 "이 시는 다윗의 탁월한 시다. 이 시를 제대로 해석하기 위해서는 오순절 방언의 은사를 제대로 이해하고 있어야 한다"고 하였다.

나는 우리 회원들과 모이면 성령이 들려주시는 천국의 리듬에 맞춰 노래하고 춤을 췄다. 시편 68편은 하나님의 법궤가 돌아올 때 다윗이 춤추며 불렀던 노래다. 특히 9절은 늦은 비 운동에 대한 예언이다. 늦은 비 운동이 일어나면, 이 운동에 관한 성경적 이해가 새로워진 사람들이 자신들이 깨달은 바를 책으로 펴내는 일들이 일어난다. 이 시에는 다른 사람의 종으로 살아온 사람들이 비둘기처럼 정결하고 자유케 되는 일이 일어난다는 예언도 들어 있다. 시편 68편을 계속 읽어 내려가다 보면 천사의 도움을 받아 승리를 거두는 장면도 나온다.

성령님은 나에게 마치 신랑이 신부에게 말하듯 부드러운 톤으로 "바위 틈 낭떠러지 은밀한 곳에 있는 나의 비둘기야 내가 네 얼굴을 보게 하라 네 소리를 듣게 하라 네 소리는 부드럽고 네 얼굴은 아름답구나(아 2:14) 저 구름같이, 비둘기들이 그 보금자리로 날아가는 것같이 날아오는 자들이 누구냐(사 60:8)"라고 말씀해 주셨다.

이어서 성령님은 감람나뭇잎을 물고 노아의 방주로 다시 돌아온 비둘기를 생각나게 해 주셨다. 이 비둘기는 우리가 어려움을 겪을 때 그리스도 안에 숨겨진 자들 중에서 평화의 복음을 담대하게 전할 사람들이 나타나게 된다는 사실을 잘 표현해 준다.

> 좋은 소식을 전하며 평화를 공포하며 복된 좋은 소식을 가져오며 구원을 공포하며 시온을 향하여 이르기를 네 하나님이 통치하신다 하는 자의 산을 넘는 발이 어찌 그리 아름다운가 (사 52:7)

아울러 성령님은 주님께서 요단강에서 침례를 받으실 때 성령이 비둘기의 형상으로 임한 사건을 생각나게 해 주셨다. 하나님 아버지께서는 물에서 올라오신 예수님을 향해 "이는 내 사랑하는 아들이요 내 기뻐하는 자라"(마 3:17)고 말씀하셨다. 비둘기는 하나님 아버지의 아들 됨, 정결과 희생 그리고 성령을 상징한다.

며칠 동안 이 성경구절들을 묵상하는 중에 주님께서 비둘기 무리가 주님의 신부들이자 하나님의 아들들이며, 천국과 육체 이동을 경험하는 사람들을 상징한다고 말씀해 주셨다. 나는 과거에 천국을 희미하게 감지한 적이 있긴 하지만, 성령님이 실제로 천국으로 데리고 가신 것은 얼마 되지 않았다.

옛 사람들이 그랬듯이 나는 주님께 "이것이 어떻게 가능합니까?"라고 여쭤 보며 오랫동안 이것을 놓고 기도해 왔다. 그러자 주님은 나에게 새로운 사실을 계시해 주셨다. 나는 이 계시를 여러 통로를 통해 받았는데, 그동안 내가 받은 이러한 계시들이 틀리지 않았음을 확증해 주는 몇 가지 일들이 일어났다.

그 계시는 천국 경험과 영·혼·육의 천국 이동이 서로 다르다는 사실에 관한 것이었다. 천국 경험은 영이 몸을 빠져나와 갑자기 천국으로 끌려 올라가는 것을 말하는데, 이때 육체가 천국으로 가지는 않는다. 헬라어 원어를 보면 알 수 있듯이, 사도 요한이 밧모섬에서 예수 그리스도에 관한 계시를 받았을 때 그의 영이 성령에 의해 하늘로 끌려 올라가서 (rapt) 천국을 경험하였다. 이때 그의 몸은 밧모섬에 있었고, 그의 영만 천국을 방문하였다.

사도 바울도 성령의 도우심으로 영이 셋째 하늘로 옮겨졌다. 다니엘도 그의 영이 하늘로 끌려 올라가서 말세와 예수 그리스도에 관한 놀라운 계시를 받았는데, 그의 육체는 죽은 사람처럼 되었다. 이사야도 성전에 머무는 동안 그의 영만 승천하여 천국의 높은 곳에 계신 주님을 보았다. 모세도 시내산에서 동일한 경험을 하였고, 에스겔도 그런 경험을 여러 번 하였다.

그리스도인들은 줄곧 천국 경험을 해 왔다. 사보나롤라는 설교 중에 영으로 천국을 경험하였다. 그럴 때면 육체는 몇 시간 동안 움직이지 않고 그 자리에 있고, 그의 영은 성령의 도움으로 환상을 보았다. 성 프란시스와 그와 함께한 많은 성도들도 영이 천국으로 올라가 천사들 그리고 천국에 있는 성도들과 이야기를 나눴고, 주님과 그분의 고난과 영광에 관한 계시를 받았다.

시에나의 성 캐서린도 어려서부터 영이 천국으로 올라가는 경험을 자주 하였다. 그녀는 이러한 천국 경험을 통해 종교개혁이 일어나게 될 것도 미리 알게 되었다. 또한 마지막 때에 아름답게 단장한 그리스도의 신부들이 일어나 전 세계를 아우르는 대규모의 복음전도 집회가 열리고 하나님의 영광이 온 세상에 가득하게 될 것도 미리 알고 있었다. 그녀의 사역에서는 미래에 일어날 여러 가지 일들을 알게 되는 천국 경험이 자주 일어났다.

퀘이커 교도였던 조지 폭스는 영으로 수일 동안이나 천국을 방문하였다. 이때 세상에 남아 있던 그의 몸의 형태가 변하는 초자연적인 일이 일어났다. 이렇듯 성령님은 내가 이미 알고 있던 옛 사람들의 천국 경험을 기억나게 해 주셨다. 과거에는 천국 경험이 개인적인 일에 불과하다고 믿었기 때문에, 옛 사람들의 천국 경험에 대해서는 별로 관심을 두지 않았었다. 그러나 지금은 천국 경험을 통해 장차 세상에 일어날 일들을 미리 알게 된다는 사실을 의심치 않는다.

처음으로 천국 경험을 하고 1년이 지났을 무렵, 나는 천국 경험에 관한 자료들을 조사하는 데 많은 시간을 보냈다. 이때 나의 경험이 다른 사람들의 경험과 매우 흡사하다는 사실에 많이 놀랐다. 당시 나는 천국 경험을 통해 영이 수일 동안이나 천국에 머문 사람들의 이야기를 읽으며 큰 희열을 느꼈다.

앞으로는 사도 바울의 천국 경험을 수많은 하나님의 자녀들이 자주 하게 될 것이다. 그것은 육체의 공간 이동 전에 영이 경험하게 되는 천국 경험이다. 천국 경험을 하게 되면 얼굴과 얼굴을 대면하여 예수님을 만나는 지성소의 경험을 하게 됨으로 예수 그리스도에 대한 이해가 온전해 진다.

우리는 천국 경험을 통해 영이 천국으로 끌려 올라가 거기서 천사들, 선지자들, 사도들 그리고 예수 그리스도를 만나 그들과 대화를 나누게 된다. 또한 이를 통해 세상에 일어났던 과거의 일들과 현재에 일어나고 있는 일들의 의미를 깨닫게 되고, 미래에 일어날 일들도 알게 된다. 이런 경험을 한 사람들은 베드로가 변화산에서의 영광스러운 경험 후 했던 다음과 같은 말의 뜻을 잘 이해할 수 있다.

> 우리 주 예수 그리스도의 능력과 강림하심을 너희에게 알게 한 것이 교묘히 만든 이야기를 따른 것이 아니요 우리는 그의 크신 위엄을 친히 본 자라 … 이 소리는 우리가 그와 함께 거룩한 산에 있을 때에 하늘로부터 난 것을 들은 것이라 또 우리에게는 더 확실한 예언이 있어 어두운 데를 비추는 등불과 같으니 날이 새어 샛별이 너희 마음에 떠오르기까지 너희가 이것을 주의하는 것이 옳으니라
> (벧후 1:16, 18-19)

사도 요한도 "태초부터 있는 생명의 말씀에 관하여는 우리가 들은 바

요 눈으로 본 바요 자세히 보고 우리의 손으로 만진 바라 … 우리가 보고 들은 바를 너희에게도 전함은 너희로 우리와 사귐이 있게 하려 함이니 우리의 사귐은 아버지와 그의 아들 예수 그리스도와 더불어 누림이라"(요일 1:1, 3)고 하였다.

사도 요한의 이 말은 참으로 권세 있는 말이다! 우리는 요한이 경험한 것을 우리의 눈과 귀로 직접 보고 듣게 될 것이며, 또한 이해하게 될 것이다. 이런 영광스런 경험을 통해 우리는 직접 보고 들은 예언의 말들을 열방을 향해 힘 있게 선포할 수 있게 된다.

하나님께서는 왜 사도 바울이 셋째 하늘에 가서 본 신비한 것들과 예수 그리스도에 관한 계시를 사람들에게 말하지 못하게 하셨을까? 그 이유는 그가 본 것들이 세상의 종말까지 인봉되었기 때문이다. 예수 그리스도의 재림이 가까워진 지금, 주님이 재림하시기 전에 인봉되어 있는 계시를 받을 준비가 된 사람들에게 그것을 열어 주실 것이다.

요한은 밧모섬에 유배되어 있을 때 예수 그리스도를 만나고 나서 알게 된 미래의 일들을 요한계시록에 기록하였다. 요한계시록 1장 10절에는 "주의 날에 내가 성령에 감동되어 내 뒤에서 나는 나팔 소리 같은 큰 음성을 들으니"라고 기록되어 있다. 요한계시록은 요한이 육의 능력이 상실된 상태에서 영만 천국으로 끌려 올라가서 보고 들은 것을 기록한 책이다. 그는 하나님으로부터 받은 초자연적 기억력으로 천국에서 보고 들은 모든 것을 정확하게 기록하여 계시록을 완성할 수 있었다.

영의 승천을 통한 천국 경험의 다음 단계는 육체의 공간 이동(transport)이다. 그것은 빌립이 에티오피아 내시에게 복음을 전하기 위해 순간적으로 공간을 이동했던 것처럼, 이 세상 안에서 몸이 한 장소에서 다른 장소로 순간 이동하는 것이다.

그리고 마지막 세 번째 단계는 영·혼·육의 천국 이동(translation)이다. 앞으로 우리는 에녹과 엘리야가 그랬던 것처럼, 몸과 혼과 영이 다 함께 천국으로 올라가는 영·혼·육의 천국 이동을 경험하게 될 것이다. 그러나 이런 일은 종말 사역이 완전히 성취되기까지는 일어나지 않는다.

주님은 나에게 이것들에 관해 알려 주신 후 다그치듯 "너는 내가 알려준 것을 믿을 수 있겠느냐?"고 물으셨다. 그리고 "믿음으로 에녹은 죽음을 보지 않고 천국으로 옮겨졌다"고 하셨다.

이때 내 속에서 오직 주님을 기쁘시게 하는 일만 하며 살고 싶은 욕구가 강하게 솟구쳐 올라왔다. 나는 나의 열심들을 다 내려놓고 그저 주님의 안식에 거하고 싶어졌다. 그러나 나의 몸 상태가 좋지 않은 관계로 그렇게 되기까지는 수개월이 걸렸다. 나는 이때 주님으로부터 받은 계시를 그 누구에게도 말하지 않았다. 그러나 성령께서 내가 받은 계시가 잘못된 것이 아님을 사람들의 예언과 성경말씀을 통해 여러 차례 확증시켜 주셨다.

시간이 지나자 주님은 우리 회원들에게도 영의 승천에 관해 말씀하셨다. 그러자 우리에게 날아다님(flying) 현상과 다른 곳으로 육체가 이동되는 현상이 실제로 일어나기 시작했다. 이와 때를 같이하여 주님은 우리에게 영·혼·육의 천국 이동에 관한 예언적 말씀을 주셨다. 이를 통해 우리는 영·혼·육의 천국 이동이 오랜 준비 기간을 거쳐야 일어나는 것임을 알게 되었다. 육체와 영과 혼을 아우르는 우리의 전 존재가 성령님께 완전히 순복해야만 영·혼·육의 천국 이동이 일어난다. 이것에 대해서는 로마서 8

장 1절과 고린도전서 15장과 데살로니가전서를 비롯하여 바울 서신의 여러 곳에 기록되어 있다.

그렇게 되자 우리 회원들 중 완전한 번제의 삶을 사는 이들이 생기기 시작했다. 완전한 번제의 삶이란 천국 경험을 통해 내면이 하나님의 사랑으로 채워져서 남을 위해 자신을 온전히 태워 버리는 삶을 말한다. 이때 주님은 우리에게 "너희가 이른 곳은 시온산과 살아 계신 하나님의 도성인 하늘의 예루살렘과 천만 천사와 하늘에 기록된 장자들의 모임과 교회와 만민의 심판자이신 하나님과 및 온전하게 된 의인의 영들과 새 언약의 중보자이신 예수와 및 아벨의 피보다 더 나은 것을 말하는 뿌린 피니라"(히 12:22-24)는 말씀을 반복해서 주셨다.

한편 주님께서는 나에게 다음과 같은 경험을 하게 하심으로, 사도 요한의 천국 경험이 어떠했는지 이해할 수 있게 해 주셨다. 어느 날 밤, 내 등 뒤에서 "이쪽으로 올라오라"고 말하는 소리가 들렸는데, 그 소리는 트럼펫 소리였다. 이때 나는 저 멀리 천국의 문이 열려 있는 것을 보았다. 그러나 세상이라는 줄에 꽁꽁 묶여 있어서 어떻게 위로 올라갈지 방법을 몰라 마음이 슬펐다.

사실 나는 그동안 이 세상을 벗어나 천국으로 옮겨지는 방법을 알기 위해 기도하고 있었다. 나는 정결한 마음을 가진 나다나엘의 이야기가 특히 마음에 들었다. 나다나엘은 예수님을 본 순간 그분이 하나님의 아들이요, 왕이심을 알아보았다. 예수님은 나다나엘을 향해 "네 속에 간사한 것이 없다"라고 말씀하시면서 "이제부터 너는 하늘이 열리고 하나님의 사자들이 인자 위에 오르락내리락 하는 것을 보게 될 것이다"(요 1:51)라고 예언하셨다.

| 영광으로부터 온 천사들

천사들이 영광으로부터 내려오는 것을 보네.

열린 통로를 통해 내려오네.

나에게 줄 놀라운 말씀들을 가지고 오네.

그들은 영원하신 왕께서 내려 보내시는 천사들이라네.

천사들이 영광으로부터 날개를 펄럭이며 내려오네.

하나님이 보내시는 메시지를 가지고 오네.

"사랑하는 자여 일어나 함께 가자"라고

소리치며 내려오네.

그분으로 인해 나의 마음이 완전히 녹았네.

나는 곧 그분의 보좌로 올려지네.

한순간에 그런 일이 일어나네.

나는 천국에서 주님을 만나네.

이 노래는 성령께서 주신 것이다. 성령께서는 특정한 때에 특정 사람들에게 오랫동안 천국의 문이 열려 있게 될 것이라고 알려 주셨다. 야곱은 열린 하늘을 통해 사닥다리를 보았고, 천사들이 그 사닥다리로 오르락내리락하는 것을 보았다. 구약의 선지자들도 천국의 영역들을 보았다. 세상의 마지막이 가까이 다가오고 있는 이때에 천국의 문이 우리에게 열려 있으니 어찌 주님을 찬양하지 않을 수 있겠는가? 이 문은 우리 모임의 첫 열매인 소수의 사람들에게 짧은 기간 열려져 있었지만, 앞으로 모든 하나님의 자녀들과 그분의 모든 신부들에게도 열릴 것이다.

우리 회원들 모두가 영으로 황금 계단이 있는 셋째 하늘로 올라갔고, 그중 일부는 그보다 더 높은 하나님의 보좌 앞까지 올라갔다. 영으로 천국에 다다른 것이다. 우리는 그곳에서 천사들과 성도들을 보았고, 그들과 교제하고, 얼굴과 얼굴을 대면하여 예수님을 만나 보았다. 이를 통해 우리는 주님의 형상으로 변화되었고, 그분과 온전히 연합할 수 있었다.

주님이 천국의 파송을 받아 이 땅에서 사역하셨듯, 우리도 천국의 파송을 받아 다시 지상으로 돌아왔다. 주님은 하늘에서 내려오셔서 이 땅에서 사역하시다가 죽음의 자리까지 가신 후 다시 하늘에 오르셨다. 부활하신 주님은 40일 동안 여러 사람에게 나타나신 후 다시 천국 보좌로 올라가셨다.

주님은 나에게 에녹에 대해서도 알려 주셨다. 한번은 내 손에 에녹서(외경 - 역주)가 들려졌는데, 나는 이 책을 통해 많은 것들을 알게 되었다. 나는 에녹의 영·혼·육이 천국으로 끌려 올라가기 전에 그의 영이 여러 번 천국에 갔다는 사실을 알게 되었다. 에녹은 이러한 영의 천국 경험을 통해 말세와 천국에 관한 하나님의 계획들을 알게 되었고, 최종적으로 육체의 죽음을 보지 않고 몸과 혼과 영이 한꺼번에 천국으로 이동되는 특권을 누렸다.

장차 하나님의 아들들은 누구나 에녹이 누렸던 특권을 누리게 될 것이다. 우리는 계시를 받은 대로 경험하게 된다는 사실을 숙지하고 있어야 한다. 이러한 사실에 대해 알아가는 동안 나는 예수 그리스도에 대한 비밀스러운 계시들이 교회에 풍성하게 부어지기를 전보다 더 간절히 열망하게 되었다. 나는 진심으로 주님을 찾았고, 주님과 동행하게 해 달라고 기도했다. 또한 나다나엘처럼 순결한 마음으로 살아가게 해 달라고 기도했다. "마음이 정결한 사람은 하나님을 볼 것이다"(마 5:8). '복된 확신'이라는 제목의 오래된 찬송가가 자주 떠올랐다. 특별히 다음과 같은 가사가 나의 마음을 울렸다.

> 온전한 순복, 온전한 기쁨
> 승천하고픈 꿈이 가득하네.
> 하늘에서 천사들이 내려오네.
> 자비의 울림, 사랑의 속삭임

그러자 성령께서 여러 해 동안 나를 감동시킨 이사야서의 말씀을 주셨다. 이 말씀에는 주님이 그분의 백성들 가운데 나타나시는 것에 관한 다음과 같은 예언이 포함되어 있다. "여호와께서 이르시되 내가 이제 일어나며 내가 이제 나를 높이며 내가 이제 지극히 높아지리니 … 시온의 죄인들이 두려워하며 경건하지 아니한 자들이 떨며 이르기를 우리 중에 누가 삼키는 불과 함께 거하겠으며 우리 중에 누가 영영히 타는 것과 함께 거하리요 하도다"(사 33:10, 14).

정말로 하나님은 삼키는 불이시다. 그분은 우리를 가려 내시고 레위의 아들들을 정결케 하신다(말 3:3). 이사야 선지자는 어떤 유형의 사람들이 하늘로 들려 올라가는지에 대해 다음과 같이 말했다.

> 오직 공의롭게 행하는 자(그리스도의 의를 힘입고 성령의 능력으로 살아가는 자), 정직히 말하는 자, 토색한 재물을 가증히 여기는 자, 손을 흔들어 뇌물을 받지 아니하는 자, 귀를 막아 피 흘리려는 꾀를 듣지 아니하는 자, 눈을 감아 악을 보지 아니하는 자, 그는 높은 곳에 거하리니 견고한 바위(갈라진 바위 사이에 있는 은밀한 장소를 말함)가 그의 요새가 되며 그의 양식은 공급되고 그의 물은 끊어지지 아니하리라 네 눈은 왕을 그의 아름다운 가운데에서 보며 광활한 땅을 눈으로 보겠고 (사 33:15-17)

이 말씀은 우리의 발걸음과 말과 행동이 성령의 인도함을 받아야 한다고 말한다. 우리는 우리의 발, 혀, 손, 눈, 귀를 모든 세상적인 것들과 악으로부터 단절시켜야 한다. 사도 바울은 이러한 진리에 대해 "너희 육신이 연약하므로 내가 사람의 예대로 말하노니 전에 너희가 너희 지체를 부정과 불법에 내주어 불법에 이른 것같이 이제는 너희 지체를 의에게 종으로 내주어 거룩함에 이르라"(롬 6:19)라는 말로 표현하였다.

살면서 사람들의 말에 영향을 받지 않거나 악을 떠나 사는 것은 결코 쉬운 일이 아니다. 그럼에도 불구하고 위의 말씀은 의도적으로 세상의 것들이 아닌 천국의 것들을 따라야 한다고 말한다. 하나님께서 그분의 은혜로 완전한 안식 안에 거하고자 하는 사람들에게 주신 이와 같은 약속의 말씀은 참으로 영광스러운 것이라 할 수 있다.

| 당신은 왕을 뵙게 될 것이다

누가 주님의 언덕에 오를까?

그분의 거룩한 곳에 누가 서게 될까?

누가 왕이신 그분 앞에 나아가

얼굴과 얼굴을 대면하여 그분을 보게 될까?

주님이 계신 천국에 가기를

영으로 목말라하는 사람,

주님의 명령만 내려지기를

묵묵히 기다리는 영의 사람이라네.

주님이 부르시는 사랑의 목소리를 듣고

그분이 계신 처소로 나아가는 사람은 복되도다!

세 아이의 엄마로서 해야 할 집안일들이 많았음에도 천국을 방문하여 다시 주님을 만날 기대감에 나의 생각은 온통 천국에 대한 것으로 가득 차 있었다. 그래서 나는 주위에서 일어나고 있는 일들에 크게 주목하지 않았다. 천국 경험을 준비하는 동안 내 몸 안에서 생기가 솟아나는 것이 느껴졌다. 내 몸이 너무 가볍다고 느껴져서 마음만 먹으면 당장 날 수도 있을 것 같았다.

이러한 황홀한 시간이 지나자 불 같은 시련이 들이닥쳤다. 나는 천국과 예수님을 너무도 갈망한 나머지 이 세상을 떠나고 싶을 정도였다. 나는 더 이상 다른 사람들과 그들의 사역을 위한 기도를 하지 않았다. 그 이유는 나에게 기도할 수 있는 기름부음이 거의 남아 있지 않았기 때문이다. 그럼에도 불구하고 주님과 연합되어 있는 상태만은 계속 유지하였다. 과거에 성령세례를 구하는 동안 느꼈던 것과 같은 영적인 배고픔이 다시 느껴졌다. 그래서 "나의 마음과 육체가 살아계신 하나님을 향해 울부짖나이다"라고 외쳤다. 그 소리는 육체가 완전한 구속을 받고자 외치는 울부짖음이었다. 그러자 성령께서 다음과 같은 노래를 주셨다.

| 낙원으로 가는 길

죽어가는 강도가 부드러운 주님의 눈을 바라보며
"주여 나를 기억하소서"라고 기도했네.
주님은 고통 속에서 강도에게
"네가 오늘 나와 함께 낙원에 있게 될 것이다"라고 하셨네.

빛나는 별을 넘어, 회전하는 천체를 넘어
눈으로 볼 수 없는 통로가 놓이는 소리를 들었네.
눈을 들어 잠깐 낙원을 보았을 때
감미로운 천사의 노래가 귓전에 맴돌았네.

나는 그리워하듯 탄식하며
언젠가는 가게 될
창공 너머의 천국을 사모할 때 느껴지는
거룩한 환희에 온몸을 떨었네.

오래전에 누군가 그랬던 것처럼 나는 오늘도 흐느끼며
"주여, 나를 기억해 주실 수 있나요?"라고 물었네.
그러자 주님은 몸을 굽혀 낮고도 정갈한 음성으로
"사랑하는 자여, 나의 나라를 너에게 주노라" 속삭이듯 대답하셨네.

이 세상 어두움을 떠나고 싶으니
낙원 가는 길을 보여 주소서.
정원을 거니시는 주님,
거기서 저를 기다려 주소서.

날 오라며 손짓하는 천사들의 사랑 노래에
깊이 매료되었네.
나 진정 하늘 계단을 타고
천국으로 가고 싶네.

이제는 성령님이 자주 임하셔서 나의 영이 몸을 빠져나가 하늘로 옮겨지려고 한다. 나의 영은 천국으로 올라가고 싶어 했으나 몸은 저항했다. 그것은 우리가 성령세례를 처음 경험할 때 몸이 저항하는 것과 비슷했다. 그러던 어느 날 나는 갈라진 틈새로 잠깐 천국을 보았다.

그때 주님이 나에게 "너는 천국을 잠시 보았구나"라고 말씀하셨다(과거에 세례를 받았을 때 천국의 합창 소리를 들었던 적이 있다. 그리고 이것 말고도 이와 비슷한 경험을 한 적이 여러 번 있었다). 주님은 나에게 "지금은 천국이 너를 향해 활짝 열려 있단다"라고 하셨는데, 이 말씀이 끝나기도 전에 연극 무대의 커튼이 열리듯 내 눈앞에 천국이 펼쳐졌다. 이때 본 천국의 영광이 너무 밝아서 이러다가 눈이 멀어 버릴 수도 있겠다는 생각이 들 정도였다.

나는 새 예루살렘으로 통하는 사다리를 보았다. 천사들을 봐도 된다는 주님의 허락이 떨어져 천사들을 바라보았는데, 그들의 계급이 서로 다르다는 사실을 알게 되었다. 그 이후로 천사들에 대해 자주 생각하는 습관이 생겼다. 물론 그전에도 천사를 본 적이 몇 번 있었지만, 그 간격이 매우 뜸했고 단지 희미하게만 보았을 뿐이었다. 또한 천사장 미가엘이 나타나서 종말에 대해 말해준 적도 있었다. 그 후로 나는 무척 고상했던 미가엘 천사장을 좋아하게 되었다. 천사들을 거느리고 있는 미가엘 천사장은 특별히 여자들과 어린아이들에게 신경을 많이 썼다. 미가엘 천사장과 그 밑에 있는 천사들을 보았을 때, 마치 내가 천사들을 만난 구약의 선지자가 된 것 같아서 기분이 좋아졌다.

나는 천사들을 만나 그들과 대화하는 가운데 천국의 비밀들을 깨닫고 이해할 수 있게 되었다. 주님은 나에게 죽음을 뛰어넘는 것, 죽음이 생명에게 삼킨 바 되는 것, 이 세상을 다스리고 있는 죽음, 하나님의 아들들에게 주어진 영광스런 통치 등에 대해 말씀해 주셨다.

나는 예수님이 돌아가셨을 때 죽은 자들이 무덤에서 나왔던 장면을 목격했고(마 27:52, 53), 초대 교회 성도 몇 명이 장차 모든 성도들이 일시에 부활하기 전에 미리 부활하여 이 땅에 다시 나타나는 장면들도 목격하였다. 나는 나중에야 믿음의 선조들이 이러한 일이 있을 것을 이미 선포하였다는 사실을 알게 되었다. 나는 사도 바울과 요한을 포함한 몇몇 사람들이 초자연적인 사역을 펼치기 위해 이 세상에 다시 오는 미래의 사건도 미리 보았다. 그리고 지금껏 한 번도 들어 본 적 없는 놀라운 일들도 목격하였다.

예수님께서는 나에게 "지금까지 나는 너에게 세상에 대해 많이 말해 주었고, 너는 내가 한 말들을 다 믿었다. 이제 나는 너에게 천국에 대해 말해 줄 것이다"라고 말씀하셨다. 성령님은 나에게 새로운 노래들을 주셨다. 그 노래들은 매일의 기도가 되었다.

| 존경하는 나의 왕

어둠이 짙게 깔린 세상은
나의 존귀한 왕이 오시길 기다리고 있네.
나는 간절한 마음으로 그분을 기다리며
한숨 섞인 노래를 부르네.
하늘엔 은빛 은하수가 흐르고
저 위 그 어느 곳에서 그분이 나를 보고 계시겠지.
내 노래 그곳에 다다르면
주님은 황홀해지셔서 내 마음을 알아주시겠지.

하루가 나에겐 너무나 길구나.
주님 언제나 오시려나.
나의 존귀한 왕이시여, 어서 오소서!
나 그날에 일어날 승천의 신비함을 묵상하네.

나 주님 계신 빛의 궁전까지 날아가는 날을 고대하네.
오, 왕이시여, 그날이 어서 오게 하소서!

어두운 골짜기를 지나

천국 경험을 하기 위해서는 먼저 죽음의 골짜기를 통과해야 했다. 그렇다고 해서 내가 죽을 날만 손꼽아 기다린 것은 아니었다. 나는 천국을 방문하는 날만 손꼽아 기다리며 매일 소망이 넘치는 삶을 살기 원했지만, 어두움과 죽음의 군대가 나를 멸망시키려고 서성거렸다.

4월 초, 그러니까 내가 천국을 경험하고 나서 2개월이 좀 지났을 때, 하나님께서 나를 혹독하게 다루셨다. 한동안은 하나님에 대한 경외감과 두려움이 파도처럼 밀려 왔는데, 어느 순간부터는 그분의 신비를 감추셨다고 느껴졌다. 나는 그분이 그렇게 하신 것이 이해가 되지 않았다. 하나님이 나에게 죽음에 대해 알려 주기 시작하셨기 때문에 나는 한참 동안 그분 가까이 있지 못하게 될 것이라고 생각했다. 이 기간 동안 하나님은 나에게 여러 차례 죽음에 대해 알려 주셨다.

나는 하나님에 관한 좋은 것만 듣기 원했고, 어두운 이야기는 듣고 싶지 않았다. 하나님이 나를 시험하시는 이 기간 동안 말씀이 검이 되어 나의 영과 혼을 쪼개었다. 나의 실체가 백일하에 드러났고, 나는 조각난 나의 실체가 하나님 앞에 번제로 드리기에 적합한지에 대해 곰곰이 생각해 보았다.

이때 주님께서 "나는 흠 없는 온전한 양의 번제를 원한다"고 말씀하셨다(오직 예수님만이 흠 없고 점 없는 온전한 제물이시며, 그분의 은혜로 우리는 하나님의 순한 양이 되었다). 이 말씀으로 인해 나는 하나님께서 우리 내면의 생각과 마음의 동기가 순수한지를 보신다는 사실을 알게 되었다. 이에 나의 영은 말할 수 없이 겸손해져 나 자신이 온전하지 못한 제물이라는 사실을 철저히 깨달을 수 있었다. 지금껏 주님을 위해 죽음을 각오할 정도까지 희생적으로 살아오지 못했음을 깨닫고 슬피 울며 회개했다.

이러한 과정을 통해 나 자신을 하나님께 온전히 내어드릴 수 있게 되었다. 그전까지는 죽는 것을 두려워했기 때문에 종말 사역에 관한 하나님의 놀라운 약속들이 나에게 그리 중요하게 다가오지 못했다. 세상의 종말과 승천에 관한 계시와 약속을 받은 많은 성도들이 아직도 무덤 속에 있다는 생각이 나를 슬프게 했다.

주님께서는 그동안 내가 버려야 하는 것들에 관해 자주 말씀하셨다. 그런데, 나에게 가해지는 혹독한 시련을 견디기에는 내 몸이 너무 약했다. 그렇지만 결국은 하나님께서 죽은 것과 다름없는 아브라함의 몸을 다시 살리셔서 그분의 약속을 성취하신 것과 같은 경험을 하게 되었고, 이로 인해 나는 오직 그분 안에서만 자고 깰 수 있게 되었다.

나는 하나님의 자녀 되었던 자들이 죽었다가 다시 살아나는 기적을 보았다. 또한 하나님의 부활의 능력에 관한 놀라운 계시를 받음으로 죽은 자의 부활에 관한 많은 비밀들을 깨달아 알 수 있었다. 그래서 나는 다음과 같은 찬양을 부르고 또 불렀다.

나의 구원자가 살아 계시다는 사실을 안다네.

주님은 이 세상에 다시 오실 것이라네.

그분은 나에게 영생을 주셨네.

은혜와 능력은 그분 것이라네.

주님께서 나에게 처음으로 말씀하신 후 몇 년이 지났지만, 나는 "나는 부활이요 생명이니 나를 믿는 자는 죽어도 살겠고 무릇 살아서 나를 믿는 자는 영원히 죽지 아니하리라"(요 11:25-26)는 말씀 위에 처음처럼 흔들림 없이 굳게 서 있었다.

하나님은 "네가 믿으면 하나님의 영광을 보리라"는 말씀을 받아들였던 마리아의 믿음을 우리에게 주시기를 간절히 바라신다! 몇 년 전에 한 형제가 죽음 직전까지 갔었다. 그는 모든 희망을 포기한 상태였으나 사람들에게 자신을 위해 기도해 달라고 하였다. 내가 그 형제를 보았을 때, 그를 살리고 싶은 생각이 내 속에서 솟아올랐다. 그때 나는 그리스도께서 내 안에서 계시다는 것과 죽어가는 그 사람 앞에 서 있는 것은 내가 아니라 내 안에 계신 그리스도라는 확신이 들었다.

순간 내 속에서 "나는 부활이요 생명이다!"라는 소리가 분명하게 들렸고, 그 순간 죽어가던 그 형제가 다시 살아나는 일이 일어났다! 이것은 분명 그리스도께서 개입하신 놀라운 사건이었다. 그때 주님께서는 나에게 "살아서 나를 믿는 자는 영원히 죽지 아니하리라. 너는 이것을 믿느냐?"라고 물으셨고, 나는 "주여, 제가 믿습니다"라고 대답했다. 그런 경험을 하고 나서부터 나는 죽음을 보지 않고 영·혼·육이 천국으로 이동하는 것을 사모하게 되었다.

나는 하나님이 완전한 정의의 하나님으로 드러나시는 날이 도래하기를 손꼽아 기다리고 있다. 그날이 되면 우리의 믿음으로 인해 죽은 자들이 살아나고, 병든 자들이 치유되는 기적들이 나타날 것이다. 나는 우리가 영의 천국 경험과 영·혼·육의 천국 이동을 위해 어느 정도의 믿음을 가져야 하는지에 대해서는 잘 모른다. 그러나 때가 되면, 그런 일들이 어렵지 않게 자주 일어나게 될 것은 분명하다. 그러나 지금은 시련을 통해 우리의 믿음을 더욱 키울 때다. 나는 육체가 죽어서 천국에 가는 것보다 살아서 천국으로 옮겨지는 것이 더 영광스럽다고 생각한다. 그러나 주님께서 나에게 무덤에 들어가라고 하신다면, 나는 기꺼이 그렇게 할 것이다.

십자가의 고통과 고난을 경험한 후 나는 사람들의 위로나 나의 상태와 상관없이 믿음 안에서 안식할 수 있게 되었다(히 4:9-10). 이렇게 내가 경험한 고통과 고난에 대해 상세하게 이야기하는 이유는 하나님께서 나에게 영의 천국 경험과 영·혼·육의 천국 이동을 경험한 사람들이 시험과 환난을 통과한 사람들이라고 말씀해 주셨기 때문이다. 온전히 승리한 사람들은 천국의 모든 것을 다 가질 수 있다.

천국 경험과 영·혼·육의 천국 이동이 주는 혜택은 결코 작다고 할 수 없다. 이러한 것들에 대해 머리로 이해하는 것과 본인이 직접 경험하는 것의 차이는 매우 크다. 그러한 경험은 성령의 역사 없이는 할 수 없다.

과거에 나는 한발자국도 내디딜 수 없는 어려운 상황에 직면한 적이 여러 번 있었다. 그러한 혹독한 시련 가운데 있을 때면 성령께서 나의 약함과 무능력을 고백하게 하심으로 나를 겸손하게 만드셨다. 다른 말로 하면, 그리스도께서 나를 겸손의 자리로 나아가도록 하신 것이다. 성부께서 내가 겸손한 자가 되도록 계획하시고, 성자께서 그렇게 되도록 나를 인도하셨으며, 성령께서 역사하셨다. 그런 상황에서 내가 할 수 있는 것이라고는 주님을 굳게 믿고 나 자신을 내려놓는 것이다. 그게 전부다. 항상 나로 겸손케 하시는 하나님을 찬양한다!

어느 날 밤, 나는 영으로 어느 큰 산의 꼭대기로 옮겨졌다. 그리고 거기서 맞은편에 있는 산을 바라보았다. 그때 성령께서 나에게 내가 서 있는 산 정상에서 맞은 편 산의 정상으로 발을 옮겨 놓아 보라고 말씀하셨다. 한 걸음만 옮기면 맞은 편 산에 갈 수 있을 것 같다는 생각이 들었다. 그런데 아래를 내려다보니 계곡 아래쪽에 무덤들이 많이 있었고, 그 주 위에 죽음과 어두움의 세력들이 모여 있는 것이 보였다. 나는 무서웠다. 그래서 주님께 "주여, 제가 어떻게 해야 천국의 산으로 건너갈 수 있습니까?"라고 여쭤 보았다.

주님께서는 나에게 "죽으면 계곡 아래로 떨어지게 된다. 그러나 초자연적인 육체 이동을 하면 바로 천국으로 옮겨지게 된다"고 말씀하셨다. 그렇게 말씀하신 후 주님은 나에게 엘리야가 어떻게 승천하게 되었는지에 대해 알려 주셨다. 또한 요단강을 건너는 것의 영적인 의미에 대해서도 알려 주시면서 "너는 죽음을 건너가야 한다. 마치 이스라엘 자손들이 홍수의 계절에 요단강을 건너 약속의 땅에 이른 것처럼 죽음을 넘어가야 한다"고 말씀해 주셨다. 죽음의 홍수가 온 세상을 휩쓸 때, 이스라엘 백성들이 털끝 하나 다치지 않고 요단강을 건넌 것은 참으로 놀라운 일이었다!

성령님은 우리의 육체에 많은 일들을 행하신다. 우리가 성령에 따라 살게 되면, 하나님의 진리가 우리 삶에 나타나게 된다. 나는 성령님이 단지 사람들에게 보여 주기 위한 일만 하시고, 보여 주기가 끝나면 바로 사라지시는 분이라고 생각해 본 적이 한 번도 없다. 성령님이 우리 안에서 진리를 나타내시면, 그것은 살아 움직이는 진리, 우리 속에 굳게 세워지는 진리가 된다. 이것은 단지 가르침을 받는 것 이상의 실재(reality)다!

예레미야와 에스겔의 예언적 선포로 놀라운 기적과 이사가 나타났기 때문에 이스라엘 백성들이 체험한 기적과 이사가 그들에게는 살아 있는 하나님의 말씀으로 다가왔다. 이와 마찬가지로 요단강을 건너는 것과 같은 고통스러운 체험이 나에게 살아 있는 하나님의 말씀으로 다가왔다. 지금 이 시대에도 홍수로 불어난 죽음의 강을 건널 수 있도록 기적을 일으킬 수 있는 하나님의 사람들이 있다. 아멘! 그러나 받아들이기 힘든 또 다른 진리가 있다. 그것은 강물에 처음 발을 담근 제사장들이 마지막으로 강을 건너야 한다는 것이다. 지금 내가 그런 경우다. 나는 죽음과도 같은 혹독한 시련을 통과해서 천국의 영역으로 옮겨지는 경험을 했지만, 지금과 같은 홍수의 때에 제사장으로서 끝까지 세상에 남아 있어야 한다(수 3:15-17).

천국 경험을 하고 나서부터 나의 몸은 나날이 약해져갔다. 하나님의 치유와 기적을 믿는 내가 7년 동안이나 몸이 아파 아무 일도 못하게 되자, 그런 나를 이해하지 못하는 믿음의 사람들이 떠나갔다. 그래도 신실한 소수의 사람들이 남아 있었지만, 그들은 내가 죽을 것이라고 생각하고 슬퍼하며 울기만 하였다. 그중 한 여자는 나의 장례식 때 쓸 것이라며 예수님의 몸에 발랐던 것과 같은 종류의 기름까지 준비해 놓고 울었다. 이런 일은 유월절과 주님의 고난과 부활을 기념하는 기간에 일어났다. 나는 이런 과정들을 통해 주님이 당하신 배신과 십자가의 고통을 어느 정도 경험할 수 있었다.

그러던 어느 날 밤에 성령님이 한 사람에게 나의 장례를 준비하라고 지시하셨다. 그러나 나는 그 사실을 받아들일 수 없었다. 나는 그저 죽음의 그림자가 홍수처럼 나를 덮어 나의 믿음을 빼앗음으로 성령의 역사를 방해하려 한다고 생각했다. 그런 절망적인 상태에서 나는 모든 것을 주님께 맡겨 버렸다.

그러자 주님께서 "너는 나의 능력에 동참하기를 그렇게도 바라면서도, 어째서 나와 함께 십자가의 죽음을 경험하는 일에는 동참하지 않으려 하느냐?"라고 물으셨다. 그리고는 다음과 같이 말씀하셨다. "성령이 너를 다루실 때, 네가 나의 죽음에 동참하지 않으려고 하는 것은 네가 성령으로부터 도망치는 것과 다를 바 없는 것이다. 나의 고난에 동참하는 것이 얼마나 큰 특권인지를 알아야 한다. 나는 나의 고난에 동참하는 신부를 원한다. 나는 네가 너의 힘과 마음을 다해 고난을 감당하기를 원한다. 그렇게 함으로 네가 나에게 온전한 제물로 드려지고, 이것으로 인해 내가 온전히 기뻐하게 된다. 너의 심장에 나의 말을 새겨 놓겠다. 나의 말을 너의 심장에 철필로 새긴 후 나의 사랑의 불도장(갈 6:17)을 찍어 놓겠다."

잠시 후 주님은 나에게 큰 잔을 보여 주시며 "내가 마시는 잔을 너도 마실 수 있겠느냐?"라고 물으셨다. 순간 과거에 성령세례를 받았을 때 주님께서 이와 비슷한 질문을 하셨던 것이 생각났다. 당시 나는 예수님의 제자들이 그랬듯이 "주여, 당신이 마셨던 잔을 나도 마실 수 있나이다"라고 대답했다. 지금 생각해 보니, 당시 주님의 질문이 실제로 무엇을 의미하는

지 제대로 알지 못하면서 마실 수 있다고 대답했던 것이다.

그때는 내가 이미 주님의 고난의 잔을 마셨다고 생각했지만, 사실 그 잔은 내가 생각한 것보다 훨씬 더 강한 영적인 고통과 자아의 죽음을 의미했다. 그것은 나 자신이 희생 제물이 되어 실제로 죽는 것이다. 그것을 조금이나마 알게 된 나는 주님의 고난에 동참하는 것에 대해 잠시 망설였다. 그러나 마침내 성령의 감동을 받아 "주여, 당신의 은혜로, 당신과 함께 그 잔을 마시겠습니다"라고 대답하였다. 그리고 떨리는 손으로 주님으로부터 잔을 넘겨받아 그 잔에 나의 입술을 대었다. 나는 잔 속에 담긴 포도주가 매우 쓸 것이라고 생각했는데, 막상 마셔 보니 너무 맛있어서 깜짝 놀랐다.

주님은 놀라는 나를 미소 띤 얼굴로 바라보시더니 이내 호탕하게 웃으신 후 이렇게 말씀하셨다. "네가 방금 마신 잔은 완전한 구원의 잔이다. 나는 고통스런 죽음의 잔을 마셨다. 그 결과 너는 나의 신성(Divine) 곧 영생하는 구원의 잔을 마실 수 있게 되었다."

놀라운 경험을 했음에도 불구하고 내 몸은 쇠약해져만 갔다. 5월 초가 되자 나의 심장은 걸을 수 없을 정도로 약해졌다. 걸으려고 시도하면 몸이 비틀거렸다. 그래서 나는 움직이지 않고 침대에 가만히 누워 있었다. 시간이 지나자 숨쉬는 것마저 힘들어졌다. 죽음의 그림자가 밤낮 나를 따라다니는 것 같았다. 이 시간을 통해 나는 죽음을 이기고 승리한다는 것의 의미를 이해할 수 있게 되었다.

그 시기에는 내가 메마름과 어둠과 고통으로 가득한 곳에 살고 있다는 생각이 들었다. 하나님의 기름부음과 축복이 다 사라져 버린 듯했다.

하루 종일 누워 있을 수밖에 없게 되자, 주님께서 중서부 지방에 살고 있는 귀한 자매 몇 명을 보내 주셨다. 그들은 그동안 편지로만 연락을 주고 받았던 자매들이었다. 그들 중 한 명이 나에게 예언을 해 주었는데, 주님께서 나에게 위대한 일을 행하시고 특별한 은총을 베푸실 것이라는 내용이었다.

그 자매들이 나를 찾아온 날 밤, 나는 성령의 감동을 받아 피아노를 치며 찬양했다. 그때 부른 노래는 '주여 나를 당신의 정원으로 이끌어 주소서'라는 제목의 노래였다. 이 노래는 사랑의 동산이 아닌 겟세마네 동산을 생각나게 하는 노래다. 나는 어두움을 경험할 때마다 이 노래를 부르곤 했는데, 가사는 다음과 같다.

가자, 어두움의 겟세마네에 가서 한 시간만 나와 함께 깨어 있자.
너는 나의 모든 것이니, 거기 가서 나와 함께 기도하자.
두려워하지 말라. 어떤 경우라도 낙담하지 말라.
이제 내가 너를 나의 보좌로 데리고 갈 것이다.

그날 밤 나는 그 노래에 다음의 가사를 새로 붙여 주님을 찬양했다.

| 당신의 정원으로 이끌어 주소서

주님이 이 정원을 만들어 숨겨 놓으셨습니다.
주님은 사람들에게
"이곳으로 와서 나와 안식하자"고 말씀하신 후

그 정원에서 기다리십시오.
모든 꽃들이 주님의 사랑을 표현합니다.
모든 나무들이 주님의 위대함을 노래합니다.
아늑하고도 안전한 곳에 앉아
주님의 위로를 받고 싶습니다.
새들이 나무에서 노래합니다.
주님의 사랑을 노래합니다.
미풍에 향기가 실려 옵니다.
그것은 하늘 궁전에서 나는 향기입니다.

주여, 나를 당신의 정원으로 이끌어 주소서.
성문 쪽에서 바라보니
황금 길이 보입니다.
너무 늦지 않게 가겠습니다.
나, 당신의 팔에 기대오니
궁전 안으로 인도해 주소서.
주여, 나를 당신의 정원으로 이끌어 주소서.
나를 당신의 심장 안으로 데려가 주소서.

나는 갑자기 기진맥진해졌다! 내게 남아 있는 힘이 하나도 없었다. 심장박동이 빨라졌다. 어떤 음식도 먹을 수 없었다. 숨쉬는 것마저도 힘들었다. 숨 한 번 쉬기가 고역이었다. 나의 상태에 대해 이토록 자세히 말하는 이유는, 내가 당한 고통이 얼마나 컸는지 이해시키기 위해서다.

주님께서 수년간 다루신 결과, 나는 나의 생각과 상상조차 주님 앞에 무릎 꿇어야 한다는 사실을 알게 되었다(나는 성령께서 주신 계시가 우리의 상상력에 의해 잘못 부풀려지는 경우가 적지 않다는 사실을 잘 알고 있다). 여러 가지 경험을 통해 나는 내가 기름부음 아래 있다 하더라도 나의 모든 생각과 상상이 반드시 성령의 점검을 받아야 한다는 사실을 알게 되었다.

성령님은 내 마음속의 생각과 상상들이 잘못된 것임을 즉각적으로 지적해 주시곤 했다. 나의 경험을 글이나 말로 나타낼 때 실제로 일어난 것 이상으로 부풀려 표현하면, 즉각적으로 제지하시곤 했다. 우리는 과장하는 실수를 저지르지 말아야 한다. 어떤 사건을 과장하여 말하면 사람들이 잘 기억할 수는 있겠지만, 그럼에도 불구하고 주님은 우리가 일어난 일을 있는 그대로 표현하기 원하신다.

이러한 이유로 혹시 내가 실수로 과장해서 말했을 경우, 사람들에게 내가 잘못 전달했으며 의도적으로 그렇게 말한 것이 아니었다고 설명한다. 우리가 자신의 영적인 경험을 사람들에게 말해 줄 때, 그것을 부풀리거나 추가하지 않고 경험한 그대로를 전달함으로 성령님을 근심시키지 말아야 한다.

내 몸이 위험할 정도로 아팠다. 나의 상태는 그야말로 육과 영 모두 최악이었다. 마치 사망의 음침한 골짜기를 지나는 것같이 느껴졌고, 죽음이 코앞에 와 있는 듯했다. 사탄이 고통 속에 죽어가는 성인들에게 최후의 일격을 가했듯, 나에게도 그런 일격을 가하는 것 같았다. 하나님이 나를 버리셨고, 주 안에서 가까이 지내던 사람들도 나를 버렸다는 생각이 들었다. 그들이 나를 위해 기도해 준 것은 사실이지만, 그 기도에는 기름 부음이 없었고, 빛도 없는 듯 느껴졌다. 그들이 나와 상관없는 딴 세상 사람들처럼 여겨졌다.

흑암의 세력들이 나를 집중적으로 둘러쌌다. 며칠이 몇 달처럼 느껴졌고, 고통은 극에 달했다. 기도나 찬양을 전혀 할 수 없었고, 사람들과 대화하는 것조차 불가능했다. 그럼에도 불구하고 나는 하나님께 나를 온전히 드려 두려움 없는 안식에 거하려고 온갖 애를 썼다. 인간의 한계에 도달한 내가 할 수 있는 유일한 일은 나 자신을 포기하고 하나님의 손에 맡기는 것이었다. 이런 상황에서 사람의 힘을 빌리는 것은 매우 어리석은 짓이다.

주님은 나에게 "내가 상하게 한 자를 내가 고친다. 내가 죽인 자를 내가 살린다"고 말씀하셨다. 욥처럼 나도 '그분이 나를 죽이시더라도 나는 그분만을 의지하겠다'고 결심하였다. 주님이 나에게 믿음이 있음을 증명해 보이라고 하셨다고 해서 그분이 신실하신 분이 아닐 것이라고 의심할 수는 없지 않은가?

이런 상태로 이틀이 더 지났을 때, 하나님께서 나에게 한 자매와 그녀의 남편을 보내주셨다. 나를 찾아온 그 부부는 나를 위해 기도해 주었다. 그들은 하나님께서 나를 그렇게 혹독하게 다루고 계심을 모르는 상태에서 나를 찾아왔다. 그때 나는 주님을 제외한 그 누구와도 같이 있고 싶지 않았기 때문에 솔직히 말해 그들의 방문이 달갑지 않았다. 나의 모든 소망과 도움은 오직 주님께만 있었다. 나는 나를 향한 주님의 계획이 사람들의 방문에 의해 방해받는 것을 원치 않았다.

나는 삶과 죽음 모두 받아들일 준비가 되어 있었다. 세상을 떠나 주님과 함께 있게 되는 것을 지극히 사모했지만, 그것이 단지 나의 고통을 면하기 위한 것이라면 그마저도 이기적이라는 생각이 들었다. 하나님의 다루심의 끝이 무엇이든 아무런 상관이 없었고, 단지 "아버지 뜻이 이루어지이다"라고 말할 수 있으면 되는 것이라고 생각했다. 하나님의 뜻을 아는 것만으로는 충분하지 않다. 우리는 그분의 뜻을 안 후 기쁘게 행해야 한다. 하나님은 우리가 어떤 일을 겪더라도 그 일을 통해 그분의 뜻을 알아 기쁜 마음으로 그 뜻대로 살기 원하신다.

그 부부가 나를 위해 기도해 주었는데, 그 기도에는 기름부음이 있었다. 기도를 마친 그들은 나의 얼굴에서 죽음이 보였다고 말했다. 이 말에 나는 충격을 받았다. 그들의 간절한 기도에도 불구하고 하나님은 조금도 역사하지 않으셨다. 나는 이미 죽은 것과 다름없었다. 그 부부는 돌아갔고, 나의 상태는 악화되었다.

그날 밤에는 숨을 쉬는 것조차 고통스러웠다. 숨이 막혀 본 경험이 있는 사람은 숨을 못 쉬는 고통이 어떠한지에 대해 잘 알 것이다. 남편은 내가 호흡곤란으로 고통스러워하자 어찌할 바를 몰라 했다. 나는 남편에게 친한 사람들에게 연락해 기도를 부탁해 보라고 하였다. 그러나 남편이 내 말을 잘못 알아들어서 낮에 우리에게 전화했던 한 부부에게 전화로 기도를 부탁했다.

그때부터 하나님의 개입이 시작되었다! 그들 부부는 때마침 일터에서 돌아와 집에서 쉬고 있었다. 그날 밤 그 부부 중 자매가 꿈에서 영광스러운 경험을 하였다. 그녀는 꿈속에서 성령으로 노래를 불렀는데, 그녀의 노래에는 영광과 능력과 아름다움이 가득하였다. 그녀는 꿈속에서 "오, 나는 천국의 새 포도주에 취했습니다!"라는 찬양을 불렀고, 찬양을 마치자 바로 잠에서 깨어났다. 이때 그녀는 자신에게 기름부음이 임해 있음을 느꼈다. 그래서 기도하려고 잠자리에서 일어났는데 그때 전화벨이 울렸다. 그 전화는 나를 위해 기도해 달라고 부탁하기 위해 남편이 건 전화였다. 기도 부탁을 받은 그 부부는 같이 기도하기 시작했다. 이들 부부가 기도를 시작한 지 몇 분 되지 않아서 나는 어린아이처럼 곤히 자기 시작했고, 아침에 일어났을 때 기분이 매우 상쾌했다.

다음 날 나를 위해 기도해 준 부부 중 자매가 나를 찾아왔다. 그녀는 내가 자신의 집으로 가서 그곳에서 얼마 동안 머물게 될 것이고, 그로 인해 내가 주님의 크신 축복을 받게 될 것이라고 예언하였다. 그러나 실제 상황에서는 어둠의 세력들이 나의 목숨을 끊으려고 기회를 엿보고 있었다. 그녀가 내가 천국의 신랑이신 예수님의 팔에 안겨 있고, 아름다운 꽃들이 나를 덮고 있는 것을 환상으로 보았다고 말했지만 몸은 여전히 아팠다.

하나님의 뜻을 거스르지 않기 위해 나는 아픈 몸을 이끌고 그녀의 집으로 향했고, 다음 날이 돼서야 간신히 그녀의 집에 도착할 수 있었다. 그녀의 집에 도착하자 주님의 역사가 서서히 시작되었다. 그날부터 한 달 동안 그들 부부는 내가 아무도 만나지 않도록 배려해 주었다(사실은 주님이 그렇게 해 주신 것이지만 말이다). 나는 그날부터 한 달 동안 모든 사람들로부터 격리된 채 그 집에 머물렀다. 그 집은 왕의 집 또는 왕의 정원이라고 부르고 싶을 정도로 좋은 곳이었다.

한 달 전에 일어났던 일들이 온통 내가 죽게 될 것임을 확증해 줄 뿐이었기 때문에, 나는 집을 떠날 때 다시 돌아올 수 없을지도 모른다고 생각했다. 내가 그런 생각을 한 것은 몸에서 나타나는 각종 증상들이 다시 건강해질 수 있다는 희망을 모조리 앗아갔기 때문이다.

어머니가 돌아가시기 몇 년 전에 "나는 지금 세상에도 없고, 천국에도 없단다. 오, 빨리 세상을 벗어나 쉬고 싶구나"라고 말씀하신 적이 있다. 당시에는 그 말을 이해할 수 없었는데, 지금은 이해가 된다. 세상과 천국 사이에 떠 있는 것 같은 느낌, 한 걸음밖에 되지 않는 생명과 죽음 사이에 떠 있는 것 같은 느낌은 참으로 묘했다.

나는 당시 하나님의 구체적인 개입에 대해 간증 형식으로 잘 서술해 보려고 한다. 하나님의 진리를 나타내기 위해 되도록 감정을 섞지 않고 말해 보겠다.

다음 날 밤은 매우 힘들었다. 그날 밤이 찾아오기 직전에 예수님께서 나를 찾아오셔서 속삭이듯 "나는 산골짜기의 백합화다"라고 말씀하셨다. 이에 나는 "예, 그렇습니다. 주님, 당신은 산골짜기에 피어 있는 향기로운 백합화입니다"라고 대답했다. 그러자 주님은 나에게 다시 "나는 죽음의 골짜기에 피어 있는 백합화다"라고 구체적으로 말씀하셨다.

그날 밤 내내 나는 그 죽음의 골짜기에 있었지만, 백합화이신 주님께서 아무 말 없이 나와 함께하셨다. 그때 성령님이 고통스러워하는 나를 바라보시며 주님께서 얼마나 힘들어 하셨는지 알려 주셨다. 성령님은 또한 하나님 아버지는 자신의 아들 예수에게 좋은 신부를 준비해 주시는 분이기 때문에, 우리가 주님의 신부로 준비되기까지 단련시키신다는 사실도 알려 주셨다. 아, 우리의 구원자께서 우리를 얼마나 위로하시는지! 그분의 이름을 송축하라! 낮이 되자 나의 상태는 더 나빠졌다. 남편이 최종적으로 의사를 불러 보자고 했고, 나는 그 의견에 동의했다.

당시 나의 상태에 대해 정리해 보겠다. 첫째, 나는 극심한 병에 걸렸다. 둘째, 병의 원인이 밝혀지지 않았다. 셋째, 의사들이 취할 수 있는 조치는 나에게 몇 가지 약을 처방해 주는 것이 전부였고, 그 약들은 나에게 별 도움이 되지 못했다. 그래서 나는 약을 먹지 않았다. 왕진을 온 의사는 어리둥절해하며 내가 최근에 극심한 충격을 받거나 심장마비가 온 적이 있는지 물었다.

다윗은 "하나님, 당신이 나의 심장을 크게 하셨습니다"라고 했는데, 이 말은 "당신이 나의 마음을 강하게 하셨습니다"라는 말이다. 주님이 나의 마음을 다윗처럼 강하게 하셨다. 사람이 새롭게 변화되기 위해 가장 필요한 것이 바로 마음의 변화다. 아가서 6장 12절은 "나도 모르는 사이에, 나는 어느덧 나의 마음이 시키는 대로 왕자들이 타는 병거에 올라앉아 있네"(새번역 성경)라고 노래한다. 거의 모든 주석가들이 이 구절을 엘리야가 병거를 타고 하늘로 올라간 것과 같은 종류의 천국 경험이나 영·혼·육의 천국 이동을 의미한다고 해석한다. 우리는 이 병거를 몇 번 본 적 있다. 그런데 아담 클락은 이러한 아가서 6장 12절을 "갑자기 나의 심장박동이 **빨라졌다**"라는 의미로 해석하였다.

나를 진찰하기 위해 온 의사는 나의 병이 영적인 데서 비롯되었음을 전혀 모르는 상태에서 이렇게 말했다. "병의 원인을 찾을 수가 없습니다. 그러나 내가 당신의 상태에 대해 확신하는 것이 한 가지 있습니다. 그것은 당신이 병거를 타고 높은 하늘에까지 올라갔다는 사실입니다." 의사의 그 말이 나에게는 하나님의 말씀처럼 들렸다. 의사는 계속해서 "당신은 곧 죽을 것처럼 보입니다. 고통이 너무 커서 차라리 죽기를 바랄 수도 있습니다. 그러나 당신은 결코 죽지 않을 것입니다"라고 말했다. 의사가 그 말을 마치는 순간 힘이 솟아나 나는 침대를 박차고 벌떡 일어났다. 그 의사는 자신이 하는 말이 무슨 의미인지도 모르면서 무의식중에 나의 천국 경험에 관한 말을 한 것이다.

다음 날 나는 비록 조금이긴 하지만 식사를 할 수 있었다. 그러나 하나님은 나에게 그 어떤 말씀도 해 주지 않으셨다. 내가 아프기 시작한 지 일주일이 되던 날, 드디어 주님이 나타나셨다.

주님이 나타나시기 전 일주일은 나에게 유난히 길었다. 일주일이 되는 날 어두워지기 시작할 때, 나는 의식이 또렷한 상태에서 침대에 누워 손으로 벽을 똑똑 두드렸다. 처음에는 기름부음이 아주 약해서 내가 그렇게 벽을 두드리고 있다는 사실을 나 자신도 몰랐다. 그러다가 벽을 두드리는 소리가 점점 커졌다! 이때 성령님이 나에게 "두드려라. 그리하면 너에게 열릴 것이다!"라고 말씀하시는 소리가 들렸다. 그 말씀의 뜻을 이해하지는 못했지만, 나는 계속 벽을 두드리며 영으로 기도하기 시작했다. 이때 내 눈앞에 커다란 문이 보였다. 그것은 바로 하늘 문이었다. 내가 계속 벽을 두드리자 하늘 문이 무대의 커튼이 젖히듯 열린 것이다.

이때 주님께서 나에게 "볼지어다 내가 네 앞에 열린 문을 두었으되 능히 닫을 사람이 없으리라 내가 네 행위를 아노니 네가 작은 능력을 가지고서도 내 말을 지키며 내 이름을 배반하지 아니하였도다"(계 3:8)라고 말씀하셨다.

나는 이 말씀을 듣고 놀라서 어리둥절해하며 그 말씀의 뜻이 무엇일까 곰곰이 생각해 보았다. 몸에 힘이 솟는 것이 느껴져서 침대에서 일어나 거실로 걸어가서 같이 지내던 자매에게 함께 기도하자고 했지만, 조금 전에 무슨 일이 있었는지에 대해서는 말하지 않았다. 그녀와 그녀의 남편은 내 상태가 좋아진 것을 보고 기뻐하며 하나님께 영광을 돌렸다.

내가 다시 소파에 앉자마자 남아 있던 힘이 빠져나갔다. 그렇지만 천국의 분위기는 여전히 온 방에 가득했다. 마치 내가 공중에 둥둥 떠 있는 듯 느껴졌고, 나의 내면은 형언하기 어려운 기쁨과 빛으로 가득 찼다.

그 순간 왕이신 주님이 너무나도 아름다운 모습으로 나타나셨다. 왕이신 주님이 방으로 들어오시자 그 방안이 오직 그분으로만 가득 차 있는 듯 느껴졌다. 그 광경이 너무 황홀해서 나는 거의 기절할 것 같았다. 주님은 아가서에 나오는 술람미 여인이 온 마음을 다해 사랑한 왕자 같은 모습으로 나타나셨다.

주님은 왕의 예복을 입고 계셨다. 아름다운 옷과 왕관을 쓰고 계신 그분의 자태가 내뿜는 지고한 사랑에 내 마음이 쏙 빨려 들어갔다. 주님은 금으로 된 신발을 신으시고, 흰색 옷에 보석이 박힌 자주색 벨벳 가운을 걸치고 계셨다. 그분이 입고 계신 가운은 방 한쪽 끝에서 반대쪽 끝까지 늘어져 있을 정도로 길었다.

이러한 주님의 방문은 10분이 지난 후 서서히 사라졌다. 주위를 돌아보니 한 자매가 미국과 미국의 군인들을 위해 기도하고 있는 것이 보였다. 그제야 나와 같이 기도하고 있는 그 자매가 내가 본 주님을 보지 못했다는 사실을 알아차렸다. 내가 본 장면은 놀라울 정도로 생생하였다. 그녀가 기도해 주기 위해 다가왔지만, 나는 그녀가 내 몸에 손을 대지 못하게 하였다. 그 이유는 그때 나의 영이 몸 밖에 있었기 때문이다.

그녀가 기도해 주기 위해 나에게 다가왔을 때, 갑자기 "두드려라. 그러면 문이 열릴 것이다!"라는 말을 큰 소리로 여러 번 반복해서 외쳤다. 그러면서 문을 두드리는 시늉을 하기 시작하더니, 잠시 후에 금으로 된 큰 문이 열리는 것이 보인다고 하였다. 곧이어 그녀는 너무 기뻐 주님을 찬미하기 시작했는데, 그 순간 그녀에게서 빛이 뿜어져 나왔다. 그녀는 "오, 나는 지금 아름다운 왕을 보고 있습니다!"라고 소리쳤다. 그녀는 나에게 그 왕이 어떻게 생기셨는지에 대해 말해 주며 기뻐하였다. 그녀는 그 왕이 긴 가운을 걸치고 계신다고 하였다. 그녀의 말을 들어 보니 조금 전에 내가 보았던 것과 같은 모습이었다. 이에 그녀와 나는 함께 기뻐하며 어쩔 줄을 몰라 하였다.

우리와 함께 기도한 또 다른 자매가 있었는데, 그 자매도 우리처럼 하늘 문이 열리는 장면을 보았다. 이때 성령께서 나에게 "그녀는 승리했다. 이제부터 그녀와 그녀의 친구들에게 하늘 문이 자주 열릴 것이다"라고 말씀하셨다. 주님은 나에게 주셨던 계시록 3장 8절의 말씀을 그녀에게도 주셨다.

나는 큰 기쁨으로 가득 찼다. 그때부터 내가 머물고 있는 그 집은 나에게 '왕의 집'이 되었다. 그 집에 나타나신 주님으로 인해 너무도 기뻤다. 우리 모두가 그분의 아름다우심을 본 것이다. 이로 인해 나는 주님과 새로운 사랑에 빠졌고, 그분으로 인해 죽음에서 소생하여 새롭게 살 수 있게 되었다. 나는 주님과 하나 되기 위해 그분의 집에, 신랑 되신 그분이 계신 방에 주님과 함께 살고 있다고 생각하였다. 나에게 새날이 찾아온 것이다.

그날부터 일주일 동안 하나님의 영광과 축복과 계시가 쏟아졌는데, 사실 그 당시에는 그런 사실을 전혀 눈치채지 못했다. 내가 그토록 큰 하나님의 은총을 경험하기에 부족한 존재라는 사실을 이제야 겨우 깨달았다. 우리 모두가 다 그리스도의 신부로 부름을 받았으며, 나는 단지 다른 사람들보다 앞서 그분의 신부 됨이 어떤 것인지에 대한 경험을 조금 했을 뿐이다.

내가 이러한 경험을 하기 1년 전쯤에 성령께서 나에게 왕의 집에 거하는 예언적 노래를 주셨다. 나는 그 노래를 마음속으로 반복해서 불렀는데, 가사는 다음과 같다.

| 주님의 임재 안에서

오, 나는 풍족하네, 나는 축복받았네.
왕께서 나를 그분의 방으로 인도하시네.
주님이 나를 그분의 임재 안에 숨기시네.
오, 나는 천국으로 들어가 안식하네.

폭풍우도 없고, 어두운 밤도 없네.
나는 그분의 평화에서 떠나고 싶지 않네.
왕께서 나에게 "사랑하는 자야, 내 너를 품고 싶으니
나를 떠나지 말라" 말씀하시곤
내 얼굴을 쳐다보시며 날 꼭 껴안으시네.

거룩한 그분의 처소에는 안식만 있네.

그 어떤 해도 미칠 수 없는 곳이라네.

왕께서 나더러 자기 품에 기대라고 재촉하시네.

주님의 부드러운 손길이 내 눈물을 훔쳐 주시네.

나는 그분의 임재 안에 살고, 그분의 빛 안에서 걷네.

정결한 흰옷 입고 그분의 사랑 잔치에 가네.

나의 영혼은 천국으로 올라가서 하나님을 만나네.

이 모든 것이 가능한 이유는 내가 그분의 것이기 때문이라네.

왕의 정원에서

내가 죽음의 계곡을 통과하는 내내 왕이신 주님이 함께하셨다. 그분은 나의 손을 이끌고 문을 통과하여 궁정 안으로 들어가셨다. 그곳은 주님의 임재로 충만했고, 이로 인해 나의 영은 깊이 안식할 수 있었다.

아, 주님의 계획은 너무 완전하다! 우리의 머리로는 그분을 다 이해할 수 없다. 그분의 방법은 우리의 방법과는 비교가 되지 않을 정도로 놀랍다. 주님의 놀라운 은혜, 놀라운 사랑, 놀라운 지혜! 오, 우리의 왕을 대적할 자 그 어디에도 없다. 이 얼마나 놀라운 분이신지! 나 평생토록 주님만을 찬양하리라! 놀랍고도 놀랍다, 나를 향한 구원자의 사랑이여!

나를 향한 주님의 계획은 완벽하다! 그중 가장 놀라운 것은 천국 경험이다. 주님은 우리가 생각지도 못한 방법으로 행하신다. 이에 관해 성경은 "하나님이 자기를 사랑하는 자들을 위하여 예비하신 모든 것은 눈으로 보지 못하고 귀로 듣지 못하고 사람의 마음으로도 생각지 못하였다"(고전 2:9)라고 말한다.

"오직 하나님이 성령으로 이것을 우리에게 보이셨으니 성령은 모든 것 곧 하나님의 깊은 것이라도 통달하시느니라"(고전 2:10). 성령 하나님이 계시해 주시는 것은 눈부실 정도로 아름답다! 사도 바울은 한 걸음 더 나아가 우리가 하나님의 성령을 받은 것에 대해 "우리가 세상의 영을 받지 아니하고 오직 하나님으로부터 온 영을 받았으니 이는 우리로 하여금 하나님께서 우리에게 은혜로 주신 것들을 알게 하려 하심이라"(고전 2:12)고 말하였다.

여기서 '알게 한다'는 말의 '알다'를 헬라어 원어로 보면 '주목하다, 인식하다, 이해하다, 선포하다'라는 의미를 갖고 있다. 우리가 성령의 도우심으로 이러한 사실들을 알게 되면 "사람의 지혜가 가르친 말로 아니하고 오직 성령께서 가르치신 것으로 하니 영적인 일은 영적인 것으로 분별하느니라"(고전 2:13)는 말씀이 우리 삶에 실현되는 일들이 일어나게 된다.

지난 수년 동안 우리에게 일어난 놀라운 계시들, 곧 영이 천국을 경험함으로 깨달았던 것들은 우리가 생각한 것과는 전혀 다르게 진행되었다. 천국 경험은 모두 놀라웠다. 이와 관련하여 내가 확실하게 말할 수 있는 것은 고린도전서 1-2장이 영의 천국 경험과 영·혼·육의 천국 이동을 경험을 한 사람들에게 매우 좋은 장이라는 사실이다.

모든 은사에 부족함이 없이 우리 주 예수 그리스도의 나타나심을 기다리는(고전 1:7) 사람들은 세상 사람들이 보기에는 약하고 어리석은 사람들에 불과하였다. 여기서 '예수 그리스도의 나타나심'에서 '나타나심'이란 단어를 헬라어 원어로 보면 '아포칼룹시스'(apocalupsis)라고 되어 있는데, 이것은 '계시되다, 나타나다, 현현하다'라는 뜻이다. 아포칼룹시스라는 단어는 우리가 그분의 나타나심을 기대하고 사모해야 한다는 사실을 잘 보여 준다.

영의 천국 경험은 우리가 열심히 상상한다거나 또는 그런 일이 일어나도록 애쓴다고 해서 일어나는 것이 아니다. 이것은 전능하신 하나님의 은혜로만 경험할 수 있다. 다른 말로 하면 하나님의 간섭이 있어야 한다는 뜻이다. 사탄은 하나님을 모방하여 우리로 거짓 경험을 하게 한다. 그러므로 하나님의 은혜로 천국 경험을 한 사람들은 자신들의 경험이 참인지, 거짓인지를 성경말씀을 기준으로 점검해야 한다. 이러한 영적인 경험을 많이 한 나 또한 잘못되지 않기 위해 "범사에 헤아려 좋은 것을 취하라"(살전 5:21)는 사도 바울의 권면을 철저히 따르려고 노력하고 있다.

사탄은 우리가 죽음의 계곡을 지나 천국의 영역으로 들어가지 못하도록 속이려고 애쓴다. 그러므로 우리가 특정 방법으로 천국을 경험할 수 있으리라 예견하고 있어서는 안 된다. 또한 하나님께서 행하시지 않는 것을 바른 경험이라고 주장해서도 안 된다. 이와는 반대로, 하나님께서 천국 경험과 계시를 우리에게 허락하시는데도 불구하고 세상적인 생각으로 거절해서도 안 된다.

천국 경험을 하기 위해서는 믿음과 인내가 필요하며, 하나님이 주시는 은혜가 필요하다. 이 모든 조건들이 만족되어야 우리에게 천국 경험을 허락하실 수 있다. 우리가 천국의 높은 곳으로 올라가거나 지옥의 낮은 곳으로 내려가든, 새벽 날개로 멀리 날아가거나 바다 깊숙한 곳으로 옮겨 가든 상관없이 하나님은 언제나 우리와 함께하셔서 우리의 발걸음을 인도해주신다. 오직 그분만이 우리를 다스리신다.

다윗 왕은 하나님이 그런 분이시라는 사실을 너무나 잘 알고 있었기 때문에, 시편을 통해 하나님을 찬양하였다. 우리도 다윗이 경험한 하나님을 경험할 수 있다. 나는 다시 한 번 우리가 성경에 기록된 사람들과 동일하게 영적인 경험들을 할 수 있다는 사실을 강조한다.

조금 전에 하던 이야기로 돌아가 보자. 성도가 죽으면 죽음의 계곡을 지나 요단강을 건너 천사의 인도로 천국의 영역 안으로 들어가게 된다. 거기서 예수님의 얼굴을 뵌 후 하나님의 정원인 낙원에서 쉴 수 있다. 그곳에서 왕이신 주님을 만나 뵙고 나서 그분의 정원에 가서 안식에 들어가게 된다는 말이다.

나의 몸은 여전히 약한 상태였다. 몇 주간 매우 약한 상태에 있었기 때문에, 초자연적인 기적이 일어나지 않으면 나는 그대로 죽을 수밖에 없었다. 몸에 에너지가 거의 남아 있지 않았기 때문에 나는 간신히 호흡만으로 목숨을 연장하고 있었다. 게다가 내가 어린 자녀들을 돌봐 주어야 했기 때문에 집을 떠나 있거나 여러 날 부흥회에 참석할 수도 없었.

지난 수년 동안 주님이 나를 기도와 금식으로 인도하셨는데, 대부분 집안일을 하면서 하였다. 나는 사람들로부터 멀리 떠나 오직 주님께 집중하며 시간을 보내고 싶었지만, 하나님은 그것을 허락지 않으셨다. 하나님께서는 내가 설거지를 하고 밥을 짓는 등 집안일을 하고 있을 때, 나에게 놀라운 계시를 주고 싶어 하시는 것 같았다.

하나님은 전화벨이 울리고, 아이들이 울어 대고, 끝내야 할 일들이 집 안 구석구석에 널려 있는 상황에서 나에게 자주 나타나셨다. 하나님께서는 내가 무슨 일을 하고 있고 어디에 있는지와 상관없이, 나의 기도를 통해 그분과 내가 서로 마음이 연합하게 하심으로 하나가 되게 해 주셨다. 물론 그렇게 되기까지는 수년간의 훈련기간이 필요했고, 이러한 훈련을 통해 결국은 그분께서 영광을 받으시게 되었다.

나에게 집을 제공해 준 부부의 정원, 곧 내가 천국 정원이라 부르는 그 정원에서 지내게 됨으로 나는 세상의 모든 일들과 완전히 격리되었다. 왕이신 주님께서 영광스러운 모습으로 나타나심으로 그분의 임재가 그 집에 가득하게 되자, 주님은 함께 지내는 형제자매들에게도 강력하게 역사하셨다. 그 결과 그 부부는 하나님께서 자기들에게도 크고 놀라운 일들을 행해 주신다는 사실을 의심하지 않고 믿게 되었다.

그 부부 중 자매는 자신이 해 오던 사역까지 포기하고 사람들을 만나는 것을 완전히 배제한 채, 온종일 집안에서 주님하고만 시간을 보냈다. 그녀의 남편도 직업을 내려놓지는 않았지만, 되도록 주님하고만 시간을 보내려고 하였다. 우리는 신문과 라디오를 모두 끊었다. 그리고 육적이라고 여겨지는 대화는 되도록 하지 않았다. 내가 큰 도시를 벗어나 시골의 산꼭대기에 있는 그 부부의 외딴 집에서 완전한 휴식을 취하며 머물고 있다는 사실은 그 부부와 나의 남편을 제외하고는 아무도 몰랐다.

나는 주님이 그 집에 임하여 계시면서 그곳을 천국의 모양으로 빚어 가신다고 생각했다. 주님의 임재는 매우 실제적이었고, 그분이 우리에게 베푸시는 은총은 너무나도 개인적이고도 구체적이어서 마치 내가 천국에서 살면서 주님의 잔치에 참석하고 그분의 정원을 거닐고 있다는 느낌을 떨쳐 버릴 수가 없었다. 성령님이 나에게 주신 '그분의 정원에서'라는 노래를 부르고 있을 때면, 마치 내가 하나님의 임재 안에 있는 어린아이처럼 느껴졌다. 그 노래의 가사는 다음과 같다.

| 그분의 정원에서

예수님이 나에게 그분의 사랑을 보여 주신 후부터
놀라운 기쁨이 내 마음을 적시네.
주님이 나를 그분의 왕궁 정원으로 이끄신 후부터
내 눈이 그분의 은혜와 아름다움을 보네.

그분의 정원에는 새들이 지저귀고
곳곳에 꽃들이 만발했네.
겨울이 끝나고 봄이 시작된 지금
그분의 향기가 온 하늘로 퍼져 가네.

우리는 그분의 정원에서 산책을 하며
주님과 부드럽고도 달콤한 교제를 즐기네.
예수님이 사랑의 품으로 날 안아 주시니
슬픔은 사라지고 기쁨만이 가득하네.
내 영혼을 위하여 목숨을 내어 주신 예수님
그분이 나를 사랑하신다는 사실을 나는 잘 아네.

사랑을 주심으로 내 마음이 천국 되게 해 주신 예수님

그분이 나를 사랑하심을 아네.

나로 주님의 정원에 앉아

당신의 빛을 쬐게 하소서.

나로 주님의 샘물을 마시게 하시며

당신과 둘이서만 잔치하게 하소서.

나의 통치자시요

보좌에 앉으신 나의 왕이신 예수님

그분이 나를 사랑하심을 나는 아네.

천국 경험을 시작했을 때, 나는 내가 세상을 영원히 떠났다고 생각했다. 그만큼 내가 사랑했던 모든 사람들이 나에게서 분리되는 것처럼 느껴졌다는 말이다(물론 내가 천국 경험을 하고 있는 동안 하늘 아버지께서 나의 가족들을 축복하셨고 돌보셨다). 천국 경험을 했을 때, 나는 내가 새로운 영역에서 다시 태어났다고 생각했다. 나는 아기처럼 아무것도 모르고 힘도 없지만, 내가 하나님의 안식 안에 거하고 있다는 사실만은 알고 있었다.

처음 천국 경험을 했을 때만 해도 나는 천국에 있는 것을 명확하게 보거나 천국에 있는 존재들이 하는 말들을 명확하게 듣지 못했다. 그러나 시간이 흐르자 천국에서 일어나는 일들에 점차 익숙해졌다.

주님께서 나에게 나타나시고 나서 처음 맞는 주일에 나는 그분만을 기다리며 하루를 보냈다. 주님은 우리로 찬양의 밝은 옷을 입고 머리에는 꽃을 꽂도록 하신 후, 기쁜 마음으로 그분 앞에 나아가게 하셨다. 이것은 마치 시온이 슬픔의 옷을 벗어 버리고 기쁨의 옷을 입는 것과 같았다. 그때 내 몸은 기도하기도 힘들 정도로 약한 상태였다. 그러나 나의 친구는 마치 왕의 딸인 양 아름답게 치장을 하고는 기름부음 아래서 노래하며 춤을 추기 시작했다. 그러자 우리 모두 영으로 왕의 정원을 보았고, 주님 앞에서 그분의 딸들이 찬양을 올려 드리는 것을 보았다.

> 춤추며 그의 이름을 찬양하며 소고와 수금으로 그를 찬양할지어다 여호와께서는 자기 백성을 기뻐하시며 겸손한 자를 구원으로 아름답게 하심이로다 (시 149:3-4)

갑자기 우리는 시편 45편에 기록된 왕의 결혼식 행진과 아가서에 기록된 내용을 노래로 부르기 시작했다. 그러자 주님께서 전도서에 나오는 솔로몬이 바로 자기를 가리킨다고 말씀하시며 그분이 택하신 처녀들과 왕비들 그리고 가장 사랑하는 여인에 대해 말씀해 주셨다.

주님께서는 지난 몇 년에 걸쳐 나에게 아가서에 숨겨져 있는 신부에 관한 비밀을 조금씩 알려 주셨다. 그런데 이제는 아가서 전체를 펼쳐주셨다. 그 결과 나는 아가서 전체를 꿰뚫어볼 수 있게 되었다. 주님의 향유가 내뿜는 향기가 온 집안에 가득 찼다. 우리는 왕이신 주님께 흠뻑 취했고, 그분의 궁정의 아름다움에도 흠뻑 취했다.

주님은 나에게 그분의 소원이 백성들과 잔치를 벌이는 것이라고 말씀하셨다. 또한 이스라엘의 옛 백성들도 하나님이 베푸시는 이러한 잔치를 통해 자신이 누구인지 알게 되었다고 알려 주셨다. 주님은 진미가 가득한 식탁을 보여 주시며, 우리를 그분 바로 옆 자리에 앉히시고 맛있는 천국의 과일들과 새 포도주를 먹게 하셨다.

에스더 1장에도 잔치 이야기가 기록되어 있다. 아하수에로 왕은 자신이 다스리는 나라의 위엄을 사람들에게 보여 주기 위해 큰 잔치를 벌였다. 그 잔치에 가장 먼저 초대받은 사람들은 왕의 가족들이었다. 잔치에 참석한 왕의 가족들은 아름다운 금잔에 술을 담아 마셨다. 그러나 왕은 그들에게 더 마시라고 강요하지는 않았다. 우리의 왕이신 주님도 그분의 가족인 우리를 성대한 잔치에 초청하신다.

그러나 문제는 사람들이 주님을 위해 일하느라 너무 바빠서 그분의 잔치에 많이 참석하지 못했다는 사실이다. 그 결과 잔치에 참석하지 못한 사람들은 즐거움과 안식을 누리는 삶을 살지 못하게 되었다. 그런 사람들은 "시간이 없어. 주님이 오시기 전에 빨리 잃어버린 영혼들을 구원해야 해"라고 말하면서 잔치에 참석한 사람들을 비난하였다. 그런 사람들은 주님을 잘 섬기는 듯 보이지만, 사실은 잔치 자리에 계신 왕이신 주님을 공격하고 있는 것이다. 그들은 유다처럼 "왜 귀한 시간과 돈을 잔치 같은 헛된 것에 쏟아붓는가?"라고 말하는 사람들이다. 그러나 마리아와 같은 사람들은 "주님이 식탁에 앉아 계시는 동안 나는 그분께 향유를 부어 드리고 싶다. 그래서 그분이 계신 방안에 향기로 가득 차게 하고 싶다"고 말하는 사람들이다.

어떤 사람들은 천국 잔치에 초청을 받았지만, 찬양의 예복을 입지 않거나 잔치에 참석할 목적이 아닌 다른 목적으로 온다. 그런 사람들은 잔치 자리에서 쫓겨난다. 작업복을 입고 오거나 더러운 옷을 입고 잔치 자리에 오면 초청한 왕을 업신여기는 것 아닌가? 우리는 목욕을 깨끗이 한 후, 몸에 향유를 바르고 나서야 주님의 잔치 자리에 참석할 수 있다.

물론 내가 향유와 예복을 성령에 비유해서 말하고 있긴 하지만, 주님은 예복을 입고 잔치 자리에 참석하는 우리의 순종을 보시고 축복해 주신다(주님은 우리가 무슨 일을 하든 진리만을 나타내게 하심으로 영광을 받으신다). 잔칫상에 차려진 음식은 하나님의 말씀을 뜻하고, 우리가 입는 예복과 몸에 걸치는 장신구와 향유와 꽃들은 주님의 은혜를 상징한다.

예수님께서 이 땅에서 사역하시면서 천국에 대해 이야기하실 때에는 세상 사람들이 이해할 수 없도록 비유와 상징을 사용하셨다. 초대 교회의 그리스도인들은 핍박을 피하기 위해 자신들만 알 수 있는 상징을 옷에 새겨 넣었다. 이스라엘 사람들이 입는 옷에는 상징과 표식이 있다. 하나님께서는 이스라엘 백성들에게 하나님의 말씀을 집의 문설주와 각자의 팔에 새겨 놓고, 식사를 할 때나 일을 시작할 때마다 그 말씀을 외우라고 명령하셨다.

우리는 하나님의 말씀을 생각과 마음뿐만 아니라, 우리 몸과 우리가 하는 모든 행동에 새겨 놓아야 한다. 그렇게 하는 것이 세상 사람들에게는 어리석어 보일지 모르지만, 하나님 보시기에는 지혜로운 것이다. 그렇게 할 때, 우리는 비로소 하나님의 비유와 상징에 담긴 진리대로 살아갈 수 있게 된다. 선지자들도 하나님으로부터 진리를 받을 때 상징의 형태로 받았고, 상징의 형태로 사람들에게 전달하였다.

주님께서 우리에게 나타나셔서 말씀하시는 장소에 부어지는 하나님의 부요하심은 굉장하다. 우리가 주님이 부어 주시는 은총과 축복의 장소에 있을 때, 그분을 깊이 알고 그분의 진리를 쉽게 깨닫게 된다. 그러한 진리는 깨달을 수 있는 사람들만 깨닫는 진리다.

주님을 만나서 진리를 깨닫게 되기 수년 전, 나는 스스로 너무 성숙해서 초등학생 수준을 훨씬 넘어섰다고 생각했다. 그러나 하나님께서는 내가 초등학생 수준도 안 되는 어린아이임을 깨닫게 하신 후 새로운 진리들을 깨우쳐주셨다. 어린아이들은 소꿉놀이를 할 때 마치 엄마, 아빠가 된 듯 행동한다. 이와 마찬가지로, 우리는 이 세상에서 마치 천국이 이미 와 있는 것처럼 믿고 행할 수 있다. 우리가 믿음으로 행할 때 미래의 천국이 현재에 임하는 일이 일어나고, 그 결과 다가올 세대의 능력을 현 세대에 맛볼 수 있게 된다. 다시 말해서, 우리를 무릎에 앉히신 후 천국의 비밀을 설명해 주시는 아버지로서의 하나님을 이 땅에서 경험할 수 있다.

하나님은 내가 하나님에 대한 바른 이해를 가질 수 있도록 나를 여러 가지 방법으로 다루셨다. 지금까지도 나는 여전히 지혜롭지 못하고, 세상적인 눈으로 봐도 높은 수준의 교육을 받지 못하였다. 하나님은 배운 자, 고등교육을 받은 자들은 천국을 경험하기가 매우 어렵다고 하셨다. 바울은 하나님께서 부르신 자들 중에는 지혜로운 자와 능한 자가 많지 않으며, 하나님이 세상의 미련하고 약한 사람들을 택해서 강한 사람들을 부끄럽게 하신다고 하였다(고전 1:26-29).

어린아이와 같은 자들은 주님의 잔치에 참석하여 즐거워하지만, 문벌 좋은 자들은 그렇지 못하다. 어떤 이들은 잔치 자리에 예복을 입고 참석하긴 하지만, 음식을 즐기지는 못한다. 그런 사람들은 처음 보는 대단한 음식들이 차려져 있음에도 '이 음식에 독이 들어 있으면 어쩌나, 이 음식을 먹고 배탈이 나면 어쩌나' 하는 걱정으로 가득 차 있는 사람들이다.

바울은 이런 사람들에게 "앞에 있는 음식은 의심하지 말고 믿음으로 먹으라"고 하였다.

왕의 잔치에 참석하여 잔치 음식에 대해 왈가왈부한다면 그것은 바로 잔치를 베푼 왕을 모독하는 것이다. 까다로운 식성으로 인해 고기가 질기지는 않은지, 과일은 쓰지 않은지에 대해 묻고 따지면 안 된다. 차려주신 음식은 무조건 좋다고 믿고 기쁘고 감사한 마음으로 맛있게 먹어야 왕께서 기뻐하시고, 우리에게도 좋은 일이 일어난다. 천국 잔치에 차려진 음식들을 맛있게 먹으면 소화도 잘 되고, 그 결과 새살이 돋아나 힘을 잘 쓸 수 있다.

어떤 사람들은 포도주를 한 모금 맛보고 너무 독하다며 잔을 내려놓는다. 그와 반대로 어떤 사람들은 포도주를 실컷 마신 후 성령의 술에 취해 천국의 즐거움을 만끽한다. 그런 사람들은 천국의 새 포도주 맛을 앎으로 그리스도처럼 거룩한 삶을 살게 된다. 성찬식에서 마시는 포도주는 우리 죄를 속하시기 위해 갈보리 언덕에서 귀한 피를 다 쏟으신 그리스도의 희생적 삶을 상징한다. 주님의 피 흘리심은 거룩과 사랑의 삶이다. 포도주보다 훨씬 귀한 예수님의 사랑의 피를 받아 마심으로 우리 안에 영적인 활력이 나타난다.

쓰러져 가는 시온이여, 주님의 사랑의 포도주를 마시고 다시 살아나라! 천국 잔치는 강제적이지 않고 자발적이기에 그 누구도 당신에게 마시라고 강요하지 않는다. 그러나 잔치의 포도주를 마시지 않는 사람들은 하나님의 거룩한 명약을 거부하는 것과 같아서 이 땅에서 사는 동안 하나님의 거룩한 생명을 나타낼 수 없다. 이런 사람들은 천국의 포도주에 취하는 자들을 업신여기고, 마지막에는 왕이신 주님을 대적하게 된다.

나는 아름다운 금 접시가 천국에서 내려오는 것을 보았는데, 그것은 천국 잔치에서 쓰는 접시였다. 금 접시를 쳐다보라는 소리가 들려 그것을 자세히 보았더니, 그 접시에 열두 과일이 담겨 있는 것이 보였다. 이때 주님께서 나에게 "이 과일들은 천국의 한가운데 있는 생명나무에서 따온 것들이다. 잔칫상에 오른 모든 음식을 맛본 자들만 이 과일을 먹을 수 있다"고 말씀하셨다.

이 열두 과일은 식사 후 마지막으로 먹는 디저트였다. 이것은 부모가 자녀들이 먹어야 할 음식을 다 먹지 않으면, 디저트를 주지 않는 것과 같은 이치다. 따라서 우리가 생명나무의 열매들을 먹게 되면 온전한 승리자가 될 뿐 아니라 영생의 마지막 단계를 통과하게 된다.

나는 천국 경험을 하기 전에 이미 천국 잔치에 대해 어느 정도 알고 있었다. 그러나 그렇다고 해서 내가 실제로 천국 잔치에 참석했던 것은 아니다. 천국 잔치에 관한 지금까지의 설명은 내가 영의 천국 경험을 통해 알게 된 내용을 바탕으로 한 것이다. 우리는 천국 잔치에 관하여 어느 정도 알고 있었지만, 실제로 천국에 들어가 잔치에 참석함으로 미처 알지 못했던 진리와 사실들을 추가적으로 알게 되었다. 이는 마치 어떤 장소를 그림으로만 보다가 실제로 그 장소에 가서 직접 보는 것과 같다고 할 수 있다.

천국 잔치는 계속되었다. 이때 나의 전 존재가 마침내 평화로워짐을 느꼈는데, 나와 주님이 서로 연합하였기 때문에 나타난 현상이었다. 주님에 대한 비밀을 알아 갈수록 나는 매우 놀랐다. 다윗이 가드로 도망갔을 때, "왕이 내게 일을 명령하고 이르시기를 내가 너를 보내는 것과 네게 명령한 일은 아무것도 사람에게 알리지 말라 하시기로"(삼상 21:2)라고 한 후 제사장으로부터 거룩한 떡을 받아먹고, 골리앗의 칼도 받았다.

영의 천국 경험은 은밀하게 일어난다. 예수님은 우리에게 도적처럼 오겠다고 말씀하셨다. 그분은 보석이 묻혀 있는 밭을 찾아다니다가 보석을 찾으시면 그것에 묻어 있는 흙들을 털어내고 깨끗이 닦아 광을 내신 후 자신의 왕관에 박아 넣으신다. 이것에 관하여 할 말은 많지만, 주님께서 더 이상 허락하지 않으신다.

어떤 사람들은 우리가 천국의 안식과 영으로 천국 경험을 하는 것이 잘못된 것이라고 주장한다. 그런 주장을 펴는 사람들에게 기도를 통해 영적 전쟁에서 승리할 수 있다고 말해 주면 대부분 소스라치게 놀란다. 그런 사람들은 하나님께서 우리를 신부로 단장시키시는 이유가 그분의 아들 예수를 신랑으로 맞아 사랑받게 하심으로 신부된 우리에게 기쁨이 충만하게 하시기 위함이라는 사실을 잊고 있는 사람들이다. 이런 사람들로 인해 예수님은 계속 무시당하고 계신다.

주님께서 우리를 신부로 맞이하심으로 그분의 사랑의 목마름이 해소된다. 우리는 세상일에 너무 바쁘거나 영혼들의 요구를 채워 주는 것에 정신이 팔려 제일 중요한 하나님의 필요를 채워 드리는 일을 등한시하기 쉽다. 하나님을 위해 쉬지 않고 일하는 것이 옳다고 생각함으로 하나님보다 사람들에게 더 집중하는 잘못을 범하는 것이다.

오늘날 하나님과 연합된 많은 사람들로 인해 믿지 않는 사람들이 구원을 받아 새로운 피조물이 되게 하는 사역에 대해 그리스도인들이 올바른 가르침을 받지 못하고 있다. 하나님과 연합된 사람들은 주님과 교제를 원하는 마리아와 같은 사람들로, 이런 사람들로 인해 하나님의 자녀들이 생기게 된다. 성경은 이와 관련하여 하루 만에 나라들이 생긴다고 하였다.

교회의 모체로 상징되는 시온은 바벨론이 아닌 왕의 궁전이 세워져 있는 시온의 언덕에서 하나님의 자녀들을 잉태한다. 왕이신 주님은 아하수에로 왕이 그랬던 것처럼 자신이 통치하는 나라들로 잔치를 열게 하신다. 이 잔치는 먼저 공주들과 귀족들과 신하들을 위해, 그 다음에는 백성들을 위해 베푸시는 잔치다. 우리는 열방에 잔치의 포도주를 운반할 금 그릇들 아닌가? 그러므로 우리는 하나님의 사랑의 마음으로 거리로 나가 지나가는 사람들에게 천국의 잔치에 참석하라고 강권해야 한다. 우리가 천국 잔치에 참석해 본 경험 없이 사람들에게 잔치에 참석하라고 말할 수는 없다.

하루는 편히 쉬고 있을 때, 주님이 가까이 다가오셔서 새롭고도 친밀한 방법으로 자신에 대해 알려 주셨다. 이때 나는 신랑을 애타게 사모하는 신부처럼 그분의 사랑 안으로 빨려 들어갔다. 나의 몸과 영과 혼이 완전히 주님께 매료된 것이다.

이번에는 주님이 나에게 그분의 마음을 열어 보여 주셨다. 그전에는 주님의 옆구리에 나 있는 창에 찔린 자국을 보여 주시며 "내 옆구리에서 나의 신부가 나왔다"라고 말씀하신 적이 있었다. 그러나 지금은 주님의 마음을 열어 보여 주셨다. 일반적으로 사람들은 자신이 가장 사랑하는 사람에게만 자신의 마음을 보여 준다. 이와 마찬가지로 주님도 우리에게 그렇게 하신다. 주님의 내면은 우리를 향한 크고 깊은 사랑으로 가득 차 있다. 그 사랑은 초월적인 사랑이기에 인간의 언어로는 제대로 표현할 수 없다. 주님은 그분의 마음을 자신의 신부들에게 열어 보여 주셔서 주님의 마음과 우리의 마음이 하나 되게 하신다.

예수님이 거룩한 마음을 열어 보여 주시자 내 마음이 녹아내렸고, 그분의 마음을 닮고 싶은 마음이 더욱 간절해졌다. 주님은 나의 조각난 마음의 파편들을 다시 붙여 주신 후 귀한 기름까지 발라 주셨다. 이에 나의 마음이 치유되어 다시 힘이 났다. 주님이 나의 마음을 넓혀 주셔서 나의 마음 깊숙이 자리하고 있는 방이 넓어졌다.

나의 마음 깊숙한 곳에 있는 내면의 방은 천국의 신랑 되신 주님만 들어오실 수 있는 지성소와 같은 방이다. 그 방은 주님의 영광으로 가득 차 있다. 나의 마음은 그분의 은은하고도 따스한 빛으로 가득 차 있어서 나라는 존재가 온통 마음만 있고 몸은 아주 없는 듯 느껴졌다. 주님과의 연합을 통해 이러한 마음의 변화를 경험한 사람들은 지금 내가 하는 말을 이해할 수 있을 것이다. 이러한 따스한 느낌과 경험을 제대로 표현하는 것은 그 어떤 말로도 불가능하다. 왜냐하면 말로 표현하려고 할수록 오히려 실제로 경험한 것과 멀어지기 때문이다.

주님께서는 그동안 여러 과정을 통해 나의 마음에 새 언약과 율법에 대한 것들을 새겨 놓으셨다. 하지만, 이제는 천국에 관한 가르침들이 새겨졌다. 물론 이것들이 마음에 새겨지기 훨씬 전부터 천국이 존재했다.

주님은 천국의 정원에 있는 꽃들을 사용하셔서 나에게 말씀하셨다. 각각의 꽃들이 살아 계신 주님의 말씀을 실어 날랐다. 그러자 나는 왜 일부 그리스도인들이 장미를 좋아하는지 알게 되었고, 각종 꽃들의 색깔과 향기가 무엇을 뜻하는지도 알게 되었다.

창밖에서 결혼식을 거행할 때 울리는 종처럼 생긴 금강초롱과 천사들이 부는 나팔처럼 생긴 큰 나팔꽃들이 미풍에 흔들거렸다. 이때 나의 귀에 천국의 차임벨 소리가 들렸는데, 이 소리가 나를 황홀하게 만들었다. 또한 새들이 나에게 노래를 불러 주었다. 불어 오는 미풍이 새들이 부르는 노래의 가사였다. 내 방은 점점 꽃들로 채워졌다. 마치 꽃들이 나에게 "창조주 왕께서 그분의 사랑을 너에게 전하라고 하셨어. 나는 그분이 손수 만드신 작품이야. 나의 향기와 색깔과 모습이 그분을 표현하지"라고 말하는 것 같았다.

나는 낙원과 같은 정원을 걷기 시작했다. 이때 왕이신 주님께서 사랑의 눈빛으로 다가오셔서 함께 걷기 시작하셨다. 주님은 7년이란 기간 동안 나를 그분의 신부 '에스더'로 준비시키셨다. 그러나 내가 주님과 단 둘이 걷는 놀라운 은총을 받기에는 여전히 많이 부족하다는 생각이 들었다. 나는 주님을 나의 왕으로 받아들였다. 주님의 임재가 나에게서 떠나갈 때마다 나는 위대하신 그분을 위해 나를 단장시켜 줄 신실한 종을 보내 달라고 간절히 기도하였다. 그런 상황에서 내가 할 수 있는 유일한 일은 성령님께 도와 달라는 기도를 드리는 것이었다.

나는 당신이 이러한 경험이 나에게만 해당되는 것이라고 생각하지 않았으면 좋겠다. 천국과 관련된 나의 경험은 나에게만 적용될 수 있는 체험이 아니라 예수님의 신부 된 모든 사람들에게 적용될 수 있는 진리요, 계시다. 다음에 소개하는 노래는 기름부음이 임했을 때 내 입에서 나온 것이다.

| 마음이 서로 통하여

달콤한 대화가 뭔지 알았네.

이 세상의 그 어떤 대화보다 감미로운 대화였네.

그리스도와 거룩한 연합을 이룬 나는

주님의 임재 안에 살고 있네.

주님이 영원한 사랑으로

고통과 죄의 깊은 수렁에서 나를 건지셨네.

성령님은 나의 마음속을 씻어 내심으로

나를 새롭게 하셨네.

마음이 서로 통하어

우린 매일 손을 붙잡고 같이 거닐었네.

그 어떤 것도 우리의 마음을 갈라놓을 수 없고

우리의 사랑을 빼앗아갈 수도 없네.

날이 갈수록 우리 둘은 더욱 하나가 되었네.

날마다 우리 둘은 높은 곳에서 살았네.

주님과 나 이렇게 우리 둘은

마음과 마음이 통하는 대화를 나눴네.

꿈을 꾸는 것처럼 며칠이 지나갔다. 간혹 주님이 나에게서 물러가시고 시험을 허락하셨다. 그 시험들 중 어떤 것은 갑자기 다가와 견디기 힘들었다. 천국 경험이 내가 받는 시험과 시련들을 잠시 이기게 해 주었으나 오래 지속되지는 않았다. 변화산 꼭대기에 가까이 다다를수록 주님의 보좌 가까이 가게 되는 것은 맞지만, 그럴수록 우리가 당하는 시험은 더 혹독하다. 심지어 주님의 안식 가운데 있을 때에도 십자가의 고통을 체험하였다. 보좌로 다가가는 한 걸음 한 걸음은 그야말로 십자가였다.

그러나 이 모든 시험을 다 통과하였을 때, 나는 내 안에 승리의 큰 힘이 축적되어 있음을 느낄 수 있었다. 가는 길은 험하지만, 길 중간중간 하나님께서 초자연적으로 개입하셔서 위기에 처한 나를 구해 주셨다. 나는 그렇게 해 주신 하나님을 위대하시다 말하지 않을 수 없다. 천사도 우리 편이 되어 방어해 줌으로 전쟁은 새로운 국면으로 접어들었다.

고통과 시련을 체념하지 않고 극복해 내었기 때문에 내가 겪은 시련을 행복의 일부로 간주하는 사람들이 있는데, 사실은 그렇지 않다. 주님께서 사탄이 나에게서 멀리 떠나도록 하신 동안은 자유로움을 만끽했지만, 얼마 후 다시 시련이 찾아왔다. 내가 주님이 계신 높은 곳으로 올라가는 동안 이런 상황은 되풀이되었다. 주님의 보좌가 있는 곳에 들어가는 승리자가 되기 위해 치러야 할 대가는 너무 컸으며, 그곳에 들어갈 수 있는 사람이 되기 위해 요구되는 자질의 수준도 매우 높았다.

그곳에 이르기 위해서는 언제 닥칠지 모를 시험을 항상 조심하며 대비하지 않으면 안 되었다. 주님의 크신 축복과 은총을 경험한 후에는 더욱 그랬다. 주님을 신뢰하여 두려워하지 않는 것이 무엇보다 중요하다. 우리에게 크신 사랑과 은총을 부어 주신 주님이 우리가 적들에게 짓밟히도록 내버려 두실 리가 없지 않은가? 하나님을 신뢰함으로 우리 자신을 그분께 내어 맡기자.

내가 '왕의 궁정'이라고 부르는 그 자매의 집에 들어간 첫날, 그녀는 "나는 당신이 이 집에 30일 동안 머물 것이라고 생각해요"라고 말했다. 그런데 그녀의 말이 맞았다. 내가 그녀의 집에 머문 지 30일째 되는 날 주님께서 나에게 그 집을 떠나라고 말씀하셨다. 주님께서는 나에게 다시 기름을 부어 주신 후 마치 요한계시록 4장에 기록되어 있는 것처럼 나를 이끌고 천국으로 올라가셨다. 이로 인해 나는 에스겔과 다니엘과 같은 경험들을 할 수 있었다.

그 집에 있던 세 사람이 서로를 매우 귀하게 여겼기 때문에, 헤어지는 것을 몹시 아쉬워했다. 그 당시 나의 몸이 많이 회복된 상태였지만, 그래도 여전히 약한 상태였기 때문에 일상으로 다시 돌아가는 것이 아직은 벅찰 것이라는 생각이 들었다.

예수님은 참으로 놀라우시다! 꿈은 아직 끝나지 않았다. 단지 영광에서 영광으로 전진할 뿐이다. 새 에덴의 문은 곧 다시 열릴 것이고, 나는 주님의 인도하심으로 결국은 변화산에 도달하게 될 것이다.

CHAPTER 2
LADIES OF GOLD

인자의 징조

| 프란시스 메트컬프 |

인자(the Son of Man)의 징조는 하늘에 있다.

인자의 징조는 땅에 있다.

많은 아들들을 이끌어 영광 안에 들어가게 하신 주님이

이 세상에 다시 오신다는 약속을 전하자.

베들레헴을 비추는 밤하늘의 밝은 별빛은 우리 주 예수 그리스도의 탄생을 선포한 날 이후에도 여전히 비춤으로 우리를 기쁘게 하고 있다.

그런데 오늘날 저 멀리 수평선 위로 비치는 별빛보다 더 밝은 빛이 떠오를 징조가 나타났다. 그것은 바로 인자께서 이 세상에 다시 오심을 알리는 징조다. 성도들 중 예수님의 재림을 기다리고 있는 자들이 많다. 주님께서는 세상의 종말에 대해 "그때에 인자의 징조가 하늘에서 보일 것이다"(마 24:30)라고 하셨다. 우리 중에는 그러한 징조가 이미 시작되었음을 알아채고 주님의 재림을 손꼽아 기다리는 복된 사람들이 있다. 당신이 어떤 경우에 해당되든 이제 내가 전할 메시지는 바로 당신을 위한 메시지이며, 또한 주님의 재림을 사모하는 모든 사람들을 위한 것이다.

동방박사들을 아기 예수께로 인도한 별은 진짜 별이었다. 당시 그 별을 육안으로 본 사람들은 많았지만, 그 별의 의미를 이해한 사람들은 그리 많지 않았다. 더군다나 하나님의 아들이 구유에 태어나신 이유를 아는 사람들은 거의 없었다.

그러나 동방박사들은 그 의미를 알았다. 그들은 밝은 별이 나타난 것을 보고 크게 기뻐하며 지칠 줄 모르고 그 별을 따라갔다. 그들은 별을 발견한 것에 만족하지 않고, 별을 따라 하나님이 인도하시는 최종 목적지에 도착함으로 하나님의 뜻에 순종하였다. 그들은 예루살렘에서 잠깐 길을 잃기도 했지만, 포기하지 않고 계속해서 별을 따라갔다. 그 결과 마침내 아기 예수가 태어나신 곳을 찾아가 예물을 드렸다(마 2:11).

이와 마찬가지로, 오늘날 예수님이 다시 오실 징조를 감지하여 그분의 재림을 학수고대하는 사람들이 있다. 오직 지혜 있는 자만이 깨달을 것이다(단 12:10). 또한 그들은 동방박사들이 그랬던 것처럼 크게 기뻐하며 어려움이 와도 낙심하지 않고 이겨 냄으로 마침내 그분이 계신 집에 도달하게 될 것이다. 그 집에는 아기와 태양을 옷 입고 있는 아기의 어머니가 있다(계 12장).

반박할 수 없는 두 가지 징조

　예수님이 탄생하실 때 하나님께서 특이한 징조 두 가지를 나타내셨는데, 사람들은 이를 통해 예수님이 정말로 하나님의 아들이자 메시아이시며, 오리라고 약속된 구원자라는 사실을 알았다. 이와 마찬가지로 예수님이 재림하실 때에도 하나님께서 성경에 기록된 대로 우리에게 두 가지 특이한 징조를 보이실 것이다. 이러한 징조가 무엇인지 알고 있는 사람은 별로 없다. 또한 실제로 그러한 징조를 목격한다 해도, 그 의미를 알아차릴 성도들도 많지 않다.

　그러나 성령의 인도하심을 따라 살아가는 성령 충만한 성도들은 그 두 가지 징조가 무엇인지 알고 있다. 성령 충만한 성도들이 모여 주님과 마음이 통하는 교제를 나누면, 성령께서 이 징조들을 그들에게 희미하게나마 계시해 주신다. 그러나 사탄은 그러한 징조들이 나타날 때, 그것을 악용하여 성도들을 미혹한다. 사탄은 특정 사람들로 하여금 자신이 육체로 재림한 그리스도라고 주장하게 한다. 이러한 주장에 미혹된 성도들은 어두움에 빠져 헤어나오지 못하게 된다.

　이런 미혹에 빠지지 않기 위해 하늘과 땅에서 나타날 주님의 재림의 징조들에 대한 분별력을 키우는 것이 매우 중요하다. 우리는 사람들이나 사탄이 제시하는 재림의 징조에 대한 잘못된 교리에 미혹되지 말고, 하나님의 말씀이 제시하고 있는 사실에 기초하여 재림에 관한 올바른 해석을 내릴 수 있어야 한다. 그렇게 할 때야 비로소 올바른 분별력이 생겨 그 징조가 나타났을 때 축복의 대열에 합류할 수 있다.

만일 우리가 예수님의 초림 때 나타났던 두 가지 큰 징조를 바르게 이해할 수 있다면, 재림 시에 나타나는 두 가지 큰 징조도 그리 어렵지 않게 이해할 수 있다. 성경은 하나님이 이루시려는 계획의 청사진이며, 그 청사진은 폐지되거나 변경되지 않는다.

구원자가 육체로 오실 것에 대해서는 창세기 3장 15절에서 처음으로 언급하였다. 위대한 선지자 이사야는 구원자의 탄생과 관련된 두 가지 징조에 대해 언급함으로 예수님의 탄생에 관한 청사진을 구체적으로 제시하였다.

첫 번째 징조는 처녀가 잉태하는 것이다. "그러므로 주께서 친히 징조를 너희에게 주실 것이라 보라 처녀가 잉태하여 아들을 낳을 것이요 그의 이름을 임마누엘이라 하리라"(사 7:14). 두 번째는 거룩한 아기의 탄생이다. "이는 한 아기가 우리에게 났고 한 아들을 우리에게 주신 바 되었는데 그 어깨에는 정사를 메었고 그 이름은 기묘자라, 모사라, 전능하신 하나님이라, 영존하시는 아버지라, 평강의 왕이라 할 것임이라"(사 9:6).

이 두 가지 큰 징조 외에 예수님의 탄생과 관련하여 작은 징조들이 나타났다. 그중 일부는 예수님의 탄생 수백 년 전에 나타났고, 어떤 것들은 예수님의 탄생이 가까워지면서 자주 나타났다. 성전에 있던 사가랴에게 천사가 나타나 놀라운 소식을 전해 주었다. 마리아에게도 천사장이 나타나 하나님의 은총이 그녀에게 임하고, 능력이 그녀를 덮어 하나님의 아들을 잉태하게 될 것이라고 전해 주었다. 엘리사벳도 너무 늙어 불가능하다고 여겼던 임신을 하게 됨으로 크게 기뻐하였다.

예수님이 탄생하신 날에는 다른 징조들이 있었다. 천사들이 목자들에게 나타나 주님의 탄생을 알릴 때, 그곳에 주의 영광이 임하고 천사들의 합창소리가 하늘에서 울려 퍼졌다. 또한 큰 별을 따라온 동방박사들이 예수님을 방문하였다. 그러나 이러한 사소한 징조들은 핵심이 되는 두 가지 징조, 즉 처녀 잉태와 거룩한 아기의 탄생에 비하면 아무것도 아니다. 기독교의 신앙과 교리는 이 두 가지 큰 사건 위에 세워졌다고 할 수 있다. 그러므로 이 두 사건을 오해하거나 무시하는 것은 기독교의 구원과 하나님 나라를 무시하는 것과 같다.

예수님의 탄생과 관련이 있는 이 두 가지 큰 징조에 대한 천사들의 예언이 그대로 성취되었기 때문에, 전 세계의 모든 그리스도인들은 이 두 가지 사실을 참으로 받아들이고 있다. 예수님의 초림 때와 마찬가지로 예수님의 재림 때에도 하늘과 땅에 그와 관련된 징조들이 나타날 것이다. 그리고 성경의 말씀대로 이 두 가지 징조가 나타남으로 하나님 아버지께서 영광을 받으실 것이다.

기름부음을 받은 일부 그리스도인들은 이러한 징조들이 나타날 것을 감지하고 있을 뿐 아니라, 그때 나타날 영광을 이미 맛보고 있다. 예수님의 재림과 관련된 여러 가지 징조들이 있지만, 나는 여기서 가장 중요한 두 가지 징조에 대해서만 이야기하고자 한다.

해를 입은 여인과 그녀가 낳은 아들

예수님의 재림의 징조에 대한 성경의 말씀을 살펴보자. 예레미야 31장

22절에서는 "여호와가 새 일을 세상에 창조하였나니 곧 여자가 남자를 둘러싸리라"고 말한다. 이에 대해 요한계시록 12장 1-5절에서는 "하늘에 큰 이적이 보이니 해(태양)를 옷 입은 한 여자가 있는데 그 발아래는 달이 있고 그 머리에는 열두 별의 면류관을 썼더라 … 여자가 아들을 낳으니 이는 장차 철장으로 만국을 다스릴 남자라 그 아이를 하나님 앞과 그 보좌 앞으로 올려가더라"라고 비교적 자세하게 묘사하였다. 많은 사람들이 이 말씀을 주목하며 '해를 입은 여자'와 '그녀가 낳은 남자 아이'가 누구인지를 궁금해하였다.

이 두 가지 징조에 대한 해석을 놓고 많은 거짓 가르침들이 생겨났다. 이 예언의 말씀은 참으로 해석하기가 어렵다. 그 결과 오늘날 이 예언에 대한 무려 열두 가지의 가르침이 존재한다. 무엇이 참 진리인지를 상고해 보라는 성경말씀에 따라 우리는 이 말씀을 잘 분별하여 오직 올바르고 건전한 해석만 취해야 한다. 예수님의 재림에 관한 영광스러운 징조들이 나타났을 때 우리가 알아보지 못하는 일이 일어나서는 안 되며, 성령님이 조명해 주시는 복된 이해를 거부해서도 안 된다.

예수님은 그리스도인들이 미혹당하는 위험성과 관련하여 장차 속이는 자들이 일어나 하나님의 택하신 자들을 미혹할 것이라고 예언하셨다. 사도들 또한 말세에 배역하는 자들이 나타나게 될 것이므로 그리스도가 이미 재림하여 "여기 있다, 저기 있다" 하는 소리를 들어도 그들을 만나지 말라고 경고하였다.

혹시 아들 또는 아들들이 나타났다는 말을 듣게 되면, 우리는 하나님의 아들들이 함께(together) 나타난다는 성경의 가르침을 상기해야 한다.

또한 우리가 하나님의 자녀가 되었지만, 그 누구도 예수 그리스도만큼 온전함에 이른 사람이 없다는 사실을 명심해야 한다. 그래야 미혹에 빠지지 않게 된다. 누군가가 "내가 해를 품은 여자다", "내가 바로 그 여자가 낳은 아들이다"라고 주장하더라도, 말세에 나타날 큰 영광을 이미 맛보기 시작한 우리는 그런 말에 미혹되지 말아야 한다.

이 말씀은 인물을 지칭하는 것이 아니다. 성경말씀을 자세히 검토해 보면 해를 입고 있는 여자와 그녀가 낳은 남자 아이가 개인이 아니라 무리를 지칭하고, 그것을 문자적 해석이 아닌 상징적인 표현으로 해석해야 함을 깨닫게 된다.

한 알의 씨가 땅에 떨어져 죽으면 여러 배의 결실을 맺는다. 해를 입은 처녀 신부는 하늘에서 내려온 어머니(The Mother from Above)로 하나님의 아들들을 등장시키는 수많은 사람들로 이루어진 큰 무리(a great company)를 나타낸다. 해를 입은 처녀 신부의 무리와 그녀가 낳은 아들의 무리는 서로 다른 무리지만 한 무리이며, 한 무리이면서 또 두 무리다. 이것은 그리스도의 이중성 곧 아들이시면서 신랑이 되시고, 아비가 되시면서 또 어미가 되시는 이중성이라는 이치로 풀어야 제대로 이해할 수 있다.

인자의 징조

성경을 공부하는 사람들 중에는 인자(사람의 아들)로서 나타나시는 예수님과 하나님의 아들로 나타나시는 예수님의 차이를 구별하지 못하는 이들이 많다. 원어 성경에 보면 인자의 나타남은 에피파네이아(epiphaneia)로 표현되어 있고, 하나님의 아들의 나타남은 파루시아(parousia)로 기록되어 있다. '에피파네이아'의 뜻은 '나타나다 또는 현현하다'(manifest)라는 뜻이고, '파루시아'는 '강림하다'라는 뜻으로 존재가 실제로 나타나는 것을 뜻한다. '에피파네이아'는 디모데전서 6장 14절, 디모데후서 1장 10절, 4장 1, 8절, 디도서 2장 13절에서 나오고, '파루시아'는 데살로니가전서 2장 19절, 5장 23절에서 나온다.

예수님은 먼저 인자로서 자신의 몸 된 지체들에게 나타나셨고, 하나님의 아들로서 강림하실 것이다. "하늘로 올려지신 이 예수는 하늘로 가심을 본 그대로 오시리라"(행 1:11). 예수님은 큰 영광과 능력 가운데 자신의 지체들에게(to), 지체들 안에(in) 그리고 지체들과 함께(with) 오실 것이다. 우리는 생명이신 그리스도께서 나타나실 때 우리도 그분과 함께 영광 중에 나타날 것이라는 사실을 잘 알고 있다. 그때 우리는 '하나님의 자녀'(요일 3:1)라 불릴 것이다.

CHAPTER **3**

LADIES OF GOLD

하늘이 하나님의 영광을 선포하다

| 프란시스 메트컬프 |

다윗은 "하늘이 하나님의 영광을 선포하고 궁창이 그의 손으로 하신 일을 나타내는도다 날은 날에게 말하고 밤은 밤에게 지식을 전하니"(시 19:1-2)라고 노래하였다. 이러한 표현은 밤하늘을 쳐다보며 감탄사를 연발하는 사람들이 느끼는 바를 잘 말해 주고 있다. "언어도 없고 말씀도 없으며 들리는 소리도 없으나 그의 소리가 온 땅에 통하고 그의 말씀이 세상 끝까지 이르도다 하나님이 해를 위하여 하늘에 장막을 베푸셨도다"(시 19:3-4).

오늘날 하늘의 별들이 말하는 소리를 듣고 이해하는 사람이 매우 적다는 사실이 나를 슬프게 한다. 별들이 전하는 하나님의 말씀을 듣고 이해하는 사람은 그야말로 극소수다. 그럼에도 불구하고 아담, 에녹, 욥을 거쳐 다윗, 다니엘 그리고 아기 예수를 경배한 동방박사들에 이르기까지, 믿음의 사람들은 밤하늘의 별들이 전하는 하나님의 메시지를 해석하려고 노력했다. 그들은 하늘의 천체들을 통해 하나님이 말씀하시고자 하는 의미와 진리에 대해 공부하고 연구하였다.

그 결과 그들은 하늘이 창조주이신 엘로힘 하나님이 쓰신 거대한 두루마리 책이라는 사실을 깨닫게 되었다. 그리고 이를 통해 그 속에 숨어 있는 하나님의 목적과 진리들을 알아낼 수 있었다. "창세로부터 그의 보이지 아니하는 것들 곧 그의 영원하신 능력과 신성이 그가 만드신 만물에 분명히 보여 알려졌나니 그러므로 그들이 핑계하지 못할지니라"(롬 1:20).

성경의 관점은 참으로 놀랍지 아니한가?
이 자연 세계에 신성이 숨겨져 있다.
천체는 놀라운 말씀의 두루마리고,
하나님의 손으로 쓰신 거대한 또 하나의 성경책이다.
믿을 만한 성경책!
인간의 타락상이 배제된 책!

하나님은 오래전부터 그분의 거룩한 백성들이 별들을 통해 하나님의 변치 않는 영광과 진리를 깨닫게 하셨다. 하나님의 사람들이 보았던 그 별들을 동일하게 볼 수 있는 우리도 그들처럼 별들이 전하는 하늘의 메시지를 이해할 수 있었으면 좋겠다. 밤하늘의 별들에 담긴 영적인 의미를 이해하려고 할수록 우리가 보는 별들로 인해 묘한 감정에 빠져들게 된다.

양들을 지키는 동안 밤하늘의 별들을 바라보며 주님을 찬미한 다윗이 지은 시가 생각난다. "주의 손가락으로 만드신 주의 하늘과 주께서 베풀어 두신 달과 별들을 내가 보오니"(시 8:3). 이 시는 기름부음을 받은 시다! 이 시를 묵상하고 있으면, 창세 이후 지구와 달과 별들과 행성들이 인간에게 얼마나 큰 가르침을 주었는지를 느낄 수 있다.

별들이 전하는 하나님의 메시지를 알고자 하는 우리의 바람이 이루어졌으면 좋겠다. 과연 누가 우리에게 별들이 전하는 메시지를 가르쳐 줄 수 있을까? 오늘날처럼 나날이 발달하고 있는 사회에서는 천문학을 연구하는 과학자들이나 그들이 펴낸 서적들을 통해 별에 대한 놀라운 사실들을 알 수 있다. 아니면 별자리 전시관을 둘러볼 수도 있고, 천문대를 방문하여 천체 망원경으로 직접 별을 관찰할 수도 있다. 현재 팔로마 천문대를 비롯한 여러 천문대에서 연구하는 천문학자들이 별에 관한 연구 결과들을 발표하고 있으며, 이로 인해 많은 이들이 놀라고 있다.

그러나 일반인은 천문학 데이터를 가지고 하나님과 관련된 의미를 끄집어내지 못한다. 별들의 크기와 위치 그리고 궤도가 흥미롭기는 하지만, 단지 그것들을 통해 영적인 만족감을 얻기는 쉽지 않다. 별에 대한 과학적 사실들이 세상을 향한 하나님의 계획과 어떻게 연결되어 있는지, 그리고 각 개인의 삶과는 어떤 관련이 있는지를 아는 사람은 거의 없다고 할 수 있다.

천문학이 우리의 영적인 질문들에 대한 해답을 제공해 줄 수는 없다. 우리가 별을 연구할수록 천체의 크기에 비해 우리가 살고 있는 세상이 얼마나 작은지, 인간이 얼마나 보잘것없는 존재인지를 깨닫고 놀라게 된다. 다윗은 이러한 사실을 깨닫고는 "사람이 무엇이기에 주께서 그를 생각하시며 인자가 무엇이기에 주께서 그를 돌보시나이까 그를 하나님보다 조금 못하게 하시고 영화와 존귀로 관을 씌우셨나이다 주의 손으로 만드신 것을 다스리게 하시고 만물을 그의 발아래 두셨으니"(시 8:4-6)라고 노래하였다.

우리의 하늘 아버지는 하늘의 모든 별과 성운보다 한 사람을 더 귀하게 여기신다. 별들이 아무리 크고 아름답다 해도, 하나님의 형상을 가지고 있지 않다. 하나님이 지으신 피조물 중 유독 인간만이 세상을 다스릴 수 있도록 지음받았고, 이를 통해 하나님의 영원한 영광과 통치를 이 땅에 나타낼 수 있다. 구속을 받은 하나님의 자녀들만이 천국에서 영원히 빛나는 별이 될 수 있다(단 12:3).

천문학이 별들 안에 감춰져 있는 하나님의 메시지를 끄집어낼 수 없다는 사실을 알게 된 사람들은 하늘의 별자리의 변화로 미래를 예견하는 점성술에 관심을 돌렸다. 점성술이 이 세상에 나온 지는 아주 오래되었다. 어떤 사람들은 점성술이 순수과학이라고 주장하는 반면, 또 다른 사람들은 사탄에게서 나온 것이라고 주장하기도 한다.

처음에는 점성술이 멋있어 보이지만, 알면 알수록 점성술에 실망하게 된다. 그 이유는 점성술이 세상에서 성공하고 부자가 되고 싶어 하는 인간의 본능에 초점이 맞춰져 있기 때문이다. 점성술에는 예수 그리스도 안에서 새로운 피조물이 된 영의 사람을 만족시켜 줄 수 있는 것이 하나도 없다. 그럼에도 불구하고 일부 그리스도인들은 점성술이나 별의 움직임을 통해 예견하는 것을 신뢰한다. 점성술이 인간의 출생 일시를 중시하는 것은 이런 맥락에서다. 하지만 거듭남을 중요시하는 우리에게 출생 일시가 무슨 의미가 있겠는가?

그리스도인들은 성령님과 하나님의 말씀의 인도를 받아야지, 별의 인도를 받으면 안 된다. 별에 담긴 하나님의 메시지를 알기 위해 우리는 천문학과 점성술 둘 다 버려야 한다.

그렇다면 우리는 별들이 전하는 참된 영적 의미를 어디서 발견할 수 있을까? 이것은 많은 그리스도인들이 품었던 질문이기도 하다. 오늘날 별들이 전하는 영적인 의미를 알고 싶어 하는 성령의 사람들이 많아지고 있다. 내가 알고 있는 한 저명한 저술가는 그리스도께서 이 땅에 오신 이후로 지금처럼 하늘의 움직임이 의미 있었던 적이 한 번도 없었다고 주장하였다. 그가 주장하는 바를 하나님의 자녀 된 사람들이 인식하고 있으면 좋겠다.

예수님은 "하늘로부터 큰 징조들이 있으리라"(눅 21:11)고 하시고, "내가 위로 하늘에서는 기사를 아래로 땅에서는 징조를 베풀리니"(행 2:19)라고 말씀하셨다. 그런데 하늘의 징조에 대해 가르쳐 주는 사람이 없다면, 우리는 그 의미를 알 수 없다.

나도 수년 동안 그것에 대해 알기 위해 노력했다. 그러던 어느 날 성령께서 이러한 나의 소원에 응답해 주셨는데, 이제 이것에 대해 이야기할 것이다. 그전에, 이와 관련하여 하나님이 나를 어떻게 인도하셨는지에 대해 나누겠다.

1934년에 성령께서 나에게 별들의 의미에 대해 가르치기 시작하셨다. 나는 어릴 때부터 별들이 전하는 의미에 대해 관심을 가지고 있었다. 그래서 밤이면 밖에 나가 별들을 보며 깊은 생각에 잠기고, 때로 경외감과 두려움에 휩싸여 감격하기도 하였다. 그리고 어떤 날은 별들이 나와는 상관없이 멀리 떨어져서 차가운 빛만 발하고 있다는 사실에 서글퍼지기도 했다.

어쨌든 나는 1934년에 별들이 전하는 의미를 크게 깨달았다. 당시 로스앤젤레스에서 몇 주간 열린 부흥집회에 참석하고 있었는데, 이 기간 동안 주님과 깊은 교제를 하였다. 당시의 주님과의 깊은 교제를 나는 '산정상에서의 경험'이라고 부른다.

이 기간 동안 나는 금식하며 기도하는 데 집중했고, 그 결과 육체의 치유를 경험하였다. 그로 인해 나의 영과 육이 새롭게 되어 하나님께 새롭게 헌신하였다. 이 집회가 끝나자마자 나는 남편과 같이 자주 청취하던 라디오 프로그램의 성경교사이자 근본주의를 지향하는 한 목사님이 인도하는 컨퍼런스에 참석했다. 컨퍼런스는 캘리포니아 해변에서 멀지 않은 곳에 있는 카탈리나 섬에서 열렸는데, 참가자들은 4일 동안 일상으로부터 벗어나 오직 주님께만 집중했다.

우리는 기대에 넘쳐 배를 타고 카탈리나 섬으로 향했다. 섬에 도착하고 나서야 우리는 그 섬에 전기와 신문과 전화가 없다는 사실을 알게 되었다. 그야말로 세상사로부터 완전히 단절된 섬이었다. 낮에는 집회와 여러 가지 소규모 수업이 열렸다. 그중 하나가 '별에 관한 복음'을 가르치는 것이었는데, 이런 과목이 있다는 사실을 알게 된 나는 주저하지 않고 그 수업을 들었다.

네 번에 걸친 강의를 통해 나는 하늘의 별들이 전하는 의미가 매우 복음적이라는 사실을 알게 되었다. 예를 들어, 비르고(Virgo)라는 별은 그리스도의 처녀 탄생을 의미하고, 레오(Leo)라는 별은 전쟁에서 승리케 하시는 어린 양이신 예수님이 유다의 사자이심을 의미한다. 별에 관한 복음을 듣는 내내 나는 기쁨에 넘쳐 그 수업에서 가르치는 모든 진리들을 온몸으로 흡수했다.

밤이 되면 우리는 각자 접이식 침대를 들고 밖으로 나가 별을 감상한 후 별 아래서 잠이 들었다. 그때 본 별들은 너무도 친밀하고 가까운 친구처럼 느껴졌다. 이를 통해 나는 별들이 전하는 메시지들이 얼마나 대단한지와 그것이 하나님의 아들을 나타낸다는 사실을 알게 되었다. 별들이 나타내고자 하는 것은 바로 하나님의 영광이었다. 그래서 그때부터 나는 "어두운 데에 빛이 비치라 말씀하셨던 그 하나님께서 예수 그리스도의 얼굴에 있는 하나님의 영광을 아는 빛을 우리 마음에 비추셨느니라"(고후 4:6)라는 말씀을 좋아하게 되었다.

별들을 보고 있노라니 고린도후서 4장 6절 말씀이 더 잘 깨달아졌다. 그래서 나는 "나 주님의 얼굴을 보네. 하늘 너머 있는 그분의 얼굴, 영광으로 빛나는 얼굴, 나 주님의 얼굴을 보네"라는 찬양을 반복해서 불렀다. 그 순간 하늘에서 유성이 밝은 빛을 내며 떨어졌다. 그때는 한여름이었기 때문에 유성이 떨어지는 것이 그리 특별한 일이 아니었지만, 그래도 그 순간 나에게는 빛을 내며 떨어지는 유성이 하나님의 영광을 나타는 것으로 해석되었다. 이때 하늘의 별들이 나타내는 바가 복음적이요, 또한 매우 영적임을 깨달고는 많이 기뻤다. 이러한 일련의 경험을 통해 나는 어느 정도 별들이 전하는 하늘의 메시지들을 알게 되었다.

　1942년에 성령님은 나에게 여러 번에 걸쳐서 별들에 대해 깊이 있게 가르쳐 주셨다. 그해 첫 반년 동안 나는 밤이면 밖으로 나가 주님을 경배하며 하늘의 빛나는 별과 달에 숨겨진 하나님의 영광을 묵상하며 시간을 보냈다. 때때로 나의 시선을 끄는 한 별만 계속 주시했는데 그럴 때면 나와 그 별이 가까워지고 있다는 느낌을 받았고, 이로 인해 나의 내면에서 기쁨이 솟아올랐다. 그 이유는 그 별이 부르는 노랫소리가 내 귀에 들리는 듯했기 때문이다.

　별이 내 영혼에 천국의 빛을 비춰 준다는 생각이 들 때면, 나의 내면에 쾌적한 빛이 들어오는 듯 느껴졌다. 나는 내가 주시하고 있는 별들의 이름은 몰랐지만, 그 별들의 위치와 모양에는 점점 익숙해졌다. 그 결과 "별들의 수효를 세시고 그것들을 다 이름대로 부르시는"(시 147:4) 하나님이 내가 믿는 하나님이시란 사실에 상당한 위로를 받곤 했다.

　그러다가 어느 날 갑자기 별들에 대해 제대로 된 해석을 내릴 수 있는 분은 오직 성령님뿐이라는 생각이 들었다. 하나님의 기록된 말씀을 알기 위해 오직 성령님께 의지해야 하듯, 별들에 대해 알기 위해서도 성령님께 의지하지 않을 수 없다는 생각이 든 것이다.

　그러자 "그 신(성령)으로 하늘을 단장하시고"(욥 26:13)라는 말씀이 나에게 다가왔다. '단장하다'(garnish)라는 말의 히브리적 의미를 찾아보니, 그 말은 '옷 입다, 치장하다, 예쁘게 꾸미다'라는 의미를 내포하고 있었다. 태초에 수면을 운행하셨던 성령님이 하늘에 옷을 입혀 주심으로 하늘을 단장하신 것이다. 그래서 나는 밤하늘의 별들에 숨겨진 하나님의 영광을 나에게 계시해 주시고, 숨겨진 메시지를 나의 가슴 속에 담아 달라고 기도하였다(이 주제와 관련하여 욥 9:9, 38:32을 참조하라).

그때부터 별들에 대해 몰랐던 사실을 깨닫게 되는 일이 자주 일어났다. 그것은 마치 필름을 현상할 때 시간이 지남에 따라 사진 속 형상이 점점 뚜렷해지는 것과 같았다. 나의 마음판에 별과 행성에 관한 이해의 그림이 찍혔는데, 처음에는 그것이 무엇인지 모르다가 시간이 지남에 따라 찍힌 그림에 대한 이해가 생긴 것이다. 그 결과 나는 각각의 별과 행성들이 하나님이 명하신 법칙에 따라 자신만의 궤도를 오차 없이 돌고 있다는 사실에 깊은 감명을 받았다.

이와 관련하여 시편 19편에는 참으로 아름다운 말씀이 기록되어 있다. 다윗은 시편 19편을 쓸 때 첫 여섯 절에서 하나님과 그분의 말씀에 관한 천체의 법칙에 대해 서술함으로, 그 뒤에 나오는 나머지 여덟 절들과 잘 조화시켰다. 우주의 별들을 보면 이 세상을 만드신 하나님의 법칙에 오류가 없다는 사실이 분명해진다.

최근에 인류 최초로 달의 표면을 걷는 것을 텔레비전을 통해 생생하게 볼 수 있게 된 것은 그야말로 큰 특권이라 할 수 있다. 나는 하늘의 천체들의 운동이 매우 정확하다는 사실을 깨닫고 다시 한 번 놀랐다. 이러한 천체의 움직임의 정확성 때문에 우주인들이 우주 공간을 돌다가 다시 안전하게 귀환할 수 있는 것이다.

오늘날 우리는 태양의 움직임을 기초로 만든 태양력을 사용하고 있다. 하지만, 엄밀히 말해 별들의 움직임을 근거로 해야 보다 정밀하게 시간을 계산할 수 있다. 1942년에 나는 천체가 북극성을 중심으로 돌고 있다는 사실을 알게 되었다. 북극성은 인간이 만든 기구로는 도저히 도달할 수 없는 별 너머에 위치한 하나님의 보좌가 있는 북쪽 하늘을 정확하게 가리키고 있다.

일반인들이 북쪽 하늘에 있는 하나님의 위대한 별 시계를 육안으로 찾아내기는 그리 어렵지 않다. 하늘의 별들이 북극성을 중심으로 원을 그리며 돌고 있기 때문에 북극성 주위에 있는 별들의 위치에 익숙해지면, 그 별들의 위치를 파악함으로 어렵지 않게 시간을 알아낼 수 있는 것이다. 시간을 알려 주는 벽시계, 손목시계, 정밀시계들이 다 원의 형태다. 하나님은 북쪽 하늘에 북극성을 두셨는데, 이 북극성은 하나님이 만드신 큰 시계의 중심에 해당한다.

북극성을 중심으로 시침과 분침이 돌고 있다고 생각하면, 시침의 끝이 40도 벌어진 곳에 북두칠성과 큰곰자리 별들이 위치해 있는 것을 알 수 있다. 북두칠성과 큰곰자리 별들은 북극성을 중심으로 1초의 오차도 없이 하루에 한 바퀴씩 돌고 있다. 이에 비해 해의 움직임은 오차가 많다. 이러한 별들의 움직임을 근거로 하면 1년의 사이클이 정확하게 계산되기 때문에 인간이 만든 정밀시계는 별의 움직임에 그 근거를 두고 있다고 말할 수 있다.

시간을 대충이라도 알기 위해 인류는 오랫동안 해시계와 모래시계를 사용해 왔다. 하지만, 오늘날에는 아무리 가난한 사람도 손목시계 하나 정도는 갖고 있어서 옛날보다 훨씬 더 정확하게 시간을 알 수 있다. 우리의 마음과 영을 하나님의 시간에 맞출 수 있다면 얼마나 좋을까! 하나님은 솔로몬에게 지혜뿐 아니라 지식까지 주셨고, 이를 통해 그는 복된 삶을 살 수 있었다. 하나님이 솔로몬에게 주신 지식에는 하나님의 시간에 관한 것도 포함되어 있다.

"하나님께서 나에게 세상의 본질과 구성 요소, 세상의 시작과 끝과 중간의 때, 여름의 끝과 계절의 변화, 일 년의 주기 및 별들의 위치에 대한 여러 사실들을 알려 주셨다"(솔로몬 지혜서 7:17-19, 외경).

당시 성경말씀의 많은 부분들이 내 안에서 살아났는데, 특별히 "하나님이 이르시되 하늘의 궁창에 광명체들이 있어 낮과 밤을 나뉘게 하고 그것들로 징조와 계절과 날과 해를 이루게 하라"(창 1:14)는 말씀이 그렇다. 욥기, 다니엘, 요한계시록의 말씀들을 잘 이해하고 싶은 마음이 강렬해진 나는 성령님께 이 성경들에 대한 이해를 증진시켜 달라고 강력하게 요청하였다.

그러던 어느 날 공공 도서관에 들어갔을 때, 나는 성령님께 나의 걸음을 인도해 달라고 기도했다. 그리고 시선이 머무는 곳에 꽂혀 있는 푸른색 표지의 책을 발견하여 집어 들었다. 순간 나의 심장이 떨렸다. 그 책은 필라델피아 캐슬 출판사에서 펴낸 조셉 A. 세이스 박사가 쓴《별에 관한 복음》(The Gospel in the stars)이라는 책이었다. 책의 내용을 살펴보니 그 책에는 별들에 관한 복음뿐 아니라, 말세에 일어날 예언들도 기록되어 있었다. 그 책은 정말 좋은 책이었다. 나는 그 책을 알게 된 것이 너무 기뻐 하나님께 감사 기도를 드렸다.

나에게 큰 도움을 준 그 책이 내 손에 들어온 것은 성령의 역사였다. 그 책을 공부하기 시작하자 욥기 38장 37절의 "너는 별자리들을 각각 제 때에 이끌어 낼 수 있으며 북두성을 다른 별들에게로 이끌어 갈 수 있겠느냐"라는 말씀이 마치 하나님께서 나에게 하시는 말씀 같았다.

　이러한 과정들을 통해 하늘의 열두 성좌에 대한 해석을 점성술이나 천문학에 맡기지 말고 성경의 별에 관한 말씀에 맡겨야 한다는 것과 그렇게 해야 비로소 별에 관한 하나님의 계획과 말씀을 제대로 이해할 수 있다는 사실을 확실히 깨닫게 되었다. 나는 나와 같은 마음을 갖고 별에 대해 공부하고 싶어 하는 사람들에게 건전한 신학자인 세이스 박사의 책을 추천한다.

　《별에 관한 복음》은 별들에 대한 확실한 정보들을 정확하게 제공해 주고 있다. 마음을 열고 그 책을 읽는 사람들은 책을 다 읽을 때까지 책에서 눈을 떼지 못할 것이다. 그 책은 하늘의 열두 성좌를 이스라엘과 연관시켜 설명하고 있으며, 동방박사가 따라간 별에 대해서도 다루고 있다. 이외에도 사람들의 영적인 미각을 자극할 만한 여러 가지 사실들이 기록되어 있다.

　별을 성경적 시각으로 보고자 하는 노력이 시작된 후 별에 대한 나의 이해는 날로 깊이를 더해 갔다. 도시와 멀리 떨어진 산꼭대기에서 살았던 나는 밤마다 도시의 불빛과 스모그의 방해 없이 별들의 아름다움을 마음껏 감상할 수 있었다. 조용히 밤길을 걷거나 하늘을 쳐다보고 있노라면, 눈앞에 펼쳐지는 밤하늘이 너무 아름다워 하늘이 하나님의 특별한 영광을 표현하는 듯 느껴졌다.

　어느 날은 우리 회원 모두가 밤길을 같이 걸으며 하나님을 경배하였다. 순간 밤하늘이 지구와 천국의 지성소 사이에 걸쳐져 있는 커다란 휘장처럼 느껴져서 하나님에 대한 깊은 경외감을 느꼈다. 하나님의 쉐키나 영광이 머물고 있는 지성소의 휘장에는 아름다운 수가 새겨져 있는데, 죄인들은 그 휘장 안에 있는 하나님의 영광을 볼 수 없었다. 이는 마치 지구와 지성소에 사이에 있는 별들이 수놓아져 있는 휘장이 그 너머에 있는 하나님의 영원한 영광을 가리고 있는 것에 비유될 수 있다.

하늘의 휘장에 수놓아져 있는 아름다운 별들은 하나님의 영원한 신비를 담고 있다. 이제 나는 그 신비를 밝혀 내고자 한다! 그 결과 당신은 하나님의 영광을 더 깊이 이해하게 될 것이다. 각각의 별들은 우리에게 하나님의 메시지를 전해 주고 싶어 한다. 말세가 가까울수록 하나님이 주시는 지혜와 지식이 커지고, 그 결과 우리는 별들이 전하는 하나님의 메시지를 더 깊이 이해하게 될 것이다. "해와 달아 그를 찬양하며 밝은 별들아 다 그를 찬양할지어다 하늘의 하늘도 그를 찬양하며 하늘 위에 있는 물들도 찬양할지어다"(시 148:3-4).

CHAPTER **4**

LADIES OF GOLD

회심자가
반드시 알아야 할 것들

| 존 H. 보스트롬 |

주 예수 그리스도를 구원자로 받아들였다면, 당신은 거듭난 것이고 하나님으로부터 새롭게 태어난 것이다. 이로 인해 당신이 갖고 있던 죄짐이 없어졌고, 하나님의 평화가 당신의 마음을 지배하게 되었다. 구원받은 당신 안에는 용서받은 기쁨이 가득하고, 당신은 영원한 생명을 소유하게 되었다. 당신의 이름이 어린 양의 생명책에 기록되고 그리스도를 믿는 믿음으로 의롭게 되었기 때문에 당신은 더 이상 저주 아래 있지 않다.

당신은 위로부터 성령으로 다시 태어났기 때문에, 하나님이 당신의 아버지가 되시고 세상에 거하는 모든 하나님의 자녀들이 그리스도 안에서 당신의 형제자매가 되었다. 또한 당신을 짓눌렀던 마귀의 세력이 떠났고, 마귀와의 모든 관계가 정리되었다.

값으로 따질 수 없는 예수 그리스도의 보혈로 구속받은 당신은 하나님께 속한 사람, 그분의 소유가 되었다. 하나님의 모든 약속은 그리스도 안에서 당신에게 주신 것이다. 당신은 이제 하나님의 상속자요, 그리스도와 함께한 상속자다(롬 8:17). 당신은 새로운 삶을 살기 시작했다.

이 모든 일은 예수 그리스도를 당신의 구원자요, 주님으로 받아들였기 때문에 일어난 일이다. 이제 당신이 믿음과 순종의 삶을 살기 시작했기 때문에 마귀가 가만히 있지 않을 것이다. 마귀는 당신의 대적이 되었다. 마귀가 당신에게 감아 놓은 쇠사슬을 그리스도께서 풀어 버리셨기 때문에, 그는 당신의 삶이 순탄하게 흘러가도록 두지는 않을 것이다.

이제 나는 당신이 순탄치 않은 믿음의 길을 되도록 쉽게 갈 수 있게 도움이 되는 몇 가지 조언을 하려고 한다.

다가오는 의심들

사탄은 먼저 당신이 구원받았다는 사실을 의심하게 만든다. 아마도 당신이 구원받은 것 같지만, 사실은 구원받기 전과 달라진 것이 아무것도 없는 것 같다는 생각을 심어 줄 것이다. 그런 의심이 들 때마다 그리스도를 바라보라. 그래야 대적이 쏘는 불화살로부터 당신을 보호할 수 있다. 하나님은 우리가 말씀을 사용하여 마귀의 공격에 맞설 수 있다고 하셨다. 예수님도 말씀으로 마귀의 시험을 물리치셨다.

예수님은 마귀가 거짓말쟁이라고 말씀하셨다(요 8:44). 그러므로 마귀가 당신의 생각을 어지럽게 한다고 해서 그에게 관심을 가져서는 안 된다. 당신이 구원을 받았다는 사실에 대해 조금도 의심하지 말라. 성경은 "누구든지 주의 이름을 부르는 자는 구원을 받으리라"(롬 10:13)고 하였다. 당신이 주의 이름을 불렀기 때문에 하나님께 약속을 지키시라고 말씀드릴 수 있다.

주님께서 "내게 오는 자는 내가 결코 내쫓지 아니하리라"(요 6:37)고 말씀하셨기 때문에, 예수님께 간 당신을 절대로 내쫓지 않으신다.

하나님의 말씀은 "죄를 자복하고 버리는 자는 불쌍히 여김을 받으리라"(잠 28:13)고 선포하고 있다. 또한 성경은 "만일 우리가 우리 죄를 자백하면 그는 미쁘시고 의로우사 우리 죄를 사하시며 우리를 모든 불의에서 깨끗하게 하실 것이요"(요일 1:9)라고 말한다. 누구든지 자신의 죄를 고백하면, 하나님께서 그의 죄를 사해 주시고 깨끗하게 해 주신다. 그분은 항상 진리만을 말씀하시는 분이다.

구원은 믿음의 차원이지 감정의 차원이 아니다. 당신이 마음을 주님께 드렸는데도 불구하고 별 감동이 없어서 자신의 구원에 대해 의심할 수도 있다. 그럴 경우 느낌을 믿지 말고 "영접하는 자 곧 그 이름을 믿는 자들에게는 하나님의 자녀가 되는 권세를 주셨으니"(요 1:12)라는 약속의 말씀을 믿어야 한다는 사실을 명심하라. 당신의 감정은 수시로 변하지만, 하나님의 말씀은 절대로 변하지 않는다.

예전으로 돌아갈 생각을 하지 말라

만일 흑암의 세력이 당신이 구원받았다는 사실을 의심케 하는 데 실패하게 되면, 전략을 바꿔 당신이 그리스도를 제대로 따르지 못하게 만든다. 이미 당신이 한 믿음의 고백을 되돌려서 다시 세상으로 돌아가도록 유혹하는 것이다. 이러한 유혹은 주로 보고, 맛보고, 냄새 맡고, 만지는 것과 같은 감각 기관을 통해 들어온다. 또한 세상 친구들과 다시 어울리게 하고, 세상 즐거움을 가까이하도록 유혹하기도 한다.

그러므로 그런 상황에 처하지 않도록 미리미리 피해야 한다. 당신을 넘어뜨리는 친구들을 피하고, 당신이 그리스인으로서 신실하게 살 수 있도록 돕는 믿음의 사람들과 교제해야 한다. 성경은 "너희는 열매 없는 어둠의 일에 참여하지 말고 도리어 책망하라"(엡 5:11)며 우리를 독려한다.

주님이 우리에게 "너희는 그들 중에서 나와서 따로 있고 부정한 것을 만지지 말라 내가 너희를 영접하여 너희에게 아버지가 되고 너희는 내게 자녀가 되리라"(고후 6:17-18)고 말씀하셨음을 잊지 말라.

"너희는 믿지 않는 자와 멍에를 함께 메지 말라 의와 불법이 어찌 함께 하며 빛과 어둠이 어찌 사귀며"(고후 6:14). 이 말씀은 빛과 어둠이 서로 상관이 없다는 말이다. 의와 불의는 서로 섞일 수 없다. 따라서 그리스도를 사랑하지 않거나 그분을 위해 살지 않는 사람들과 친밀한 교제를 나눠서는 안 된다. 하나님의 백성은 거룩하게 구별된 사람들이다.

이와 관련하여 주목해야 할 말씀 몇 가지를 소개한다.

한 사람이 두 주인을 섬기지 못할 것이니 혹 이를 미워하며 저를 사랑하거나 혹 이를 중히 여기고 저를 경히 여김이라 너희가 하나님과 재물을 겸하여 섬기지 못하느니라 (마 6:24)

이 세상이나 세상에 있는 것들을 사랑하지 말라 누구든지 세상을 사랑하면 아버지의 사랑이 그 안에 있지 아니하니 이는 세상에 있는 모든 것이 육신의 정욕과 안목의 정욕과 이생의 자랑이니 다 아버지께로부터 온 것이 아니요 세상으로부터 온 것이라 이 세상도, 그 정욕도 지나가되 오직 하나님의 뜻을 행하는 이는 영원히 거하느니라 (요일 2:15-17)

간음한 여인들아 세상과 벗된 것이 하나님과 원수 됨을 알지 못하느냐 그런즉 누구든지 세상과 벗이 되고자 하는 자는 스스로 하나님과 원수 되는 것이니라 (약 4:4)

모든 사람으로 더불어 화평함과 거룩함을 따르라 이것이 없이는 아무도 주를 보지 못하리라 (히 12:14)

시험을 이기는 법

시험을 받는 것은 죄가 아니다. 나의 어머니는 "새가 머리 위로 나는 것을 막을 수는 없지만, 머리 위에 둥지를 트는 것은 막을 수 있다"고 말씀하셨다. 이 말은 시험이 오는 것을 막을 수는 없지만, 그 시험이 우리 안에 들어와 마음껏 활개 치며 돌아다니는 것은 막을 수 있다는 말이다. 누군가가 악을 행하도록 유혹하면, 그 유혹을 받아들여 즐기지 말라. 만일 받아들여 즐기면, 마귀의 시험에 지는 것이다. 죄를 향한 첫걸음을 내딛지 않으면 두 번째 걸음도 없음을 기억하라.

당신은 계속해서 믿음의 싸움을 싸워야 한다. 유혹을 받을 때마다 힘을 주시는 주님을 바라보면, 그분이 넉넉히 이기는 승리자로 만들어주실 것이다(롬 8:37). "믿음의 선한 싸움을 싸우라"(딤전 6:12).

당신의 이름은 이미 하늘나라에 기록되어 있다. 그리스도께서 당신 안에 거하고 계시다는 사실을 믿고 기뻐하라. 대적들과의 싸움에서 승리하신 주님은 그 승리를 당신과 함께 나누신다. 여호와를 기뻐하는 것이 우리의 힘이다(느 8:10).

당신 자신을 죄에 대해서는 죽고, 하나님에 대해서는 산 자로 여기라. 대적을 이기고 그리스도인으로서의 삶을 당당하게 살아갈 수 있는 것은 당신의 힘이나 노력이 아니라, 주님이 당신 안에서 살아가시기 때문이다. 당신이 주님께 자신을 맡겼기 때문에, 그분께서 마지막 날까지 지켜주신다는 사실을 믿으라(딤후 1:12).

유혹에 지지 말라.

유혹에 지면 죄를 짓게 된다.

그러나 유혹을 이기면

다른 사람들이 본받는다.

그러니 계속 싸워 나가라.

어두움은 곧 물러간다.

주님만 바라보라.

그분이 끝까지 인도해 주신다.

주님께 도움을 구하라.

위로와 힘을 달라고, 지켜 달라고 구하라.

주님은 기꺼이 도우시고

끝까지 인도해 주신다.

사람이 감당할 시험밖에는 너희가 당한 것이 없나니 오직 하나님은 미쁘사 너희가 감당하지 못할 시험당함을 허락하지 아니하시고 시험당할 즈음에 또한 피할 길을 내사 너희로 능히 감당하게 하시느니라 (고전 10:13)

시험을 참는 자는 복이 있나니 이는 시련을 견디어 낸 자가 주께서 자기를 사랑하는 자들에게 약속하신 생명의 면류관을 얻을 것이기 때문이라 (약 1:12)

죄에 대해 의문이 생길 때

예수님을 믿기 시작하면 의문이 생긴다. 종종 어떤 행동이 죄인지, 아닌지 분별이 되지 않을 때가 있다. 요한 웨슬리와 찰스 웨슬리의 어머니는 이것에 대해 좋은 조언을 해 주었다. 그녀는 아들들에게 "너희는 다음의 원칙을 지켜라. 너희의 양심을 굳어지게 하거나 하나님에 대한 감각을 둔하게 하거나 영적인 것에 대한 배고픔을 잃게 하는 일을 하면, 그것이 아무리 괜찮아 보여도 죄를 짓는 것이다"라고 가르쳤다.

해롭지 않아 보이는 일이라도 그것을 하느라 다른 귀한 것들을 놓치게 될 수 있다는 사실을 기억하라. 성경을 읽고 기도하면, 하나님께서 선과 악을 분별할 수 있는 지혜를 주신다.

이와 관련하여 예수님은 열매 맺지 못하는 씨에 대해 다음과 같이 말씀하셨다. "가시떨기에 떨어졌다는 것은 말씀을 들은 자이나 지내는 중 이생의 염려와 재물과 향락에 기운이 막혀 온전히 결실하지 못하는 자요"(눅 8:14).

죄를 지었을 경우

하나님의 자녀들은 죄 짓는 일에 관심이 없어야 한다. 성경은 죄에 대해 다음과 같이 말한다. "너희 자신을 죄에 대하여는 죽은 자요 그리스도 예수 안에서 하나님께 대하여는 살아 있는 자로 여길지어다 … 죄가 너희를 주장하지 못하리니 이는 너희가 법 아래에 있지 아니하고 은혜 아래에 있음이라 … 죄에 대하여 죽은 우리가 어찌 그 가운데 더 살리요"(롬 6:11, 14, 2). 우리는 세상과 육신 그리고 마귀에 대해 등을 돌리고 살아야 한다. 혹시라도 크게 화를 내더라도 그것으로 인해 낙심하거나 포기하지 말라. 우리가 승리의 삶을 포기하고 절망한다면, 마귀가 기뻐할 뿐이다.

죄를 지었다면, 바로 회개하는 마음으로 하나님께 나아가 용서를 구한 후 다시 일어나라. 그리고 전보다 더 신중하게 기도하며 주어진 길을 묵묵히 가라. 한 번 넘어졌다고 그 자리에 쓰러져 있어서는 안 된다. 성경은 은혜를 베풀어 주시는 하나님에 대해 "만일 누가 죄를 범하여도 아버지 앞에서 우리에게 대언자가 있으니 곧 의로우신 예수 그리스도시라"(요일 2:1)라고 말한다.

삶으로 본을 보이라

오늘날 구원받은 자라고 자처하면서 여전히 세상 사람들과 똑같이 육적인 삶을 사는 사람들이 많다. 그리스도인이라고 하면서 다른 사람들의 영향을 받아 말하고 행동하지 말라. 그럴 때일수록 시선을 예수님께 고정시키고, 당신의 삶과 행동을 인도해 달라고 기도하라.

혹시 위선자를 만나게 되더라도 그로 인해 하나님을 덜 사랑하게 되거나 하나님 나라를 추구하고자 하는 열정을 빼앗기지 말라. 오히려 그것을 기회로 삼아 타락한 세상에서도 굳건히 하나님을 경외하며 의롭게 살아가는 진실한 사람들이 있음을 삶으로 보여 주라.

반대가 있음을 기억하라

예수님을 믿음으로 당신 안에 그리스도께서 거하시게 되면 당신은 왕이신 하나님의 자녀가 된다. 그야말로 부자가 된 것이다. 그러나 그렇다고 해서 만나는 모든 사람들이 믿음과 순종의 걸음을 축하해 주는 것은 아니다. 물론 많은 그리스도인들이 축하해 주고 기뻐하지만, 당신이 예수님을 믿고 교회에 출석하게 된 것을 비웃는 사람들도 있다는 사실을 잊지 말라.

이제 당신이 주님 편에 서 있고 주님이 당신 편이 되셨다는 것, 당신 안에 계시는 그리스도가 당신 밖에 있는 모든 대적보다 더 크신 분이라는 사실을 반드시 기억하라. 성경이 우리에게 "자녀들아 너희는 하나님께 속하였고 또 그들을 이기었나니 이는 너희 안에 계신 이가 세상에 있는 자보다 크심이라"(요일 4:4)고 격려하고 있음도 잊지 말라.

우리가 곤궁에 처할 때 하나님은 힘을 주신다. 그러므로 주님에 대한 확신과 사랑을 잃지 말고, 믿음을 더 굳게 지켜 나가라. 그래야 언제 닥칠지 모르는 고난을 잘 헤쳐 나갈 수 있다. 결코 뒤로 물러서지 말라. 또한 주님을 부인하지 말라. 어떤 대가를 치르더라도 그분 앞에서 진실하라.

선을 행함으로 고난받는 것이 악을 행함으로 고난받는 것보다 낫다(벧전 3:17). 성경은 우리에게 "너희가 그리스도의 이름으로 치욕을 당하면 복 있는 자로다 영광의 영 곧 하나님의 영이 너희 위에 계심이라 너희 중에 누구든지 살인이나 도둑질이나 악행이나 남의 일을 간섭하는 자로 고난을 받지 말려니와 만일 그리스도인으로 고난을 받으면 부끄러워하지 말고 도리어 그 이름으로 하나님께 영광을 돌리라"(벧전 4:14-16), "무릇 그리스도 예수 안에서 경건하게 살고자 하는 자는 박해를 받으리라"(딤후 3:12)고 말한다.

이뿐 아니라 주님께서는 "의를 위하여 박해를 받은 자는 복이 있나니 천국이 그들의 것임이라 나로 말미암아 너희를 욕하고 박해하고 거짓으로 너희를 거슬러 모든 악한 말을 할 때에는 너희에게 복이 있나니 기뻐하고 즐거워하라 하늘에서 너희의 상이 큼이라 너희 전에 있던 선지자들도 이같이 박해하였느니라"(마 5:10-12)고 말씀하셨다.

몇 가지 제안

이제 당신을 보호하기 위해 꼭 알고 있어야 할 몇 가지에 대해 이야기해 보겠다. 먼저는 하나님을 삶의 우선순위에 두고 살아야 한다. 예수님은 "너희는 먼저 그의 나라와 그의 의를 구하라 그리하면 이 모든 것(매일의 삶에서 필요한 것)을 너희에게 더하시리라"(마 6:33)고 말씀하셨다.

성경의 첫 장에 나오는 "태초에 하나님이"라는 말씀을 항상 당신의 좌우명으로 삼으라. 하나님을 알기에 힘쓰고, 그분의 뜻을 행하는 삶을 추구하라. 당신의 삶의 최우선 순위가 주님께 영광을 돌리는 것이라는 사실을 명심하라.

성경을 읽으라

당신이 성령의 능력으로 새로운 피조물로 거듭났다면, 이제 생명을 지탱해 줄 음식을 섭취해야 한다. 그 음식이 바로 하나님의 말씀이다. 성경을 읽고 공부하라. 예수님은 "사람이 떡으로만 살 것이 아니요 하나님의 입으로부터 나오는 모든 말씀으로 살 것이라"(마 4:4)고 하셨다. 육체를 지탱하기 위해 음식을 먹어야 하듯 영이 힘을 내기 위해서는 영의 양식인 성경말씀을 먹어야 한다.

마귀의 궤계에 대적하기 위해서는 구원의 투구와 성령의 검 곧 하나님의 말씀으로 무장해야 한다(엡 6:17). 시편 기자는 "주의 말씀은 내 발에 등이요 내 길에 빛이니이다 … 주의 말씀을 열면 빛이 비치어 우둔한 사람들을 깨닫게 하나이다 … 내가 주께 범죄하지 아니하려 하여 주의 말씀을 내 마음에 두었나이다"(시 119:105, 130, 11)라고 하였다.

> 그리스도의 말씀이 너희 속에 풍성히 거하여 모든 지혜로 피차 가르치며 권면하고 시와 찬미와 신령한 노래를 부르며 감사하는 마음으로 하나님을 찬양하고 (골 3:16)

기도 – 감사 – 찬양

그리스도인이 꼭 해야 하는 것이 바로 기도생활이다. 예수님께서는 항상 기도해야 한다고 말씀하셨다(눅 18:1). 성경에는 "쉬지 말고 기도하라"(살전 5:17)는 말씀이 있다. 기도는 그리스도인의 호흡이고 공기다.

예수 믿어 좋은 친구 생겼네.
우리의 모든 죄와 슬픔을 가져가신 친구라네!
기도로 모든 것을 주님께 맡길 수 있으니
이 얼마나 큰 특권인가!

아무리 사소하거나 큰 문제라도 주님께 기도함으로 풀어야 한다. 직장을 구하고 있다면 기도하라. 갚아야 할 돈이 있어도 기도하라. 억압을 당하고 있거나 짐을 지고 있다면 기도하라. 죄인이 주님께 돌아오기 원한다면, 그 사람에게 복음을 잘 설명할 수 있게 해 달라고 기도하라. 그 어떤 문제라도 주님 앞에 들고 가서 기도하라.

기도에 대해 성경은 다음과 같이 말한다. "그러므로 내가 첫째로 권하노니 모든 사람을 위하여 간구와 기도와 도고와 감사를 하되 임금들과 높은 지위에 있는 모든 사람을 위하여 하라 이는 우리가 모든 경건과 단정함으로 고요하고 평안한 생활을 하려 함이라 이것이 우리 구주 하나님 앞에 선하고 받으실 만한 것이니 하나님은 모든 사람이 구원을 받으며 진리를 아는 데에 이르기를 원하시느니라"(딤전 2:1-4).

오, 길이요 진리요 생명이신 주님의 은혜로
우리가 당신께 나아갈 수 있게 되었습니다.

당신이 기도의 길을 닦아 놓으셨으니
주님, 우리에게 기도를 가르쳐 주소서.

우리는 기도생활을 게을리해서는 안 된다. 하나님께 기도한다는 것은 그분께 무언가를 요구하는 것 이상이다. 사도 바울의 권면을 생각해 보자. 그는 "아무것도 염려하지 말고 다만 모든 일에 기도와 간구로 너희 구할 것을 감사함으로 하나님께 아뢰라"(빌 4:6)라고 하였다.

우리를 사랑하시는 하늘 아버지는 우리가 그분 앞에 나아갈 때 우리의 필요를 채워 주기 원하신다. 또한 이미 이루어진 일과 앞으로 이루어 주실 일에 대해 우리가 감사의 기도를 드리기 원하신다. 죄를 용서해주신 것과 영육의 축복을 비롯하여 여러 가지 축복을 주신 것에 대해 하나님께 감사의 기도를 드려라. 하나님의 선하심을 깨달은 것에 대해서도 감사하라.

범사에 감사하라 이것이 그리스도 예수 안에서 너희를 향하신 하나님의 뜻이니라 (살전 5:18)

범사에 우리 주 예수 그리스도의 이름으로 항상 아버지 하나님께 감사하며 (엡 5:20)

하나님께 감사 기도도 해야 하지만, 무엇보다 주님을 찬양해야 한다. 그분께 경배를 드리고 마음으로부터 우러나와 주님을 찬미해야 한다. 끝까지 인내하시는 주님의 인자하심과 그분이 행하신 일들에 대해 영광과 찬양을 올려 드려라.

마음속으로 주님을 높이는 것만으로는 충분치 않다. 우리는 입을 열어 찬양하고 찬미함으로 경배를 드려야 한다.

주의 인자하심이 생명보다 나으므로 내 입술이 주를 찬양할 것이라 (시 63:3)

그러므로 우리는 예수로 말미암아 항상 찬송의 제사를 하나님께 드리자 이는 그 이름을 증거하는 입술의 열매니라 (히 13:15)

특별히 시편 기자는 하나님을 찬양하는 것과 관련하여 "호흡이 있는 자마다 여호와를 찬양할지어다"(시 150:6)라고 하였다. 이 말씀을 놓고 어떤 사람은 목숨이 끊어진 후에야 비로소 찬양을 멈출 수 있다고 해석하면서 "기도를 하면 우리의 필요가 채워진다. 감사의 기도를 드리면 우리 삶이 축복으로 채워진다. 찬양을 드리면 우리가 하나님으로 채워진다"라고 하였다.

당신이 주님을 경배하고 찬미한 후 간구와 감사와 찬미의 기도를 드렸다면, 그분 앞에 가만히 있어 보라고 제안하고 싶다. 한참 입을 열어 말씀을 드린 후에는 조용히 주님 앞에 머물러 있으라. 그렇게 하는 이유는 주님이 당신에게 말씀하실 시간을 드리기 위함이다. 그러면 당신은 주님께 기도한 것보다 훨씬 더 가치 있는 그분의 말씀을 들을 수 있게 된다. 거기까지 해야 비로소 그분과 진정한 교제가 이루어진 것이다. 이것이 바로 천국의 교제다. 진정한 천국의 교제를 나눠야 이 세상을 헤쳐 나갈 힘,

주님을 위해 살 수 있는 힘이 생긴다. 그러므로 주님 앞에 잠잠히 머무는 데 많은 시간을 들여라.

> 오직 여호와를 앙망하는 자는 새 힘을 얻으리니 독수리가 날개치며 올라감 같을 것이요 달음박질하여도 곤비하지 아니하겠고 걸어가도 피곤하지 아니하리로다 (사 40:31)

그리스도를 전하라

사람들에게 예수님을 전해야 한다. 여러 사람들 앞에서 그리고 개인적으로 기회가 있을 때마다 주저하지 말고 전해야 한다. 예수님을 믿는다는 사실을 사람들 앞에서 부끄러워해서는 안 된다. 하나님께서는 "너희는 나의 증인이다"(사 43:10)라고 말씀하셨다.

> 사람이 마음으로 믿어 의에 이르고 입으로 시인하여 구원에 이르느니라 (롬 10:10)

> 누구든지 사람 앞에서 나를 시인하면 나도 하늘에 계신 내 아버지 앞에서 그를 시인할 것이요 누구든지 사람 앞에서 나를 부인하면 나도 하늘에 계신 내 아버지 앞에서 그를 부인하리라 (마 10:32-33)

> 누구든지 이 음란하고 죄 많은 세대에서 나와 내 말을 부끄러워하면 인자도 아버지의 영광으로 거룩한 천사들과 함께 올 때에 그 사람을 부끄러워하리라 (막 8:38)

성경은 예수의 피와 증거하는 말로 대적을 이기게 된다고 말한다(계 12:11). 주님을 증거할 때 우리의 말이 축복의 말이 되어 상대에게 전달되어야 하고, 또한 주님에 관한 말을 적절한 때에 적절하게 할 수 있어야 한다. 이렇게 하기 위해서는 하나님이 주시는 지혜가 필요하다. 주님을 증거할 때, 항상 우리 자신을 위해서가 아니라 주님을 위해서 한다는 사실을 염두에 두어야 한다. 그렇게 해야 자신을 앞세우지 않고, 결과적으로 주님이 영광을 받으시게 된다. 우리에게는 자랑할 것이 하나도 없음을 기억하라. 모든 것이 하나님의 은혜다.

세상 사람들에게 그리스도께서 우리를 위해 행하신 일들에 대해 말해 주고, 예수님이 우리에게 어떤 분이신지도 말해 주라. 또한 그들이 주님께 나아가면 그분이 어떤 일을 해 주실지에 대해서도 알려 주라. 그들이 언젠가는 반드시 주님께 나아갈 것을 믿고 말하라.

> 의인의 열매는 생명 나무라 지혜로운 자는 사람을 얻느니라 (잠 11:30)

세례

당신이 예수님을 믿기 시작했다면, 세례를 받아야 한다. 예수님은 제자들에게 "너희는 가서 모든 민족을 제자로 삼아 아버지와 아들과 성령의 이름으로 세례를 베풀고"(마 28:19)라고 명령하셨고, 베드로는 "너희가 회개하여 각각 예수 그리스도의 이름으로 세례를 받고 죄 사함을 받으라 그리하면 성령의 선물을 받으리니"(행 2:38)라고 하였다.

세례는 예수님을 믿기 시작한 사람들이 반드시 행해야 할 기독교의 중요한 의식이다. 세례는 안으로 부어지는 하나님의 은혜의 외적 표현이다. 회심하기 전에는 세례가 아무런 의미를 갖지 않지만, 회심 후 세례는 우리가 그리스도의 죽음과 부활에 동참했다는 것을 의미한다.

> 우리가 그의 죽으심과 합하여 세례를 받음으로 그와 함께 장사되었나니 이는 아버지의 영광으로 말미암아 그리스도를 죽은 자 가운데서 살리심과 같이 우리로 또한 새 생명 가운데서 행하게 하려 함이라 (롬 6:4)

성령 충만을 받으라

> 술 취하지 말라 이는 방탕한 것이니 오직 성령으로 충만함을 받으라 (엡 5:18)

성령 충만은 특권이 아니라 영광스런 경험이다. 우리가 하나님의 능력을 덧입지 않으면, 하나님이 원하시는 존재로 변화되지 못할 뿐 아니라 하나님이 행하라고 명하신 것을 할 수도 없다.

예수님도 성령을 받으신 후에야 사역을 시작하셨다. 그러므로 우리가 하나님의 뜻을 펼치기 위해서는 반드시 성령 충만을 통해 하늘의 권능을 받아야 한다.

> 오직 성령이 너희에게 임하시면 너희가 권능을 받고 예루살렘과 온 유대와 사마리아와 땅끝까지 이르러 내 증인이 되리라 하시니라 (행 1:8)

예배 참석

하나님께 개인적으로 나아가는 것이 가장 중요하긴 하지만, 하나님의 집인 교회에 출석하는 것 또한 중요하다. 교회 출석을 대신할 수 있는 것은 없다. 혼자서 예배하는 것도 중요하고, 교회의 공예배에 참석하는 것도 중요하다. 성경은 우리에게 모이기를 폐하지 말라고 촉구하고 있다(히 10:25).

믿음을 가진 사람들과 함께 모여 주님을 경배하는 것은 하나님의 자녀들이 경험하는 큰 기쁨이다. 주 예수 그리스도의 복음을 잘 전하는 교회의 예배에 신실하게 참석하는 것은 믿는 자들에게 기쁨을 주고 유익을 끼친다. 우리는 예배에 참석함으로 하나님의 메시지가 담긴 설교를 들을 수 있고, 이를 통해 영혼의 양식을 섭취하게 되며, 그 결과 주님의 은혜와 그분을 아는 지식에서 자라나게 된다. 우리는 예배에 참석함으로 설교, 찬양, 성가들을 듣게 될 뿐 아니라 예배에 흐르는 거룩한 영을 접하게 된다. 이와 관련하여 성경은 "사람이 내게 말하기를 여호와의 집에 올라가자 할 때에 내가 기뻐하였도다"(시 122:1)라고 하였다.

성만찬은 그리스도인들이 자주 행해야 할 의식이다. "너희가 이 떡을 먹으며 이 잔을 마실 때마다 주의 죽으심을 그가 오실 때까지 전하는 것이니라"(고전 11:26).

이외에도 소규모 모임에 참석함으로 가정과 같은 교회를 만끽할 수 있다. 모임에서 서로 복음적인 이야기를 나눔으로 책임감 있는 그리스도인으로 살아가는 데 도움을 받을 수 있다. 그러므로 특정 교회에 등록하기 전에 먼저 그 교회에 대해 잘 알아보아야 한다. 그리고 그 교회의 일원이 될지에 대해 하나님의 인도를 받아야 한다. 그 이유는 모든 교회가 성경적으로 바른 것은 아니기 때문이다.

그리스도인으로서의 섬김

우리는 말로만 주님의 선하심을 나타내서는 안 되고, 실제로 사람들을 사랑하고 섬김으로 우리를 통해 주님의 생명이 흘러 들어가게 해야 한다. 기독교는 능동적인 섬김을 권한다.

주님을 섬기는 일에도 시간과 재정이 필요하다. 우리는 주님이 하라고 명하신 일은 아무리 힘들어도 해내야 한다. 주님을 위해 사람들을 섬겨라. 당신의 삶으로 그분을 나타내라. 갖고 있는 모든 재능을 그분을 위해 쓰라. 하나님은 당신에게 국내나 해외 어디서든 온전히 하나님을 섬기는 삶을 살라고 하실 수 있다. 하나님이 시키시는 일은 무슨 일이든 하라. 하나님이 인도하시는 길로 가고, 그분이 열어 주시는 문으로 들어가라.

예수님은 마태복음 5장 16절에서 "이같이 너희 빛이 사람 앞에 비치게 하여 그들로 너희 착한 행실을 보고 하늘에 계신 너희 아버지께 영광을 돌리게 하라"고 말씀하셨다.

우리는 천국에 가기 위해 선한 일을 하는 것이 아니라 그리스도의 피로 구속받은 은혜에 감사함으로 그분의 사랑을 전하는 것이다.

> 또 누구든지 제자의 이름으로 이 작은 자 중 하나에게 냉수 한 그릇이라도 주는 자는 내가 진실로 너희에게 이르노니 그 사람이 결단코 상을 잃지 아니하리라 하시니라 (마 10:42)

내가 진실로 너희에게 이르노니 너희가 여기 내 형제 중에 지극히 작은 자 하나에게 한 것이 곧 내게 한 것이니라 (마 25:40)

그리스도를 위해 기부하기

그리스도를 영접한 사람들은 누구나 그분과의 놀라운 교제를 경험함으로 즐거워하게 되고, 자신이 경험한 즐거움을 다른 사람들에게 전하고 싶어 하게 된다. 그리스도를 전하는 방법에는 여러 가지가 있는데, 여기서는 온 세상에 나가 모든 사람들에게 복음을 전하라고 하신 주님의 명령을 수행하는 데 필요한 것 중 한 가지를 말해 보겠다.

사업을 하려면 물질이 필요하듯 하나님의 일에도 물질이 필요하다. 이 세상에서 가장 큰 주님의 일은 복음을 전하는 것이다. 그런데 이 일을 수행하는 데 들어가는 비용은 결코 적지 않다. 그러므로 하나님께 물질을 드리는 것은 그 자체가 하나님의 사업에 동참하는 거룩한 행위다.

네 재물과 네 소산물의 처음 익은 열매로 여호와를 공경하라 그리하면 네 창고가 가득히 차고 네 즙틀에 새 포도즙이 넘치리라 (잠 3:9-10)

오직 너희를 위하여 보물을 하늘에 쌓아 두라 거기는 좀이나 동록이 해하지 못하며 도적이 구멍을 뚫지도 못하고 도둑질도 못하느니라 네 보물 있는 그곳에는 네 마음도 있느니라 (마 6: 20-21)

주라 그리하면 너희에게 줄 것이니 곧 후히 되어 누르고 흔들어 넘치도록 하여

너희에게 안겨 주리라 너희의 헤아리는 그 헤아림으로 너희도 헤아림을 도로 받을 것이니라 (눅 6:38)

범사에 여러분에게 모본을 보여 준 바와 같이 수고하여 약한 사람들을 돕고 또 주 예수께서 친히 말씀하신 바 주는 것이 받는 것보다 복이 있다 하심을 기억하여야 할지니라 (행 20:35)

만일 당신이 하나님께 온전히 드리면, 영육 간에 하나님의 축복을 받게 된다. 하나님은 당신 편에서 도우시는 분이니 그분께 풍성하게 드리는 것에 대해 걱정하지 말라.

내가 바로 살 수 있도록 지켜주소서.
주여, 이 종으로
제대로 봉헌하게 하소서.
주님만 의지하며
깨어 기도하게 하소서.
매일 주님의 뜻만 행함으로
영광을 돌리게 하소서.

능히 너희를 보호하사 거침이 없게 하시고 너희로 그 영광 앞에 흠이 없이 기쁨으로 서게 하실 이 곧 우리 구주 홀로 하나이신 하나님께 우리 주 예수 그리스도

로 말미암아 영광과 위엄과 권력과 권세가 영원 전부터 이제와 영원토록 있을지어다 아멘 (유 24-25)

하나님의 약속은
시험을 제해 주시는 것이 아니라
그분의 충만하신 은혜로
시험을 이길 능력을 주시는 것이라.

노동 대신 안식 아니라
노동 속에서의 안식이며,
혼란 대신 평온 아니라
고통과 괴로움 뒤에 찾아오는 평온이라.

어둠 대신 광명 아니며
슬픔 대신 기쁨 아니라.
한밤중의 밝음이며
슬픔 속의 구원이라.
잃음 대신 얻음 아니며
고통 대신 형통 아니라.
상처 위에 바르는 향유며
잃음으로 얻는 생명이라.

약함 대신 강함 아니며

눈물 대신 웃음 아니라.

혼동 대신 평화 아니며

두려움 대신 노래 아니라.

약함을 힘으로 채우시며

소망을 전하는 눈물이라.

전쟁 속에서의 평화며

찬미로 두려움을 물리치는 것이라.

– 노만 F. 도우티

CHAPTER 5
LADIES OF GOLD

열매냐 잎이냐

| E. 클레멘타인 쉐퍼 |

성령님은 몇 주간에 걸쳐 나에게 사랑받는 자와 포도원에 관하여 알려 주셨다. 그리고 어느 날 아침 눈을 떴을 때, 성령께서 내가 그분을 통해 경험한 것들을 글로 써놓으라고 말씀하셨다. 그것이 나에게 해당되는 것이긴 하지만, 어려움을 겪고 있는 사람들이 나의 글을 읽음으로 신앙에 대한 확신과 용기를 얻게 될 것이라고 말씀하셨다.

이 글을 쓰는 동안 나는 천국의 정원사이신 주님께서 "나는 첫 열매를 원한다"라고 말씀하시는 환상을 보았다. 또한 주님께서 첫 열매를 기다리고 계신 모습도 보았다. 이 환상을 통해 하나님의 포도원에서 일꾼으로서는 열심히 일하지만, 정작 삶의 열매는 등한시하는 것이 무엇을 의미하는지 깨달을 수 있었다. 아가서에서 술람미 여인은 "그들이 나를 … 포도원지기로 삼았으나 나의 포도원을 내가 지키지 못하였구나"(아 1:6)라고 한탄하였다.

이 소책자에는 주님이 우리 삶 가운데 열리기를 바라시는 열매에 대해 기록하고 있다. "나의 사랑하는 자가 그 동산에 들어가서 그 아름다운 열매 먹기를 원하노라"(아 4:16).

글을 쓰기 시작하면서, 수년 전에 있었던 일이 떠올랐다. 내가 회심한 지 1년이 지났을 무렵, 가장 신뢰했던 한 사역자에 관한 안 좋은 소문이 들렸다.

어느 날 친구의 집에서 몇 명의 자매들과 대화를 나누던 중 그 사역자에 대한 이야기가 나왔다. 그중 한 명이 "그 사역자는 많은 사람들을 구원했기 때문에 그분이 하는 모든 것이 다 옳을 수밖에 없습니다. 성경은 '열매로 그 사람을 알 수 있다'고 했잖아요"라며 그를 지지하는 발언을 했다. 그녀는 많은 사람들을 그리스도께로 인도한 사역자는 분명 하나님께서 인정하시는 도덕적으로 온전한 사람일 것이라고 주장했다. 그때 나 역시 그녀의 편을 들어 그 사역자를 지지하는 말을 하였다.

그 당시만 해도 나는 매우 어리고 단순했다. 만일 그때 내가 그 사역자에 대한 진실을 알았더라면, 아마도 크게 실망하여 실족했을 것이다. 그러나 감당하지 못할 시험을 허락지 않으시는 신실하신 하나님 아버지께서 보호해주셨기 때문에 믿음을 지킬 수 있었다. 시간이 한참 지난 후 그에 대한 진실을 알게 되었지만, 그 사이 나는 굳건한 믿음의 사람이 되어 그로 인한 실망감과 충격을 잘 견뎌낼 수 있었다.

누군가 "진리에 대한 설명이 오히려 진리를 어긋나게 할 수 있다"라고 말했다. 사탄의 교활한 전략 중 하나는 그리스도를 전하는 자들이 큰 실수를 범하게 함으로 복음이 전파되지 못하도록 방해하는 것이다.

사도 바울은 믿는다고 하면서 큰 잘못을 범하는 사람들에 대해 "내가 여러 번 너희에게 말하였거니와 이제도 눈물을 흘리며 말하노니 여러 사람들이 그리스도 십자가의 원수로 행하느니라"(빌 3:18)고 하였다.

오늘날 그리스도를 잘 안다고 하면서 바른 성품을 갖지 못한 그리스도인들로 인해 주님의 영광이 가려지는 일들이 종종 있다. 내가 은혜 안에서 영적으로 성장하게 되면서 주님은 나에게 섬김과 열매가 다르다는 것을 알려 주셨다. 간단히 말해서 섬김은 그리스도를 위해 하는 행위이고, 열매는 우리 안에 형성된 그리스도의 성품이다. 그리스도를 위해 일하기는 쉽지만, 그리스도의 성품을 갖기는 쉽지 않다. 성품 면에서는 많이 부족한 그리스도인들이 하나님을 섬기는 경우가 많다는 사실을 보면, 이러한 원리를 쉽게 확인할 수 있다.

그리스도의 성품은 우리가 맺어야 할 성령의 열매다. 우리는 우리의 행위보다는 성품으로 하나님께 영광을 돌려야 한다. 성품이 행위보다 중요하다는 사실을 잘 알고 있는 사도들은 믿는 자들의 삶을 매우 강조하였다. 주님은 우리를 정제하시고 단련하심으로 우리의 성품이 온전히 변화되게 하신다. 우리는 성품이 온전하게 된 후에야 비로소 주님께 영광 돌리는 삶을 살 수 있다. 그리스도를 믿지 않는 것보다 연약한 그리스도인이라도 되는 것이 훨씬 낫긴 하지만, 그렇다고 계속해서 연약한 상태로 머물러 있어서는 안 된다.

그리스도인들의 목표는 삶으로 주님께 영광을 돌리는 것이 되어야 한다. 바울은 디도서 2장 10절에서 행동을 통하여 하나님의 교훈을 빛나게 하라고 촉구하였다. 모펫 번역본(Moffett's Translation)에서는 이 구절을 "너희들이 주 하나님의 교리를 받쳐주는 장식물이 되도록 하기 위해 사람들에게 너희의 신실함을 나타낼 수 있어야 한다"고 번역하였다. 우리가 매일 찬양으로 하나님께 영광을 돌릴 수 있다는 것은 참으로 놀라운 사실이다.

이제 좋은 열매를 맺기 위해 우리가 반드시 경험해야 하는 영의 계절들에 대해 이야기하겠다. 만물에 계절이 있음은 자연 세계나 영의 세계가 동일하다(전 3:1). 계절은 불변의 법칙이다. "땅이 있을 동안에는 심음과 거둠과 추위와 더위와 여름과 겨울과 낮과 밤이 쉬지 아니하리라"(창 8:22).

하나님이 창조하신 천체는 원운동을 하고 있다. 해와 달과 별들은 각자 자신만의 궤도를 따라 오차 없이 돌아가고 있다. 밤이 지나면 반드시 낮이 돌아오고, 낮이 지나면 반드시 밤이 찾아온다. 하나님의 말씀이 노아에게 임한 후부터 심을 때와 거둘 때가 멈춘 적이 한 번도 없다.

인간과 맺은 하나님의 언약

하나님의 무지개 펜으로 쓴 언약

심을 때와 거둘 때가 항상 이어진다.

지옥이 공격해 와도

하나님의 진리의 약속은 항상 성취된다.

당신도 좋은 열매를 맺기 위해 여러 가지 영의 계절들을 지나왔을 것이다. 영의 봄에는 모두가 당신을 환영하는 듯 느껴진다. 봄은 생명이 나타나는 계절이다. 황량한 겨울을 지나 다시 생명이 꿈틀거리며 소생하는 봄을 경험하는 것은 참으로 감격스러운 일이다. "겨울도 지나고 비도 그쳤고 지면에는 꽃이 피고 새가 노래할 때가 이르렀는데 비둘기의 소리가 우리 땅에 들리는구나 … 포도나무는 꽃을 피워 향기를 토하는구나"(아 2:11-13).

봄은 새로운 시작을 알리는 계절, 열매 맺을 날을 소망하며 나아가는 계절이다. 싹이 나고 꽃이 피어 자라날 준비를 하는 봄이 지나면, 열매가 열리기 시작하는 여름이 온다. 태양이 뜨겁긴 하나 그로 인해 과일들이 익는다. 여름은 성장의 계절이지만, 인내하며 기다려야 하는 계절이기도 하다.

여름이 지나면 열매를 거둬들이는 가을이 시작된다. 수확이 풍성하면, 추수하는 사람들의 기쁨도 크다. 반면 수확이 빈곤하면, 쓰린 마음을 다잡고 다음해를 기다려야 한다. 삶의 계절도 이와 같아서, 좋은 열매를 거두기 위해서는 인생의 여러 계절들을 거쳐야 한다. 계절을 거치는 동안 다양한 경험들을 함으로 열매를 풍성하게 맺을 수 있다.

많은 열매를 맺기 위해서는 반드시 가지치기가 선행되어야 한다. 가지치기는 보통 겨울에 한다. 열매가 달렸던 가지들을 가지치기하여 잘라내면, 나무는 벌거벗은 듯 황폐해 보인다. 가지치기한 나무가 벌거벗은 듯 보인다고 해서 다음해에 열매를 맺지 못하는 것은 아니다. 단지 황폐해 보일 뿐이지 반드시 열매는 다시 맺힌다. 인생에서 가지치기의 계절을 통과

중인 사람은 타인들로부터 비난을 받기로 하는데, 그것은 하나님이 그 사람의 영혼을 정결케 하시기 위해 허락하신 것이다.

예전에 새로 이사한 집 마당에 죽은 것처럼 보이는 나무가 한 그루 서 있었다. 나는 그 나무를 베어버리려다가 처음 보는 나무라 그냥 놔두었다. 그 다음해 봄이 되자, 죽은 것 같았던 그 나무에서 싹이 나고 꽃이 피었다. 그 꽃은 결혼식 부케 같이 아름다운 도금양으로, 우리 가족 모두 그 꽃을 좋아하게 되었다.

삶에 가지치기의 계절이 도래하면, 힘든 일들을 겪게 되어 아픔과 상실감이 밀려온다. 더 이상 삶이 즐겁지 않고, 주님과 교제하는 시간에도 별 감동을 느끼지 못한다. 이 기간에는 모든 것이 지루하고 재미없게 느껴진다. 심지어 차가운 눈까지 덮이고, 얼음까지 언다.

당신이 이런 시기를 지나고 있다면, 적극적으로 믿음을 키워야 한다. 수동적으로 가만히 있거나 참고 있어서는 안 된다. 고통과 아픔을 느낀다면 가만히 있지 말고, 능동적으로 하나님께 찬양의 제사를 드리며 당신이 주님께 연결된 가지라는 사실을 꼭 붙들어야 한다.

나는 얼마 전에 가지치기를 경험했다. 그때는 마침 내가 살고 있는 캘리포니아 주의 포도원들이 가지치기를 하는 시기여서 하나님이 내 삶 가운데 행하시는 가지치기의 의미를 깊이 깨달을 수 있었다. 인생의 어려운 시기를 보낸 경험이 있는 이들은 내가 말하는 가지치기의 중요성을 정확히 이해할 것이다. 가지치기를 하지 않으면, 결코 풍성한 열매를 맺지 못한다.

주님을 영접한 이후 성령님은 지속적으로 성령의 열매를 맺는 삶에 대해 알려 주셨다. 그 결과 나는 어려운 일들을 겪더라도 잘 이겨 낼 수 있었고, 이를 통해 더 성숙해지고 삶에서 좋은 열매를 많이 맺고 싶다는 갈망이 점점 커졌다. 나는 내가 얼마나 불완전하고 무가치한 사람인지를 그 누구보다 잘 알고 있다. 그러나 하늘의 정원사이신 주님께서 부족한 나를 가지치기하시는 수고가 결코 헛되지 않음을 확신하고 있다. 모든 영광을 지금부터 영원까지 오직 주님께만 올려드린다.

이상한 포도나무

주님의 삶과 시역은 뭔가 달랐다. 그분은 사람들에게 최고의 철학과 진리를 주셨다. 예수님의 가르침은 당시 종교인들의 가르침과는 사뭇 달랐다. 예수님은 유대 회당이나 성전이 아닌 흙길이나 논길 또는 산언덕이나 바닷가, 집에서 사람들을 가르치셨다. 주님은 제사장들이 입는 화려한 옷을 입지 않으시고, 평범한 긴 통옷을 입으셨다. 주님은 미사여구를 사용하지 않으셨고, 간단한 비유를 사용하여 생명의 말씀을 전해주셨다.

예수님은 누구라도 쉽게 이해할 수 있는 것들을 예로 들어 진리를 전하셨다. 가령 씨 뿌리기, 가라지, 겨자씨와 같이 이해하기 쉬운 것들을 비유로 들어 진리를 전하셨다. 주님은 가난한 자들과 세상에서 버림받은 자들의 사랑을 받으셨다. 그러나 신분이 높은 서기관들과 바리새인들은 그분을 싫어했다. 주님의 말에 지혜와 권위가 있었기 때문에 믿지 않는 자들까지도 "난 그분처럼 말하는 사람을 이제까지 한 번도 본 적이 없어!"라고 하였다.

예수님은 사역을 하시는 동안 종종 군중들로부터 물러나 제자들과 함께 한적한 곳으로 가서 기도하셨다. 예수님이 기도하러 가신 곳 중에는 예루살렘에서 그리 멀지 않은 곳에 있는 동산이 있었다. 예수님은 이 땅에서의 사역을 끝내시기 직전에도 그 동산에서 기도하셨다. 그 동산으로 가는 길 주위에는 많은 포도원과 넓은 들판이 있었는데, 주님은 포도원이 있는 들판과 기드론 시내를 지나 감람산에 있는 동산으로 가셨다.

예수님은 포도원 옆을 지나가시면서 제자들과 대화를 나누곤 하셨다. 이때 주님은 아마도 오래전 그 땅에 심겨진 이스라엘이라는 포도나무에 대해 생각하셨을 것이다. 그분의 백성 이스라엘은 하나님이 애굽 땅에서 팔레스타인 지역으로 옮겨 심으신 포도나무라고 할 수 있었다. 그런데 그 포도나무가 좋은 열매를 맺지 못하고 쓴 열매를 맺었다.

하나님을 향한 이스라엘 백성들의 불신앙과 반역 그리고 신실하지 못함이 오랜 기간 여호와 하나님의 마음을 아프게 했다. 그럴 때마다 하나님은 선지자를 보내셔서 그들을 책망하셨다. 그러나 그들은 돌이키지 않고, 여전히 자신들이 하고 싶은 대로 행했다. 그러자 하나님이 그들을 징계하셨고, 이에 그들은 용서를 구하며 하나님께 매달렸다. 그들이 매달릴 때마다 하나님은 그들의 죄를 용서해주셨다.

그러나 어느 정도 시간이 지나자 그들은 또 다시 하나님께 불평을 늘어놓았고, 심지어는 하나님을 속이기까지 하였다. 하나님을 향한 마음이 바르지 못했던 그들은 약속을 쉽게 저버렸다. 그럴 때마다 하나님은 그들을 긍휼히 여겨주셨다.

예수님은 포도원 앞을 지나시는 동안 눈앞에 펼쳐진 포도원을 보시며 이스라엘에 보낸 선지자들을 생각하셨을 것이다. 아마도 예수님은 선지자 예레미야가 눈물을 흘리며 이스라엘 백성들에게 "내가 너를 순전한 참 종자 곧 귀한 포도나무로 심었거늘 내게 대하여 이방 포도나무의 악한 가지가 됨은 어찜이뇨"(렘 2:21)라고 전한 하나님의 말씀을 기억하셨을 것이다. 하나님을 멀리하자 이스라엘이라는 포도나무는 이상한 포도나무가 되고 말았다.

당신은 아낌없이 사랑을 부어주었던 사람이 멀리 떠나갔을 때의 아픔이 얼마나 큰지 아마 알고 있을 것이다. 에스겔은 포로로 잡혀간 이스라엘 왕자들에 대해 애통해하며 "네 피의 어머니는 물 가에 심겨진 포도나무 같아서 물이 많으므로 열매가 많고 가지가 무성하며 … 분노 중에 뽑혀서 땅에 던짐을 당하매 … 이제는 광야, 메마르고 가뭄이 든 땅에 심어진 바 되고"(겔 19:10-13)라며 애곡하였다. 이스라엘 왕자들은 생명의 근원이신 하나님을 저버렸기 때문에 타국에 포로로 잡혀가 살게 된 것이다. 하나님의 선하심을 맛본 후, 하나님이 아닌 다른 곳에서 만족을 얻으려는 것이 얼마나 어리석은 행동인가! 이것은 마치 맑고 깨끗한 생명수를 가진 사람이 그 물을 두고 오염된 더러운 물을 마시는 것과 같다.

이사야 선지자는 그런 그들을 향해 "나는 내가 사랑하는 자를 위하여 노래하되 내가 사랑하는 자의 포도원을 노래하리라 내가 사랑하는 자에게 포도원이 있음이여 심히 기름진 산에로다 땅을 파서 돌을 제하고 극상품 포도나무를 심었도다 그중에 망대를 세웠고 그 안에 술틀을 팠도다 좋은 포도 맺기를 바랐더니 들포도를 맺었도다"(사 5:1-2)라고 말하며 슬퍼하였다.

그런 그들에게 실망하여 마음이 아프셨던 여호와께서는 선지자들을 통해 첫 사랑을 회복하라고 촉구하셨다. 그분의 실망은 매우 컸다. 하나님께서 이스라엘을 택하지 않으셨더라면, 그들에게 사랑을 쏟아붓지 않으셨더라면 오히려 더 낫지 않았을까? 하나님께서 그분의 능력과 선하심을 전하기 위해 이스라엘이라는 나라를 선택하셨는데, 그런 선택을 하지 않으셨더라면 차라리 더 낫지 않았을까? 이스라엘을 적의 공격으로부터 거듭해서 막아주지 않으셨더라면 더 낫지 않았을까? 하나님의 지극한 사랑과 관심에도 불구하고 이스라엘은 계속 죄를 범했고, 하나님이 베풀어주신 기적적인 도움을 기억하지 못했다.

하나님의 영을 받은 선지자 이사야는 이스라엘이 하나님으로부터 멀어지자 "내가 내 포도원을 위하여 행한 것 외에 무엇을 더할 것이 있으랴 내가 좋은 포도 맺기를 기다렸거늘 들포도를 맺힘은 어찌 됨인고"(사 5:4) 라는 하나님의 말씀을 전해주었다.

이사야가 전한 이 말씀은 예수님이 예루살렘을 보시며 하신 말씀과 매우 닮아 있다. "예루살렘아 예루살렘아 선지자들을 죽이고 네게 파송된 자들을 돌로 치는 자여 암탉이 제 새끼를 날개 아래에 모음같이 내가 너희의 자녀를 모으려 한 일이 몇 번이냐 그러나 너희가 원하지 아니하였도다"(눅 13:34).

아마도 예수님은 포도원 옆을 지나시면서 또 다른 선지자 호세아에 대해서도 생각하셨을 것이다. 호세아는 이스라엘 백성들에게 "이스라엘은 열매 맺는 무성한 포도나무라 … 그들이 이제 이르기를 우리가 여호와를 두려워 아니하므로 우리에게 왕이 없거니와 왕이 우리를 위하여 무엇을 하리요 하리로다"(호 10:1-3)라는 하나님의 책망의 말씀을 전하였다.

호세아 시대의 이스라엘과 예수님 시대의 이스라엘은 타국에 점령되어 백성들이 신음하며 살았다는 점에서 매우 비슷하다. 그들은 "이제 우리에게는 왕이 없구나"라며 슬피 울며 소리를 질렀다. 그들에게 왕이 없는 것은 그들이 하나님을 두려워하지 않은 결과였다.

이방 나라의 압제에 신음하고 있던 예수님 시대의 이스라엘 백성들은 온유하신 왕이신 예수님이 나귀를 타고 예루살렘에 입성하시는 것을 보았음에도 그들의 조상이 하나님이 보내신 선지자들을 거부했던 것처럼 "가이사 외에는 우리에게 왕이 없나이다"라고 소리 지르며 예수님을 거부하였다. 예수님은 자기 백성들에게 오셨지만, 그들은 그분을 영접하지 않았다.

참 포도나무

이스라엘이라는 포도나무가 쓴 열매를 맺었기 때문에 하나님은 그 가지를 잘라버리셨다. 그러나 다윗과 그의 후손들을 남겨두심으로 그 후에도 포도가 계속 맺히게 하셨다. 그때부터 이스라엘에서 포도송이는 다윗과 그의 후손을 상징하는 표식이 되었다.

예수님이 다윗의 후손이요 포도나무의 뿌리이시기 때문에, 주님은 제자들과 포도원이 있는 길을 걸으시면서 "나는 참 포도나무요 내 아버지는 농부라"(요 15:1)고 말씀하셨을 것이다. 예수님은 이 말씀을 통해 자신이 누구인지를 나타내셨다. 또한 자신만이 포도나무의 유일한 뿌리이고 열매의 근원이심을 분명히 하셨다. 포도나무가 없다면 포도가 열릴 수 없다.

하나님 아버지는 포도나무를 가꾸는 농부이시며, 그분으로 인해 최고의 포도나무가 나온다. 농부는 포도나무를 돌보고 가지를 치고 물을 주는데, 이 모든 작업은 포도나무가 건강하게 자라 좋은 열매를 맺게 하기 위한 조치들이다. 열매를 맺지 못하는 가지는 쳐주어야 좋은 열매가 맺힌다. 포도원에 울타리를 쳐주는 이유는 들포도나무가 침범하지 못하게 하기 위해서다. 포도원 지기는 포도나무를 망치는 작은 여우가 포도원 안으로 들어오면 이 여우를 잡아 없애기도 한다.

열매를 잘 맺기 위한 조건

가지치기

무릇 내게 붙어 있어 열매를 맺지 아니하는 가지는 아버지께서 그것을 제거해 버리시고 무릇 열매를 맺는 가지는 더 열매를 맺게 하려 하여 그것을 깨끗하게 하시느니라 (요 15:2)

이 말씀은 모든 성도들의 삶에 좋은 열매만 열리는 것은 아니라는 사실을 잘 말해 주고 있다. 가지치기를 하는 것은 더 많은 열매를 맺게 하기 위함이다. 잘 모르는 사람들에게는 농부가 가지치기를 하는 것이 쓸데없는 짓처럼 보일 수도 있다(나무들 중 가지치기를 가장 강력하게 해줘야 하는 나무가 바로 포도나무다).

　가지치기가 끝난 포도나무들을 보면 '과연 저 나무들이 다시 열매를 맺을 수 있을까' 하는 의구심이 든다. 그러나 농부는 그런 걱정을 하지 않는다. 그 이유는 포도나무가 열매를 잘 맺기 위해서는 줄기를 타고 올라오는 수액이 관건이라는 사실을 너무도 잘 알고 있기 때문이다. 그러므로 그는 의심하지 않고 가지들을 쳐낼 수 있는 것이다. 하나님은 우리 삶에 풍성한 열매가 열리기 원하시는 분이기에 걱정하지 않고 우리를 가지치기하신다.

　"하나님의 말씀은 살아 있고 활력이 있어 좌우에 날선 어떤 검보다도 예리하여 … 마음의 생각과 뜻을 판단하나니"(히 4:12)라는 말씀은 가지치기하는 칼이나 낫을 연상시킨다. 하나님의 말씀은 사람들의 속마음을 드러내는 강력한 검이다. 우리가 삶에서 풍성한 열매를 맺지 못하는 이유는 영적 활력을 방해하는 내면의 찌꺼기들을 제거해달라는 기도를 하지 않아서이다. 우리 가운데 남아 있는 이기심이 그런 기도를 하지 못하게 막고 있다. 인간은 본능적으로 가지치기를 싫어한다. 그러나 괴로운 가지치기 과정을 통해 우리가 얻게 되는 것들은 상상을 초월할 정도로 귀하다.

　세상에서는 마음을 고통으로 몰아넣는 일들이 많이 일어나는데, 고통을 당하는 사람들은 하나님이 왜 그런 일들을 허락하시는지 의아해한다. 슬픔, 고뇌, 실망, 비난, 상실, 핍박을 비롯한 수많은 난관들이 우리 삶에 놓여 있다. 그러나 하나님 아버지께서는 모든 어려움들이 합력하여 결국 좋은 일이 되게 하신다. 이런 식으로 하나님이 우리를 정련하시는 것이다.

이러한 정련 과정을 통해 최고로 좋은 열매가 열려 우리 안에서 기쁨과 찬양의 노래가 흐르게 된다. 이와 관련하여 성경은 "무릇 징계가 당시에는 즐거워 보이지 않고 슬퍼 보이나 후에 그로 말미암아 연단 받은 자들은 의와 평강의 열매를 맺느니라"(히 12:11)고 하였다.

주님 안에 거함(연합)

내 안에 거하라 나도 너희 안에 거하리라 가지가 포도나무에 붙어 있지 아니하면 스스로 열매를 맺을 수 없음 같이 너희도 내 안에 있지 아니하면 그러하리라 (요 15:4)

우리는 지금까지 가지치기를 한 포도나무가 좋은 열매를 맺는 것에 대해 배웠다. 이제는 주님 안에 거하는(abiding) 가지가 좋은 열매를 맺는 것에 대해 배워보자.

포도나무와 가지의 비유는 그리스도와 신자의 연합을 말해주는 좋은 비유다. 주님 안에 오랫동안 거하면, 우리의 의지와 소망과 관심이 바뀌게 된다. 그래서 주님의 의지가 우리의 의지가 된다. 그분의 사랑이 우리의 사랑이 되고, 그분의 방법이 우리의 방법이 되고, 그분의 기쁨이 우리의 기쁨으로, 그분의 일이 우리의 일로 바뀌게 된다. 이것이 바로 인간의 영이 하나님의 영에 녹아지는 연합이다. 오, 우리 주님과 연합됨이 그 얼마나 큰 축복이요, 특권인가!

나는 단지 가지일 뿐이라네.

생명의 포도나무에 붙어 있는 가지일 뿐이라네.

그분의 생명이 내게로 흘러드네.

나는 단지 포도나무의 가지일 뿐이라네.

이러한 '주님 안에 거함'의 비밀을 이해하기 전까지는 열매를 맺기 위한 모든 노력이 헛수고에 불과하다. 가지가 애쓰고 노력한다고 해서 포도 열매가 열리는 것이 아니다. 가지가 분투한다고 포도가 잘 열리는 것이 아니다. 가지는 포도나무 줄기에 붙어 있어서 줄기로부터 영양분과 생명을 받아들이기만 하면 열매가 열리게 되어 있다. 그 이유는 줄기가 가지에게 생명의 원천이 되는 영양분들을 공급해주기 때문이다.

포도나무에 포도가, 사과나무에 사과가, 배나무에 배가 열린다. 우리가 그리스도와 연합하고 그분 안에 머물러 있으면, 그리스도께서 우리로 본성과 성품 면에서 그분을 닮은 사람들이 되게 하신다. 이때 우리에게 열리는 열매가 그리스도이므로, 사람들은 우리를 통해 그리스도를 만나게 되는 것이다.

성령의 열매가 아닌 것들

사람들의 문화

언뜻 보면 인간이 만들어내는 문화가 대단한 것처럼 보인다. 교육과 문화의 발달로 인간이 원시 상태에서 벗어나게 된 것은 사실이지만, 인간을 죄와 육성과 정욕에서 구해주지는 못한다. 인간은 그리스도를 통해 새로운 피조물이 되었을 때에만 의의 열매를 맺을 수 있다. 우리가 아무리 문화, 교육, 사회, 도덕적으로 높은 수준에 도달하게 되더라도, 그리스도인이 소유하게 되는 하늘의 성품에 비하면 아무것도 아니다.

사람들이 진짜처럼 보이는 가짜 열매를 만들어낼 수 있긴 하지만, 인간의 기술은 거기까지다. 몸의 건강을 위해 가짜 포도를 먹는 사람은 아무도 없다. 그 이유는 가짜 포도는 진짜 포도나무 가지에 달린 열매가 아니어서 몸에 필요한 영양분들을 갖고 있지 않기 때문이다. 또한 가짜 포도는 이슬에 젖어본 적도, 햇살을 받아 영글어본 적도 없다. 가짜 포도는 포도가 아니다. 인간은 도덕적인 삶을 살 수 있을지는 몰라도, 성령의 열매를 맺는 삶은 살 수 없다.

성령의 은사

우리는 성령의 은사와 성령의 열매를 혼동해서는 안 된다. 성령의 은사는 결과를 도출해내기 위한 중간 과정이고, 성령의 열매는 그 결과다. 사도 바울은 고린도에 있는 교회에 쓴 편지에서 성령의 은사와 사역에 대해 "각 사람에게 성령의 나타남을 주심은 유익하게 하려 하심이라"(고전 12:7)고 기술하였다. 또한 에베소서 4장에서는 은사의 목적에 대해 다음과 같이 피력하였다.

하나님이 은사를 주신 이유는
성도들을 온전하게 하고,
하나님의 일이 펼쳐지도록 하기 위해서고

그리스도의 몸을 세워주기 위해서다.

또한 모두가 믿음으로 연합될 때까지

온전하고 성숙한 자로 설 때까지

그리스도의 장성한 분량에 이르도록 하기 위해서다.

그렇게 되면 이제 우리는 더 이상 어린아이가 아니기에

모든 면에서 잘 자라났기에

그리스도처럼 사랑의 마음으로 진리를 전할 수 있게 된다.

참 간단하다. 하나님께서 우리에게 은사를 주시는 이유는 우리가 온전히 성숙해질 때까지, 우리 안에서 성령의 열매들이 더욱 온전해질 때까지 우리를 이끌어가게 하기 위해서다. 그러므로 우리가 성령의 은사와 성령의 열매를 혼동하면 온전한 성숙에 이르지 못할 뿐 아니라, 성령의 열매도 맺지 못하게 된다.

오늘날 많은 신자들이 은사와 달란트, 축복과 사역만을 강조하다 보니 정작 중요한 은사의 목적을 놓치고 있다. 만일 우리가 주님의 성품을 갖지 못하게 되거나 우리 안으로부터 그리스도의 모습이 나타나지 않으면, 우리의 사역과 은사는 사람들에게 아무런 유익도 주지 못한다.

이에 대해 성경은 "그러므로 우리가 … 완전한 데로 나아가자"(히 6:1), "이것을 위하여 구하니 곧 너희의 온전하게 되는 것이라"(고후 13:9)라고 말한다.

섬김과 영혼 구원

앞에서 언급하긴 했지만, 섬김과 열매의 다른 점을 다시 한 번 설명해 보겠다. 섬김은 우리가 그리스도를 위해 노력하는 행위인 반면, 성령의 열매는 하나님이 주신 것으로 우리의 존재성의 표현이다. 영혼 구원은 우리의 노력의 결과물이지 우리의 성품도 아니고, 의의 열매도 아니다. 더구나 영혼 구원은 단 한 사람의 노력의 결과물이라고 볼 수 없다. 반면 성령의 열매는 한 사람에게 국한되어 열린다.

섬김의 행위로 인한 영혼 구원이 한 사람의 노력의 결과물이 아닌 것에 대해 바울은 다음과 같이 말했다. "나는 심었고 아볼로는 물을 주었으되 오직 하나님께서 자라나게 하셨나니 그런즉 심는 이나 물 주는 이는 아무것도 아니로되 오직 자라게 하시는 하나님뿐이니라 심는 이와 물주는 이는 한가지이나 각각 자기가 일한 대로 자기의 상을 받으리라 우리는 하나님의 동역자들이요"(고전 3:6-9).

우리 모두를 주님의 일꾼 삼아주신 하나님께 감사드리자. 한 사람을 구원하기 위해 어떤 사람은 심고, 다른 사람은 물을 주고, 또 다른 사람은 영혼을 추수한다. 하나님께서 역사하지 않으시면, 영혼 구원을 위한 우리의 모든 수고가 헛되게 된다. 영혼 구원은 하나님의 절대적 도움으로 이뤄지기에 우리의 공로를 자랑해서는 안 된다. 영혼을 구원한 사람은 자신이 그 사람을 구원시켰다고 생각할 수 있지만, 사실은 그렇지 않다. 다른 사람들이 땅을 개간하고, 씨를 심고, 물을 주었기 때문에 구원이라는 결과물이 나온 것이다.

그러므로 우리는 사도 바울의 말대로 개간하는 자, 심는 자, 물주는 자 사이에 경중이 없다는 사실을 망각해서는 안 된다. 각 사람은 자신이 섬긴 만큼 상급을 받게 된다.

섬김과 열매를 혼동하지 말라. 성령의 열매인 성품이 부족해도 하나님을 섬길 수는 있다. 그러나 그것으로 하나님께 영광을 돌리려면, 반드시 그리스도의 성품과 같이 가야 한다.

성령의 열매

지금까지는 무엇이 성령의 열매가 아닌지에 대해 언급했다. 문화와 도덕, 성령의 은사, 그리스도인의 섬김이 성령의 열매가 아니긴 하지만, 이 모든 것이 소홀히 여겨서는 안 될 중요한 요소들인 것은 분명하다.

야고보서 5장 7절에는 귀한 열매가 열리기를 인내하며 기다리는 농부에 관한 말씀이 나온다. 그렇다면 성령의 열매는 무엇인가? 성령의 열매는 사랑과 희락과 화평과 오래 참음과 자비와 양선과 충성과 온유와 절제다(갈 5:22-23).

성경이 제시하는 성령의 열매는 아홉 가지밖에 없지만, 그 수확은 매우 풍성하다. 열매 한 개가 이 아홉 가지 성령의 열매 중 하나만 갖고 있는 것이 아니다. 열매 하나에 성경이 말하는 성령의 아홉 가지 성품이 다 들어 있다고 보아야 옳다. 이 아홉 가지 성령의 열매는 우리 안에 내주하시는 그리스도에 의해 만들어지는 덕목이자 거저 주시는 은혜들이다. 그리스도인들은 자신이 소유하고 있는 이 아홉 가지 열매를 나타낼 수 있어야 한다.

내가 성령의 아홉 가지 열매를 하나씩 서술해나가는 동안 성령께서 당신에게 깊은 이해를 주시기 바란다. 첫 번째 성령의 열매가 사랑이지만, 성령께서 순서를 거꾸로 나열해서 설명하라고 하셨기에 절제를 먼저 언급하겠다. 이렇게 하는 이유는 나중에 가면 자연히 알게 될 것이다.

절제

절제(temperance)는 감각적이고 동물적인 욕구를 자제하는 능력이다. 다른 말로 하면, 자기 조절로 먹고 마시고 자는 것들을 적당하게 제어할 수 있는 능력이다.

인간이 영, 혼, 육으로 이루어진 존재이기에 절제가 성령의 열매에 포함된 것은 그리 놀랄 일은 아니다. 우리의 몸은 우리 안에 계시는 성령으로 인해 그분이 거하시는 성전이 되었다. 이에 바울은 "너희 몸으로 하나님께 영광을 돌리라"(고전 6:20), "너희 몸을 하나님이 기뻐하시는 거룩한 산 제물로 드리라"(롬 12:1)고 하였고, "내가 내 몸을 쳐 복종하게 함은 내가 남에게 전파한 후에 자신이 도리어 버림을 당할까 두려워함이로다"(고전 9:27)라고 고백하기도 하였다.

사도 바울은 육신의 욕구가 경계선을 넘는 속성을 갖고 있다는 것과 이 경계선을 넘을 때 우리가 주인에서 종으로 전락하고 만다는 사실을 잘 알고 있었다. 몸을 복종시키라는 말은 몸을 무시하라는 말이 아니라 육체의 욕구를 잘 조절하라는 말이다. 우리 몸이 영 아래로 들어가야 하는 것이다.

예수님도 육체의 욕구가 올무가 된다는 사실을 알고 계셨기 때문에 제자들에게 "너희는 스스로 조심하라 그렇지 않으면 방탕함과 술취함과 생활의 염려로 마음이 둔하여지고 뜻밖에 그날이 덫과 같이 너희에게 임하리라"(눅 21:34)고 경고하셨다. 이 말씀에서 방탕함은 폭식한다는 말이요, 무절제함으로 인해 병이 든다는 말이다. 이러한 육체의 방탕함이 지금도 세상에 만연해 있다.

이사야는 그리스도인들이 어떻게 살아야 하는지에 대해 "오직 여호와를 앙망하는 자는 새 힘을 얻으리니 독수리의 날개치며 올라감 같을 것이요 달음박질하여도 곤비하지 아니하겠고 걸어가도 피곤하지 아니하리로다"(사 40:31)라고 하였다. 절제는 우리에게 높이 날아올라도 지치지 않는 날개를 달아준다.

우리의 몸이 과도한 육욕으로 인해 비대해지게 되면, 결국 영적으로 날지 못하게 된다. 육이 비대해져 하나님과의 영적 교제가 방해받게 되면, 더 이상 승리하는 삶을 살 수 없다. 그 결과 지치지 않고 쉼 없이 달려가는 대신 자기 탐닉으로 인해 넘어져 다치고, 결국은 기어가게 된다.

온유

온유(meekness)는 온화함이요, 약한 사람들과 실수하는 사람들을 관대하게 대하고, 상처를 준 사람에게 복수하지 않는 것, 짜증과 흥분을 잘 조화시키고 분노하지 않는 것이다.

온유는 겁먹거나 기가 죽어 있는 것이 아니다. 예수님의 경우를 보자. 그분은 온유한 자들 중에서도 가장 온유하셨다. 주님은 자신을 대적하는 서기관들과 바리새인들 앞에서 그들의 악함을 질책하셨는데, 이때 매우 단호하셨다. 예수님이 그들에게 회칠한 무덤, 독사의 자식들이라고 말씀하실 때, 전혀 겁먹지 않으셨다.

이사야 선지자는 예수님에 대해 "그가 곤욕을 당하여 괴로울 때에도 그의 입을 열지 아니하였음이여 마치 도수장으로 끌려 가는 어린 양과 털 깎는 자 앞에서 잠잠한 양 같이 그 입을 열지 아니하였도다"(사 53:7)라고 하였다.

하나님의 양이신 예수님은 이처럼 온유한 분이셨다. 주님은 두려움 없이 진리를 외치셨기 때문에 사람들로부터 많은 위협을 당하셨다. 그럼에도 불구하고 예수님은 그들에게 보복하거나 복수하지 않으셨다. 이것이 바로 온유다.

예수님은 자신을 배반한 유다를 친구라고 부르셨고, 결국 그의 배신으로 로마 군인들에게 넘겨져 십자가에 달려 죽으셨다. 사람들은 예수님이 하늘의 징계를 받아 십자가에 달리신 것이라고 생각했다. 그래서 주님이 십자가에 달리셨을 때, 그들은 그분을 경멸하고 조롱했다. 그러나 예수님은 한마디 대꾸도 없이 조롱과 멸시를 그대로 다 받으셨다. 주님은 죽어가시면서도 "아버지 저들을 사하여 주옵소서 자기들이 하는 것을 알지 못함이니이다"(눅 23:34)라고 기도하셨다.

하나님의 어린 양 예수님이 이토록 온유하고 겸손하셨기에 우리가 그분의 성품에 크게 감동받지 않을 수 없다. 이러한 그리스도의 온유함을 본받으려면 겸손해야 한다. 그분이 당신의 자만심과 고집을 꺾으시도록 허락해드리라. 그러면, 주님께서 귀한 성품으로 빚어가실 것이다. 온유한 자들은 복이 있다. 우리 모두 온유한 성품을 지니신 예수님을 따르는 자들이 되자!

충성

충성(faith, fidelity)이라는 말의 헬라어 어원은 야고보서에 기록된 믿음이라는 말과 그 의미를 같이하고 있다. 충성은 신실함이요, 훌륭한 믿음이다. 아담 클락은 충성이 약속을 철저히 지키고, 주인에게 위탁받은 일을 완수하기 위해 의식적으로 조심하는 것, 믿고 일을 맡긴 친구나 고용주에 관한 비밀을 누설하지 않는 것이라고 정의했다.

충성이 무엇인지 잘 설명해주는 세 가지 단어는 신실, 믿음, 충직이다. 충성은 참으로 귀한 성품이다. 예수님은 충성과 관련하여 "지극히 작은 것에 충성된 자는 큰 것에도 충성되고 지극히 작은 것에 불의한 자는 큰 것에도 불의하니라"(눅 16:10)고 말씀하셨다.

자신에게 맡겨진 사소한 일들을 어떻게 처리하는지를 보면, 그 사람의 충성도를 쉽게 알 수 있다. 우리는 일상생활에서 사소한 어려움을 겪어도 쉽게 안달한다. 우리가 하는 허드렛일이 주님께서 시키시는 훈련이요, 맡기신 과업이라고 생각해보라. 그러면 그런 사소한 일들을 그리 불편해하지 않고 더 잘 수행할 수 있을것이다.

어떤 훌륭한 사람이 이렇게 말했다. "인생은 학교다. 따라서 아무리 사소해 보이는 일이라도 하나님이 맡기신 과업이요 그분이 주신 기회라고 생각하고 행하면, 더 많은 것을 배울 수 있다. 겸손하게 배우는 자는 충성의 성품이 자라나게 되지만, 그것을 무시하는 자는 충성이라는 성품을 갖지 못하게 된다. 우리는 충성을 소유하고 나타냄으로 구원자의 가르침을 더욱 빛나게 할 수 있다."

양선

아담 클락은 양선(goodness)이 악을 없애기 위해 지속적으로 애를 쓰고, 사람들에게 좋은 것을 주고자 노력하는 것이라고 정의하였다. 양선은 성령님에 의해 정화된 좋은 마음에서 출발해야 한다. 이것은 마치 좋은 나무가 되어야 좋은 열매를 맺는 것과 같다.

세상의 억지스러운 이론들은 사람들을 혼란스럽게 만들고, 혼란 가운데 있는 사람들은 옳고 그름을 분별하지 못한다. 그런 사람들 중에는 임의로 자신의 입맛에 맞는 도덕적 기준을 만드는 사람이 많다. 바울은 그런 사람들을 보고 양심이 화인 맞은 위선자들이라고 하였다.

우리가 성령으로 거듭나 새로운 피조물이 되면, 우리의 양심은 완전히 새롭게 된다. 이때 우리는 하나님으로부터 마음의 숨은 동기와 행위의 잘잘못을 분별해낼 수 있는 능력을 받게 되고, 양심에 따라 선을 행하고 싶은 마음과 그것을 행할 수 있는 능력도 받게 된다. 만일 하나님께 불순종하여 이런 능력들을 사용하지 않으면, 양심이 점점 녹이 슬고 결국에는 죽게 된다. 사실 많은 그리스도인들의 양심이 녹슬거나 죽어 있다. 바울은 이와 관련하여 "믿음과 착한 양심을 가지라 어떤 이들은 이 양심을 버렸고 그 믿음에 관하여는 파선하였느니라"(딤전 1:19)고 하며 애통해하였다.

양심을 버렸다는 것은 양심의 경고를 심각하게 무시하고, 마음이 지시하는 선한 것을 경멸하고 조소하였다는 말이다. 선한 양심을 버리면 믿음이라는 배가 파선하고 만다. 바울은 궤변을 늘어놓는 사람들의 위험성을 그런 식으로 지적하였다. 이와 관련하여 바울은 악은 어떤 형태의 것이든 다 버리라고 권면하면서 "누구든지 헛된 말로 너희를 속이지 못하게 하라"(엡 5:3-7)고 하였다.

"악을 선하다 하며 선을 악하다 하며 흑암으로 광명을 삼으며 광명으로 흑암을 삼으며 쓴 것으로 단 것을 삼으며 단 것으로 쓴 것을 삼는 그들은 화 있을진저"(사 5:20). 궤변을 늘어놓는 사람들(sophists)은 능란한 말솜씨를 앞세워 선을 악이라 하고 악을 선이라고 주장하며, 어떻게 해서든 자신들의 약점을 감추려고 한다. 이와는 반대로, 양선의 사람은 의를 사랑하고, 의의 길을 걸으며, 악을 구별해내어 그것을 멀리하는 사람이다.

양선은 그리스도인이 따라야 하는 도덕적 삶을 제시해줄 뿐 아니라 박애와 친절한 마음을 선물해준다. 따라서 양선은 사려 깊은 친절함이라고 할 수 있다. 그래서 양선의 사람은 배고픈 자에게 먹을 것을 주고, 벌거벗은 자에게 옷을 주고, 슬피 우는 자를 위로해주고, 억압당하는 사람들의 억압을 풀어주고, 고통받는 사람들의 고통을 덜어준다.

양선의 사람들은 상을 받거나 칭찬을 듣기 위해서가 아니라 마음에 선함이 있기 때문에 선한 일을 한다. 예수님의 양선이 우리 심장에 박혀 있기 때문에 우리도 선한 일을 하는 사람들이 되어야 마땅하다. "이것으로 말미암아 나도 하나님과 사람에 대하여 항상 양심에 거리낌이 없기를 힘쓰나이다"(행 24:16).

자비

자비(gentleness)는 매너가 부드럽고 성품과 태도가 상냥하고 순한 것이다. 자비는 그리스도인이라면 반드시 지녀야 할 우아하고 귀한 성품이다. 양처럼 온순하다는 말이 있는데, 자비한 사람들을 가리킬 때 온순하다는 표현을 쓰는 것은 참으로 적절하다고 할 수 있다. 자비하다는 것은 거칠거나 모나거나 날카롭지 않고, 성품이 부드럽고 태도가 상냥한 것을 지칭한다.

> 유순한 대답은 분노를 쉬게 하여도 과격한 말은 노를 격동하느니라 (잠 15:1)

고집이 센 사람을 다루기 위해서는 확고부동함이 필요하지만, 그 확고부동함이 자비와 같이 가면 효과가 배가된다. 하나님께서 우리에게 자비라는 성령의 열매를 은혜로 주신 것에 대해 감사해야 되는데, 그 이유는 자비가 상한 영혼을 치유하는 향유이기 때문이다.

오래 참음

오래 참음(longsuffering)은 상처를 주고 화를 돋우는 상대에 대해 한참을 참는 것이다. 그런데 상처를 주고 화를 돋우는 사람으로부터 오랫동안 상처를 받아왔다고 해서 오래 참았다고 할 수는 없다. 오래 참는다는 것은 누군가로부터 지속적으로 마음에 상처를 받음에도 불구하고 인내를 가지고 잘 견뎌내는 것이다. 오래 참음의 다른 표현은 인내다. 인내 곧 오래 참음은 상처를 주고 화를 내는 상대에 대해 불평하지 않고 참아내는 것이다.

한번은 우리 회원들이 함께 모여 우리에게 부족한 오래 참음의 성품을 달라고 같이 기도한 적이 있었다. 그러자 하나님께서 기도에 대한 응답으로 우리를 단련하기 시작하셨고, 이로 인해 우리 안에서 화를 돋우는 사람들로 인해 상처받는 일이 더 자주 일어났다. 우리는 결국 오래 참음의 성품을 달라고 기도하는 대신 현재의 힘든 상황을 거둬달라고 기도하였다. 이 상황에서 하나님이 어떻게 하셔야 했을까? 어느 기도를 들어주셔야 했을까? 우리는 오래 참음의 성품을 달라고 기도했다가 하나님이 응답하시려 하자 바로 응답을 중지해 달라고 기도한 것이다.

이처럼 인간은 참으로 모순된 존재다. 야고보는 이런 사람에 대해 두 마음을 품어 정함이 없는 자라고 하였다. 이런 이중적인 마음을 가진 사람은 하나님께 구하여도 받지 못하는데, 그 이유는 그가 이기적인 목적으로 구하기 때문이다. 처음에는 선한 목적으로 하나님의 영광을 위해 기도했지만, 막상 어려움이 닥치자 이기적인 목적으로 잘못 구한 것이다.

하나님은 우리에게 강제성을 부여하시는 분이 아니기 때문에, 어떤 일을 하게 하실 때 자원하는 마음을 주셔서 행하게 하신다. 하나님은 우리를 정결케 하시고자 어려운 상황을 허락하심으로 훈련하시는데, 만일 우리가 원치 않으면 (하나님이 강제로 하지 않으시기 때문에) 하시던 훈련 과정을 중단하신다.

우리는 이스라엘 백성처럼 하나님의 훈련 장소인 가데스바네아에 도착했다가 포기하고 다시 원점으로 돌아간 적이 여러 번 있었다. 이처럼 오래 참음이라는 큰 산은 우리가 정복하기에 너무도 버거운 산이다.

한량없이 인내하시는 하나님께서는 우리를 계속적으로 훈련시키셨다. 그래서 결국 은혜로운 성령의 감동에 힘입어 우리 회원 모두가 주님의 사랑스러운 성품에 마음이 녹아지는 경험을 하게 되었다. 우리의 마음이 부드럽게 되자, 그분은 불시험을 통해 우리가 정결케 될 수 있었다고 말씀해 주셨다. 그래서 우리는 주님께 "주님 뜻대로 행하소서"라고 대답하였고, 결과적으로 눈물과 고난을 통한 훈련의 가치를 깨닫고 범사에 감사드리며 살 수 있게 되었다. 그리고 그리스도를 위하여 우리가 약한 것들과 능욕과 궁핍과 핍박과 곤란을 기뻐하고, 환난 중에도 즐거워함으로 하나님께 영광을 돌릴 수 있게 되었다(고후 12:9-10, 롬 5:3).

이러한 은혜의 훈련은 하루아침에 완성되는 것이 아니다. 우리의 의지를 주님 앞에서 내려놓고 날마다 기쁜 마음으로 훈련 과정들을 이겨나갈 때, 우리 안에 오래 참음이라는 귀한 성품이 자라게 된다.

화평

화평(peace)은 의심하거나 두려워하거나 경계하는 마음이 아닌 차분하고 조용하며 정돈된 생각을 가진 사람에게 임한다. 화평은 사람들과 조화롭고 우호적인 관계가 형성될 때 생긴다.

하나님과 화평하라. 예수님을 믿음으로 의롭게 된 사람은 하나님과 화평하게 된 자다. 과거에 우리는 악을 행함으로 하나님과 원수 된 자들이었지만, 예수님을 믿음으로 하나님과 화평한 관계를 갖게 되었다.

예수님을 믿음으로 하나님의 평화가 우리에게 들어왔다. 예수님은 세상이 주는 것과 같지 않은 평화를 우리에게 주신다(요 14:27)고 하셨다. 주님이 말씀하시는 평화는 우리의 모든 걱정을 그분께 다 내어드릴 때 경험하게 되는 내면의 평화다.

아무것도 염려하지 말고 다만 모든 일에 기도와 간구로, 너희 구할 것을 감사함으로 하나님께 아뢰라 그리하면 모든 지각에 뛰어난 하나님의 평강이 그리스도 예수 안에서 너희 마음과 생각을 지키시리라 (빌 4:6-7)

흑암의 영들로부터 공격을 받으면 이를 물리칠 수비대가 필요한데, 확신과 위안을 주는 말씀이 우리의 수비대 역할을 한다. 의심, 두려움, 공포심, 불쾌함, 불길한 예감 등이 공격할 때, 우리가 할 일은 단지 주님께 이러한 부정적인 마음을 올려드리는 것이다. 그러면 주님은 우리에게 평화의 마음을 주시고, 그 결과 우리의 마음이 요새처럼 단단해져 적들이 쏘는 불화살에도 끄떡없게 된다.

그리스도의 평강이 너희 마음을 주장하게 하라 너희는 평강을 위하여 한 몸으로 부르심을 받았나니 너희는 또한 감사하는 자가 되라 (골 3:15)

그리스도의 평강이 지배하게 되면, 우리는 그 힘으로 사람들과 평화스런 관계를 유지해나갈 수 있다. 화평케 하는 자는 복이 있어서 하나님의 아들이라 일컬음을 받게 된다(마 5:9).

희락

희락(joy)은 죄 사함을 경험한 사람들이 자신들의 앞날에 펼쳐질 영원한 영광을 감지함으로 경험하게 되는 환희요, 기쁨이다.

죄 사함을 받은 사람들이 경험하는 희락은 매우 강렬하다. 거룩한 천사들이 있는 천국에는 희락이 충만하다. 하나님의 자녀들의 마음에 희락이 있는 이유는 그들의 심장 속에 하나님의 영광의 펜으로 쓴 희락이라는 글자가 새겨져 있기 때문이다. 하나님의 자녀들의 심장에 희락이 새겨진 이유는 그들의 이름이 희락이기 때문이다.

희락은 자신이 죄인임을 깨달은 사람이 자신의 죄가 다 사해졌음을 알게 되었을 때 느끼는 감정이다. 그리스도인이 된 수많은 사람들이 희락을 경험하였다. 다윗이 죄를 짓자 그에게 있던 희락이 떠나가버렸다. 그러자 그는 눈물로 회개하고 주님께 희락을 회복시켜 주시기를 애원하며 만일 회복시켜주시면 "내가 범죄자에게 주의 도를 가르치리니 죄인들이 주께 돌아오리이다"(시 51:13)라고 기도하였다. 그가 그렇게 기도한 것은 자신에게 구원의 기쁨이 없으면 죄인들을 주께 돌아오게 할 수 없다는 사실을 잘 알고 있었기 때문이다.

여기서 말하는 희락은 좋은 일이 생길 때 느끼는 감정과는 다르다. 희락은 우리가 그리스도와 연합할 때 생기는 성령님이 주시는 마음이다. 희락을 누릴 수 있는 능력은 고난을 이겨낼 수 있는 능력과 비례한다.

오, 고통으로 인해 찾아오는 희락이여!
나 주님께 마음을 닫을 수 없네.
폭우가 쏟아질 때 무지개를 생각하네.
주님의 약속은 헛되지 않네.
눈물이 변해 기쁨이 된다네.

조지 매서슨은 "저녁에는 울음이 깃들일지라도 아침에는 기쁨이 오리로다"(시 30:5)라는 말씀을 묵상하다가 이 노래를 지었다. 슬픔 후에 다가오는 희락의 강도는 겪은 슬픔이 클수록 크다. 당신이 지나고 있는 기나긴 밤은 반드시 끝날 것이다. 하나님이 정결케 하시는 과정이 혹독할수록 더 큰 기쁨을 누릴 수 있다. 그러므로 현재 겪고 있는 시련을 곧 다가올 기쁨의 전조라고 생각하라.

다윗은 하나님께 기쁨의 노래를 불러드리고, 기쁨의 소리를 지르고, 춤을 춤으로 기쁨의 제사를 올려드리라고 촉구하였다. 주님을 기뻐하는 것이 우리의 힘이다!(느 8:10)

사랑

사랑(love)은 상대에게 끌리는 격한 감성이다. 사랑의 감정을 가지고 있는 사람은 상대의 편의를 위해 갖은 애를 쓴다.

아담 클락은 사랑을 "하나님을 기쁘시게 하고 인류에게 선한 일을 행하고자 하는 강한 열망으로, 참된 종교가 가지는 영이자 혼이며, 율법의 완성이고, 믿음에 힘을 실어주는 것"이라고 정의하였다.

내가 사람의 방언과 천사의 말을 할지라도
사랑이 없으면 소리 나는 구리와 울리는 꽹과리가 되고
내가 예언하는 능력이 있어 모든 비밀과 모든 지식을 알고
또 산을 옮길 만한 모든 믿음이 있을지라도
사랑이 없으면 내가 아무것도 아니요
내가 내게 있는 모든 것으로 구제하고

또 내 몸을 불사르게 내줄지라도

사랑이 없으면 내게 아무 유익이 없느니라

(고전 13:1-3)

이 얼마나 강력한 표현인가! 사람의 방언과 천사의 말을 하는 사람이 어떻게 사랑이 없을 수 있다는 것인지, 예언도 할 수 있고 모든 비밀을 다 이해할 수 있고 지식도 온전하고 믿음도 완전한데 어떻게 사람들을 사랑하지 않을 수 있는지, 선한 일에 몸을 다 불사를 정도로 자신을 내놓는 사람이 어떻게 사랑이 없을 수 있는지 이해가 되지 않을 정도로 사랑에 대한 이 말씀은 강력하다.

사랑에 관한 이 말씀은 진리다. 우리는 위대한 설교가들의 설교를 들어왔고, 예언과 방언, 방언 통역, 은혜로운 찬양들을 경험하고 들어왔다. 그러나 그런 것들이 우리를 얼마나 바꾸어놓았는지에 대해서는 의문이 생길 수밖에 없다. 그러나 이와는 반대로 성령의 은혜로 거룩한 기쁨이 있는 천국으로 올라가 거기서 천국의 사랑을 받게 되면, 강력한 위로와 힘을 얻어 변화된다.

사랑은 참된 종교의 영혼 그 자체다. 그렇기 때문에 사랑이 없으면 모든 은사와 선행과 희생이 다 무용지물이 된다. 영이 없으면 죽은 몸이듯, 사랑이 없으면 죽은 기독교다.

모든 사람들이 다 방언을 하거나 천사의 말을 할 수는 없지만, 그리스도인이라면 누구나 사랑을 말로 표현할 수 있다.

사랑은 오래 참고

사랑은 온유하며

시기하지 아니하며

사랑은 자랑하지 아니하며

교만하지 아니하며

무례히 행하지 아니하며

자기의 유익을 구하지 아니하며

성내지 아니하며

악한 것을 생각하지 아니하며

불의를 기뻐하지 아니하며

진리와 함께 기뻐하고

모든 것을 참으며

모든 것을 믿으며

모든 것을 바라며

모든 것을 견디느니라

사랑은 언제까지든지 떨어지지 아니하되

(고전 13:4-8)

아담 클락은 "사랑에는 실패가 없다. 사랑에는 다른 성령의 열매들을 보존해나가는 힘이 있다. 성령의 열매들에는 사랑이 녹아 있고, 사랑으로 인해 온전해진다"고 하였다.

사랑은 다른 성령의 열매들이 함께할 수 있도록 해준다. 그 이유는 사랑이 없다면 희락, 평강, 오래 참음, 자비, 양선, 충성, 온유, 절제가 다 무용지물이 되기 때문이다.

따라서 성경은 성령의 열매에 사랑이 포함되어 있지 않다면, 그 열매가 아무런 의미가 없다고 말하는 것이다. 사랑은 희락이다. 사랑은 평강이다. 사랑은 오래 참음이다. 사랑은 자비다. 사랑은 양선이다. 사랑은 충성이다. 사랑은 온유다. 사랑은 절제다.

성령의 열매들은 서로 연결되어 있기 때문에 하나의 열매만 따로 떼서 생각해서는 안 된다. 가령 "난 온유 대신 희락을 가질 거야"라거나 "절제 대신 평강을 가질 거야"라고 말할 수 없는 것이다. 이 말은 또한 아홉 가지 성령의 열매 중 일부만 소유할 수 없으며, 그 열매들을 분리해서도 안 된다는 말이다. 그 이유는 성령의 아홉 가지 열매가 같이 묶여 있어서 서로 조화를 이루기 때문이다.

성령의 열매의 핵심에는 "하나님은 사랑이시다"라는 말씀이 있다. 사랑이 있는 곳에 하나님이 계시고, 하나님이 계신 곳에 사랑이 있다. 사랑이 있어야 그리스도인이다. 사랑이 있어야 성숙한 자다. 사랑이 있어야 그리스도의 장성한 분량에 이른 자다.

나의 사랑 안에 거하라

너희가 열매를 많이 맺으면 내 아버지께서 영광을 받으실 것이요 너희는 내 제자

가 되리라 아버지께서 나를 사랑하신 것 같이 나도 너희를 사랑하였으니 나의 사
랑 안에 거하라 (요 15:8-9)

이 말씀을 통해 나는 큰 은혜를 받았다. 예수님께서는 요한복음 15장 1-9절에서 열매에 대해 말씀하셨다. 그리고 그 열매가 사랑임을 알려 주셨다. 예수님의 말씀대로 성령의 열매는 바로 사랑이다. 주님은 제자들에게 모든 성령의 열매의 핵심이 바로 사랑이라는 사실을 강조해서 알려 주셨다. 따라서 나도 모든 성령의 열매에 사랑이 녹아 있어야 한다는 사실을 강조하였다. 예수님께서는 8절까지 열매에 대해 말씀하시다가 9절에서 갑자기 사랑을 언급하셨는데, 이것은 사랑이 모든 열매에 기본적으로 포함되어야 한다는 사실을 뒷받침한다. 16-17절을 잘 살펴보면 이러한 사실이 재연되고 있음을 알 수 있다.

너희가 나를 택한 것이 아니요 내가 너희를 택하여 세웠나니 이는 너희로 가서 열매를 맺게 하고 또 너희 열매가 항상 있게 하여 (요 15:16)

내가 이것을 너희에게 명함은 너희로 서로 사랑하게 하려 함이로라 (요 15:17)

나의 귀에 "나의 사랑 안에 거하라"는 주님의 말씀이 울리는 듯하다. "나의 사랑 안에 머물러 있으라. 나의 사랑 안에서 인내하라. 나의 사랑 안에서 참고 견디라. 나의 사랑 안에서 한결 같아라"라는 주님의 음성이 내 귀에서 쟁쟁하게 울린다.

사랑은 말로 가르칠 수 없네.

사랑은 생각으로 되는 것이 아니라네.

주님 같은 사랑 어디에도 없네.

하나님이 사랑의 원천이시네.

죽음이 사랑을 가로 막을 수 없네.

그 어떤 것도 사랑을 제지할 수 없네.

사랑과 견줄 수 있는 것은 그 어디에도 없네.

열매냐 잎이냐

지금까지 우리는 성령의 열매에 대해 살펴보았다. 어떤 사람이 성령의 열매를 이론화할 수 있다고 해서 저절로 성령의 열매를 맺을 수 있는 것은 아니다. 그 이유는 영적인 성숙이란 것이 단번에 이루어지는 것이 아니기 때문이다. 우리가 거듭남이라는 기적에 의해 그리스도의 성품이라는 씨앗을 갖게 된 것은 맞지만, 그 씨가 바로 싹을 틔우는 것은 아니다.

우리는 성장이라는 과정을 거쳐야 그리스도의 성품이 온전히 나타나는 삶을 살 수 있다. 씨가 싹을 틔우고 자라는 과정은 자연 세계나 영의 세계 모두 동일하다. 포도씨를 심거나 포도나무 가지를 땅에 꽂으면 처음에는 잎이 나오고 후에 꽃이 피어 열매가 맺히기 시작하고, 그 열매가 자라서 결국 먹을 수 있게 된다. 이처럼 열매라는 최종 산물을 얻기 위해서는 반드시 거쳐야 하는 기간과 단계들이 있다.

그리스도의 모습을 본받으려고 애쓰는 사람들 중에는 자신 안에 죄된 성품이 남아 있음을 자각하고는 괴로워하는 경우가 적지 않다. 그렇다면 어떻게 해야 그리스도의 성품을 나타내며 살 수 있을까?

먼저, 자신의 결점을 극복해야 한다. 결점을 극복하기 원한다면, 자신의 결점이 무엇인지 알아야 한다. 결점이 있음을 알고 인정해야 승리를 위한 첫발을 내디딜 수 있다. 아버지의 집을 떠나 방탕한 삶을 살았던 둘째 아들이 자신의 죄를 깨닫는 것은 그리 어렵지 않다. 그러나 아버지와 함께 살아온 첫째 아들이 자신의 죄를 깨닫기란 쉽지 않다. 탕자의 비유에 나오는 둘째 아들은 육적인 죄를 범했고, 첫째 아들은 영적인 죄를 범했다.

우리는 둘째 아들처럼 음란하고 술 취하고 방탕하게 사는 죄를 범하지 않았다 해도, 첫째 아들처럼 분노, 시무룩함, 불평불만, 시기, 질투의 죄는 범하였을 것이다. 사도 바울은 하나님을 두려워함으로 육과 영을 더럽히는 모든 것들을 제하여 버리고 거룩함을 온전히 이루라고 촉구하였다(고후 7:1).

자신에게 잘못된 점들이 있다면 먼저 이것을 인정해야 한다. 그런 후에 이를 슬퍼하고 애통해하며, 성령의 도우심으로 그런 자신과 싸워야 한다. 그래야 잘못된 점들을 제거하는 방법을 잘 아시는 성령께서 우리를 정결케 하신다.

프랑소와 페늘롱은 이와 관련하여 다음과 같이 말했다. "내면의 긍정적인 감정이라 하더라도 그것이 우리로 자기 자신에 대해 죽지 못하게 한다면, 진리로 인도하지 못하는 거짓에 불과할 뿐이다. 고통 없는 죽음은 없다 … 우리보다 우리에 대해 더 잘 알고 계시는 주님만이 우리의 잘못을 고쳐주실 수 있다 … 이기심이 없다면 고통도 없을 것이다. 우리가 육을 갖고 있기에 죽여야 할 것이 존재한다. 하나님 아버지는 이미 죽은 것을 잘라내시는 분이 아니다."

정결케 해주시는 하나님께 내어맡기면, 그분은 우리를 깨끗하게 씻어주시고 우리를 망가뜨렸던 이기심의 가지들을 제거해주신다. 그 결과 우리 삶에 성령의 열매가 온전히 열리게 된다. 가지치기가 끝난 후 열매를 얼마나 풍성하게 맺을 수 있을지의 여부는 전적으로 우리 자신에게 달려 있다.

성경은 열매 맺지 못하는 가지에 대해 잘 설명해주고 있다. 우리가 부정적인 생각만 하고 있어서는 안 되지만, 그렇다고 열매가 없음에도 모른 척하고 있어서도 안 된다. 이스라엘은 하나님의 은총을 받은 민족으로 하나님께서 베푸시는 많은 기적과 이사들을 경험하고 광야에서 만나를 먹으며 양처럼 인도함을 받았지만, 바른 열매를 맺지 못했다. 그래서 하나님께서 이스라엘의 열매 맺지 못하는 가지들을 잘라버리셨다. 성경은 말세를 만난 우리가 이스라엘을 거울삼고, 또 우리의 경계로 삼으라고 촉구하고 있다(고전 10:11).

아무런 수고도 없이 영적 성숙에 도달할 수는 없다. 그러므로 현재의 상태에 만족해서는 안 된다. 이스라엘을 가지치기하셨던 하나님은 오늘을 살아가는 우리도 가지치기하신다.

오늘날 많은 신자들이 열매는 없고 잎만 무성함에도 열매가 많은 척 하며 살고 있다. 그런 사람들의 가지는 겉으로는 멀쩡해 보여도 열매 맺을 힘이 없다. 그런 사람들은 자신의 영의 상태가 어떠한지 보지 못하는 영적 인 장님들이다. 그런 사람들은 종교 모임에서 그럴 듯하게 행동하고 말할 수 있는 자신에 대해 스스로 흡족해하지만, 그들의 삶에는 하나님께 영광 을 돌릴 만한 어떠한 열매도 없다.

그런 사람들은 설혹 큰 죄는 범하지 않았을지라도 적어도 자신의 삶 에 성령의 열매가 맺히지 못하도록 방해하는 것들이 무엇인지 알면서도 방치한 죄는 범하고 있는 것이다. 그런데 그들이 가지치기라는 하나님의 정결케 하시는 과정을 기꺼이 받아들이면, 성령의 열매를 맺을 수 있다. 그들이 자신의 잘못된 점들을 다루시는 성령의 손길을 기꺼이 받아들인 다면, 그들의 가지에 새로운 수액이 흘러들어감으로 열매 맺는 삶을 살게 된다. 하나님의 심판을 받는 것보다 가지치기를 당하는 것이 훨씬 낫다. 추수 때에 당신이 맺을 열매가 있는가에 대해 곰곰이 생각해보라. 열매인 가, 아니면 말라빠진 잎사귀들인가?

추수 때에 잎사귀만 남아 있다면,
그분께 드릴 황금 과일이 없다면 어쩌나.
여름은 이미 지나갔고 추수도 끝났는데,
말라빠진 잎사귀만 달려 있으니
헛된 삶만 살았구나.

열매 맺는 삶을 산 성경의 인물들

성경에는 좋은 열매를 맺은 사람들의 이야기로 가득하다는 사실이 우리를 기쁘게 한다. 성경에 나오는 많은 인물들이 하나님께 영광과 존귀를 올려드리는 삶을 살았다. 그중 우리에게 귀감이 되는 몇 사람의 삶을 살펴보자.

욥

야고보 사도는 "너희가 욥의 인내를 들었다"(약 5:11)고 말하였다. 사실 욥이 원해서 인내하게 된 것은 아니다. 그에게 가해진 수많은 고통과 시련들을 통해 인내가 생긴 것이다.

욥은 일순간에 자녀들을 다 잃어버리고, 가진 재산도 모두 강탈당하는 아픔을 겪었다. 그러나 그는 "주신 이도 여호와시요 거두신 이도 여호와이시오니 여호와의 이름이 찬송을 받으실지니이다"(욥 1:21)라고 하며 전과 같이 하나님을 높였다.

그러자 사탄은 그의 온몸에 종기가 나게 하였고, 심지어 그의 아내는 "하나님을 욕하고 죽으라"는 저주의 말을 퍼부음으로 그의 마음을 아프게 하였다. 욥의 고통은 여기서 끝나지 않았다. 그를 찾아온 세 명의 친구들은 그를 위로하기는커녕 그가 악의 씨를 뿌렸기 때문에 그런 일을 겪는 것이라며 참소하였다(욥 4:8).

그럼에도 불구하고 의인 욥은 무너지지 않고 "내가 가는 길을 그가 아시나니 그가 나를 단련하신 후에는 내가 순금 같이 되어 나오리라"(욥

23:10)고 하였다. 단련의 긴 시간이 끝나자 욥은 하나님으로부터 갑절의 축복을 받았고, 그의 삶은 전보다 더 풍성하게 되었다. 그의 이야기는 특별히 인생의 후반부를 살아가는 사람들에게 많은 것을 말해준다.

요셉

요셉은 구약에 등장하는 이들 중 사람들의 주목을 가장 많이 받는 인물이다. 시편 기자는 요셉에 대해 "그의 발은 차꼬를 차고 그의 몸은 쇠사슬에 매였으니 곧 여호와의 말씀이 응할 때까지라 그의 말씀이 그를 단련하였도다"(시 105:18-19)라고 하였다. 요셉은 쇠사슬에 묶여 감옥에 갇혀 있는 동안 온갖 고초를 다 겪었다. 그러나 그의 영적인 능력은 시련을 통해 오히려 강해졌다. 그의 좋은 성품은 이런 난관들을 통해 형성되었다.

누군가가 "시험을 당할 때 약한 자는 쓰러지지만, 강한 믿음을 가진 사람은 그리스도인으로서의 온전한 모습으로 빚어진다"고 하였는데, 정말로 맞는 말이다.

감옥에 갇히는 고초 외에도 요셉은 형들에 의해 노예로 팔려가는 비극을 겪었다. 그러나 그는 결국 애굽의 총리가 되었고, 이를 통해 애굽과 자신의 가족들을 기근에서 구해내는 대단한 역할을 수행할 수 있었다. 요셉은 "하나님이 나를 내가 수고한 땅에서 번성하게 하셨다"(창 41:52)라고 고백하였다.

야곱은 죽기 직전에 아들 요셉에게 "요셉은 무성한 가지 곧 샘 곁의 무성한 가지라 그 가지가 담을 넘었도다"(창 49:22)라고 하여 하나님이 요셉을 얼마나 축복하실지 예언하였다.

모세

모세가 하루아침에 영적으로 높은 수준에 도달한 것은 아니다. 그는 아기였을 때 애굽 공주의 양자로 궁중에 들어가 왕족의 일원으로 자랐다. 그러나 때가 되자 애굽 왕족으로서의 부귀영화를 뒤로하고, 고통받는 이스라엘 백성과 함께하기로 선택했다.

하나님께서 이스라엘 백성을 인도할 책임을 맡기시기 전까지 모세는 오랜 훈련의 과정을 거쳤다. 왕궁을 나온 그는 무려 40년 동안 들판에서 양을 치며 살았다. 그는 이상하다 생각될 만큼 특이한 방법으로 훈련을 받음으로 위대한 민족의 지도자가 되었다. 이렇듯 하나님의 생각은 우리의 생각과 다르다. 애굽 공주의 아들로 호화롭게 살아온 모세를 위해 하나님께서 택하신 훈련 장소는 궁전이 아닌 사막이었다. 그는 40년간의 훈련을 통해 세상에서 가장 온유한 성품을 소유한 사람이 되었다!

세상과 육을 이기고 어두움의 영들을 이긴 영적인 거장들의 이야기는 세대를 뛰어넘어 모든 사람들의 마음을 움직인다. 그들은 대부분 더 이상 이 세상에 살지 않지만, 그들이 가졌던 믿음과 의로운 삶은 여전히 사람들에게 감동을 주고 있다.

우리가 살고 있는 이 시대에도 알려지지 않은 많은 사람들의 이름이 하나님의 명예의 전당에 오르고 있다. 하나님의 신실한 사람들은 모든 민족과 방언들에 걸쳐 존재한다. 이들 중에는 그리스도의 사랑을 품고 어둠 가운데 신음하는 사람들에게 생명의 말씀을 전한 사람도 있고, 배고픈 자들에게 먹을 것을 가져다준 사람, 헐벗은 자에게 입을 옷을 가져다

준 사람, 병들고 힘없는 사람들을 돌본 사람들도 있다.

오늘도 수많은 그리스도인들이 핍박과 위험을 무릅쓰고 전쟁으로 폐허가 된 나라에 가서 고통에 짓눌려 살아가는 사람들을 섬기고 있다. 그들은 또한 궁핍과 핍박과 고문을 견디고, 자신들을 대적하는 사람들을 위해 기도하고 있다. 수천수만의 신실한 하나님의 사람들이 예수님처럼 희생의 삶을 살고 있는 것이다.

그런 사람들의 일상은 얼핏 보면 별반 특별해 보이지 않을 수도 있다. 그러나 그들이 겪은 고난과 그들이 쟁취한 승리는 으뜸 중의 으뜸이라 할 수 있다. 또한 그들의 삶은 그리스도께 헌신하는 겸손의 삶으로 점철되어 있다. 만일 우리가 하루 종일 따라다니며 그들의 삶을 지켜볼 수만 있다면, 그들이 역경을 당할 때 얼마나 큰 믿음과 용기를 발휘하는지를 보고 놀랄 것이다. 혼란과 사람들의 멸시에도 그들이 보여주는 사랑과 충성심은 우리로 눈물짓게 한다.

그런 삶을 살아가는 사람들은 갖가지 난관을 이겨냄으로 놀라운 승리자가 되었다. 그들이 소유하고 있는 내면의 고요와 평화는 어느 누구도 앗아갈 수 없다. 그들의 초롱초롱한 눈망울은 그들이 보통 사람들이 보지 못하는 것들을 보고 있음을 말해준다. 그 보이지 않는 것이란 베일 속에 숨어 있는 천국의 영광이다.

그들은 이 세상의 것들이 아닌 저 천국에 있는 것들을 사랑하기에, 그들의 마음의 제단에서는 항상 그리스도를 향한 사랑과 찬미의 향이 하늘로 올라가고 있다. 이들로 인해 이 세상에 하나님의 크신 영광을 드러낼 대추수가 더욱 앞당겨진다.

추수의 때

열매를 거둘 추수의 때가 점점 다가오고 있다. 포도송이는 나날이 익어가고 있는 반면 잎들은 나날이 시들어간다. 포도나무가 열매를 맺는 데 한계 시점이라는 것이 있다. 이 한계 시점을 지나면 포도나무를 아무리 잘 돌봐주어도 열매 맺는 데 아무런 도움이 되지 못한다. 그 이유는 포도나무 가지의 상태에 따라 맺히게 될 포도의 양과 질이 결정되기 때문이다. 따라서 이미 포도가 맺힌 일정 시점부터는 아무리 포도나무를 돌봐줘도 포도 생산에 아무런 영향을 주지 못한다.

사람도 이와 같아서, 이미 한계 시점에 도달한 사람들은 더 이상 영적인 발전이 없다. 이런 사람들은 자신의 한계 시점이 이미 지났다고 생각하여 노력을 전혀 기울이지 않는 사람들이다. 그러나 정말로 자신의 영적인 상태를 걱정하고 있는 사람이라면, 자신의 한계를 생각하지 말고 영적인 상태를 개선하기 위해 계속해서 노력해야 한다. 그렇게 노력하는 사람들은 아직 한계 시점을 지나지 않은 사람들임이 분명하다.

지나간 과거는 이미 우리의 것이 아니다. 내일 또한 우리의 것이 아니다. 우리가 살고 있는 오늘만이 우리의 것이다. 그러므로 과거를 잊고 최대한 현재에 충실하자. 그러면 하늘의 정원사이신 하나님께서 열매를 거두기 위해 포도원에 오시는 날, 30배, 60배, 100배 아니 그 이상의 결실을 거두게 될 것이다!

> 하나님이 미리 아신 자들을 또한 그 아들의 형상을 본받게 하기 위하여 미리 정하셨으니 이는 그로 많은 형제 중에서 맏아들이 되게 하려 하심이니라 (롬 8:29)

우리는 하나님의 아들의 형상을 드러내는 삶을 살아야 한다! 태초에 하나님이 인간을 지으실 때 넣어주신 하나님의 형상이란 예수님의 형상을 지칭한다. 애석하게도 모든 사람들 안에 있는 예수님의 형상이 인간의 타락으로 인해 상실되었지만, 하나님의 뜻을 따라 부름 받은 자들은 그 형상을 회복하였다.

우리는 하나님의 아들 예수의 형상을 따라 살도록 지음 받은 존재다. 그러므로 하나님의 아들의 형상을 본받아 사는 것이 인생의 목적이 되어야 한다! 이 목적을 깨닫게 된 사람들은 감격하지 않을 수 없다. 하나님의 아들의 형상을 나타내기 위해 우리가 이 세상에 태어났다는 것은 참으로 엄청난 사실이다. 우리는 흑암에서 빛의 나라에 들어가게 해주신 예수님의 놀라운 은혜를 찬양하기 위해 창세부터 선택받은 자들인 것이다!

우리는 하나님의 아들의 형상을 본받아야 한다! 우리가 성령의 아홉 가지 열매를 맺어야 하는 이유는 하나님의 아들의 형상을 본받기 위함이다.

우리는 하나님의 아들의 형상을 본받아야 한다! 우리는 하나님이 원하시는 성품이라는 종착점에 도달하기 위해 계속 전진해야 한다. 그분의 한량없는 은혜로 우리는 하나님의 성품에 참예하여 그분의 성품으로 살아가는 종착점에 도달할 수 있다. 주 안에서 우리는 여러 면에서 자라나고 있는 중이다. 그러므로 우리는 마침내 그리스도의 장성한 분량에 도달하게 될 것이다.

우리는 하나님의 아들의 형상을 본받아야 한다! 그것이 바로 우리가 도달해야 할 종착점이다. 그렇게 되면 우리는 그분의 영광의 찬송이 된다. 하나님 아버지는 우리에게서 자신의 아들의 형상이 나타나는 것을 보심으로 영광을 받으신다.

CHAPTER **6**

LADIES OF GOLD

마지막 때

| 프란시스 메트컬프 |

 시인이기도 했던 하박국 선지자는 마지막 때에 대해 탁월하게 묘사하였다. 귀 있는 자들은 성령께서 교회들에게 하시는 말씀을 들을 수 있어야 한다. "여호와께서 이르시되 너희는 여러 나라를 보고 또 보고 놀라고 또 놀랄지어다 너희의 생전에 내가 한 가지 일을 행할 것이라 누가 너희에게 말할지라도 너희가 믿지 아니하리라"(합 1:5).

 성경의 여러 선지자들과 마찬가지로, 하박국 선지자도 장차 하나님께서 이루실 일들 중 일부만을 환상으로 보았다. 성령의 사람들은 마지막 때에 일어날 일들에 대해 자신의 견해만 주장해서는 안 된다. 사도 바울은 하박국 1장 5절의 말씀을 인용하여 장차 일어날 일에 대해 알려주었다 (행 13:41). 하박국 1장 5절 이후의 내용들은 주님이 다시 오실 영광의 날 직전에 일어날 일들에 대해 이야기한다. 선지자들의 입을 통해 마지막 날에 관한 소식을 듣는 자들아, 팔을 강하게 하라!

하박국 선지자가 전해준 계시의 말을 듣는 하나님의 백성들은 크게 기뻐하며 주님을 찬양해야 한다. 예수 그리스도의 마지막 때의 늦은 비의 성령을 맛본 사람들은 기뻐하며 주님을 찬미하였다. 그런데 오늘날 세상의 마지막에 대한 하나님의 말씀을 듣고도 받아들이지 않는 사람들이 많다. 하나님이 계획하신 일은 너무도 크고 방대하여 그분의 계획 전체를 다 이해하고 받아들일 수 있는 사람은 세상에 한 명도 없다. 주여, 우리의 믿음 없음을 용서하여 주소서!

하박국 1장은 하박국 선지자의 눈물어린 호소로 시작된다. 광포한 환상을 본 하박국은 하나님을 향해 "여호와여 내가 부르짖어도 주께서 듣지 아니하시니 어느 때까지리이까?"(합 1:1)라고 울부짖었다. 우리도 하박국 선지자와 같은 마음으로 하나님께 부르짖으며 기도해야 하지 않겠는가? 하박국의 부르짖음에 하나님은 "너희는 여러 나라를 보고 또 보고 놀라고 또 놀랄지어다 너희의 생전에 내가 한 가지 일을 행할 것이라"(합 1:5)는 말씀으로 응해주셨다.

이어서 하나님은 하박국 선지자에게 심판에 관한 환상을 보여주셨다. 그 환상은 악한 나라가 하나님의 백성들이 살고 있는 땅에 진격해 들어가 점령해버리는 환상이었다. 적들의 행진은 너무 빨라 마치 먹이를 향해 달려가는 늑대나 잽싸게 먹이를 낚아채는 독수리 같았다. 하박국은 이렇듯 무서운 장면을 본 후 "여호와 나의 하나님, 나의 거룩한 이시여 주께서는 만세 전부터 계시지 아니하시니이까 우리가 사망에 이르지 아니하리이다 여호와여 주께서 심판하기 위하여 그들을 두셨나이다 반석이시여 주께서 경계하기 위하여 그들을 세우셨나이다"(합 1:12)라며 그러한 일들이 일어나지 않게 해 달라고 하나님께 간절히 매달렸다.

중재자

하박국 선지자는 하나님과 사람들 사이에 서서 중재자로서 하나님께 마지막 때에 의로운 사람들만은 보호해 달라고 간절히 기도하였다. 그리고 그는 하나님의 응답을 기다렸다. 오늘날 많은 중보기도자들이 하박국 선지자와 같은 마음으로 하나님께 호소하며 그분의 응답을 기다리고 있다. 우리 회원들 역시 하박국 선지자와 같은 마음으로 하나님께 부르짖고 있다. 하박국이 낙심하지 않았으니 우리도 낙심하지 말아야 한다.

하박국 선지자가 하나님께 어떻게 매달렸는지는 "내가 내 파수하는 곳에 서며 성루에 서리라 그가 내게 무엇이라 말씀하실는지 기다리고 바라보며 나의 질문에 대하여 어떻게 대답하실는지 보리라 하였더니 여호와께서 내게 대답하여 이르시되"(합 2:1-2)라는 구절에 잘 나타나 있다. 하나님을 송축하라!

지금도 하나님은 기도의 파수대에 올라가 울며 기도하는 사람들에게 응답하신다. 하나님의 응답은 하박국만이 아니라 시대를 뛰어넘어 그분의 말씀을 청종하는 모든 사람들에게 주시는 응답이다. 하나님께서 신실한 사람들에게 말씀을 주셨으니, 우리도 그분의 말씀을 받아 다른 사람들에게 전해야 한다.

하나님은 하박국에게 "너는 이 묵시를 기록하여 판에 명백히 새기되 달려가면서도 읽을 수 있게 하라 이 묵시는 정한 때가 있나니 그 종말이 속히 이르겠고 결코 거짓되지 아니하리라 비록 더딜지라도 기다리라 지체되지 않고 반드시 응하리라"(합 2:2-3)고 말씀하셨다. 리서의 번역본에는 이 말씀이 "묵시(vision)는 약속된 때를 위한 것이고 마지막 때를 말해 주고 있다. 묵시에는 거짓이 없어야 한다 … 약속의 성취가 늦어지는 것처럼 보여도 지체하지 않고 반드시 이루어진다"라고 설명되어 있다.

우리는 "잠시 잠깐 후면 오실 이가 오시리니 지체하지 아니하시리라"라는 히브리서 10장 37절을 통해 이 말씀이 주님의 재림에 관한 것임을 알 수 있다.

중세 종교개혁의 기초가 되었던 로마서 1장 17절의 "오직 의인은 믿음으로 말미암아 살리라"는 말씀은 구약의 하박국 2장 4절에 이미 나와 있다. 마틴 루터는 이 말씀에 크게 감동을 받아 16세기에 여러 나라들을 뒤집어놓았다. 오직 믿음으로만 의롭게 된다는 진리의 말씀은 우리가 살아가고 있는 20세기에도 수많은 사람들을 구원시키는 데 큰 역할을 감당할 것이다.

하박국 선지자는 마지막 때에 세계적인 파괴를 몰고 올 자(들)가 하나님의 남은 자들에 의해 최후를 맞이하게 될 것에 대해 "너를 억누를 자들이 갑자기 일어나지 않겠느냐 너를 괴롭힐 자들이 깨어나지 않겠느냐 네가 그들에게 노략을 당하지 않겠느냐 네가 여러 나라를 노략하였으므로 그 모든 민족의 남은 자들이 너를 노략하리니"(합 2:7-8)라고 예언하였다. 세상을 황폐하게 만드는 자들에게 심판의 말씀은 반드시 이루어진다. 하박국 선지자는 "오직 여호와는 그 성전에 계시니 온 땅은 그 앞에서 잠잠할지니라"(합 2:20)라는 말로 묵시의 장을 종결하였다.

하나님의 분노와 자비

하박국 3장은 아름다운 표현들로 이루어졌다. 성령으로 기름부음 받은 하박국 선지자는 기도와 예언으로 이루어진 장엄한 찬미의 시를 쏟아 놓았다. "여호와여 내가 주께 대한 소문을 듣고 놀랐나이다 여호와여 주는 주의 일을 이 수년 내에 부흥하게 하옵소서 이 수년 내에 나타내시옵소서 진노 중에라도 긍휼을 잊지 마옵소서"(합 3:2)라는 그의 기도는 하나님의 보좌로 올려졌고, 하나님은 그 기도에 응답하셨다.

하박국 선지자는 세상이 폭력과 심판으로 얼룩져 있다 해도 하나님의 일이 방해받거나 무효화되는 일은 없어야 한다는 점을 하나님께 상기시켜드렸다. 이러한 점은 지금도 동일하다. 따라서 기도하는 성도들은 세상이 혼란 가운데 있더라도 복음 전파가 막히는 일이 없어야 한다는 점을 중시하여, 이를 놓고 하나님께 열정적으로 기도해야 한다. 하나님의 분노가 휘몰아치는 중에도 얼마든지 그분의 자비와 은혜가 임할 수 있다.

부흥을 구하는 하박국의 기도는 리서의 번역본에서 "주님, 나는 당신의 명성을 익히 들어서 잘 알고 두려워하고 있습니다. 주님, 당신의 일을 부흥시켜주십시오. 슬픔의 날들이 지나가는 동안에도 당신의 일을 부흥시켜주십시오. 그래서 당신의 일들이 사람들에게 알려지게 해주십시오!"라고 보다 구체적으로 서술되어 있다.

하박국 선지자는 기도에 대한 응답을 환상으로 보았다. 이때 그가 본 환상은 늦은 비 부흥에 관한 것이었다. 하박국 3장 3절의 "하나님이 데만에서부터 오시며"라는 표현에서 '오시며'는 과거형인데, 이 과거형을 리서 번역본에서는 미래형인 '오실 것이다'로 표현하였다. '데만'은 남쪽 또는 황무지를 뜻하는 말이다. 하나님은 자기의 백성들이 영적으로 메말라 있을 때 오신다.

"사랑하는 사람의 팔에 안겨 황무지에서 나오는 그녀는 누구인가?" 주님은 자기의 교회를 안고 나오시기 위해 오신다. "거룩한 자가 바란 산에서부터 오시는도다"(합 3:3). '바란'은 밝게 빛을 낸다는 뜻을 담고 있다. 늦은 비를 위해 준비하고 있는 사람들이여, 아름다운 밝은 빛을 비춰주신 하나님을 찬양하자. "그분의 밝음은 태양과 같다. 그분 쪽에서 빛줄기가 나온다"(리서 번역본)라는 표현은 말라기서에 기록된 "너희에게는 공의로운 해가 떠올라서 치료하는 광선을 비추리니"(말 4:2)라는 표현과 매우 흡사하다.

연이어 나오는 "그의 권능이 그 속에 감추어졌도다"(합 3:4)라는 표현에는 깊은 의미가 담겨 있다. 강력한 성령의 역사로 인해 하나님께서 택하신 사람들에게만 보여주셨던 비밀의 계시가 지금 많은 사람들에게 풀어지기 시작했다! 숨겨져 있던 것들이 곧 드러나게 된다. 리서 번역본에는 이어서 "그분 앞에 역병이 지나간다. 그분의 발에서 불덩이가 뻗쳐 나온다"(합 3:5)라는 표현이 나온다. 역병은 전쟁을 수반한다. "그가 서신즉 땅이 진동하며 그가 보신즉 여러 나라가 전율하며 … 그의 행하심이 예로부터 그러하시도다 … 주께서 말을 타시며 구원의 병거를 모시오니 … 주께서 활을 꺼내시고 화살을 바로 쏘셨나이다 주께서 강들로 땅을 쪼개셨나이다"(합 3:6-9). 광야에 홍수가 나고, 사막에 물길이 생긴 것이다!

구원을 나타내시다!

주께서 주의 백성을 구원하시고 기름부음 받은 자를 구원하기 위해 오신다(과연 우리가 구원받은 사람들 안에 포함되어 있을까). 하나님께서는 기름부음 받은 자들을 사용하셔서 대규모로 구원을 이루신다. 세상에 마지막 큰 심판이 임하기 바로 전에 대규모의 구원이 있을 것이다!

하박국은 예언을 찬미의 노래로 끝마쳤다. 자신은 열매가 없고 메마른 삶을 살고 있었지만, 이에 굴하지 않고 도래할 하나님의 종국적 승리를 확실히 믿고 바라보며 기뻐하였다. 그는 하나님의 분노 안에서 소망을 보았다. 우리는 하박국의 희망적 예언이 이루어지는 것을 보게 될 것이다. 하나님의 은혜로 이 모든 일들이 일어나게 되는 것이다!

"나는 여호와로 말미암아 즐거워하며 나의 구원의 하나님으로 말미암아 기뻐하리로다 주 여호와는 나의 힘이시라 나의 발을 사슴과 같게 하사 나를 나의 높은 곳으로 다니게 하시리로다"(합 3:18). 하나님께 영광을 돌리자!

CHAPTER **7**

LADIES OF GOLD

왕의 잔치

| 프란시스 메트컬프 |

영광의 왕께서 왕국의 영광과 위엄을 신하들과 백성들에게 보여주실 때가 다가오고 있다. 주님께서는 큰 잔치를 베푸셔서 사람들에게 풍요로운 생명의 말씀을 먹이시고, 천국의 새 포도주를 마음껏 마시게 해주실 것이다. 그분의 잔치는 세상과 짝하여 죄를 짓고 있는 사람들을 위한 것이 아니라, 왕이신 그분의 가족과 신하들 그리고 그분을 신실하게 섬겨온 사람들을 위한 잔치다. 주님이 베푸시는 매우 큰 잔치는 세계적인 대추수가 있기 전에 벌어질 것이다.

현재 주님의 왕족들과 그 나라의 성도들은 이 세상에 임할 하나님의 나라를 다스리기 위해 준비하고 있다. 그들은 하나님 나라의 통치를 통해 얻게 될 부와 영광을 미리 체험하고 있는 중이다. 장차 도래할 시대를 현재에 미리 맛보고 있는 것이다.

하나님 나라의 비밀은 매우 오랫동안 감춰져왔지만, 겸손하고 단순한 믿음을 가진 사람들에게는 열려 있다. 예수님께서는 그런 믿음의 사람들을 어린아이 같은 사람들이라고 하시며, 천국의 비밀을 지혜롭고 총명하다고 자처하는 사람들에게는 닫으시고 어린아이들에게는 열어주심에 감사하는 기도를 하나님께 올려드렸다.

성령님은 지금도 천국에 대해 진정으로 알고자 하는 사람들에게 그곳의 비밀을 계시해주고 계신다. 그런 사람들에게 주님은 이렇게 말씀하신다. "너희 눈은 봄으로, 너희 귀는 들음으로 복이 있도다 내가 진실로 너희에게 이르노니 많은 선지자와 의인이 너희가 보는 것들을 보고자 하여도 보지 못하였고 너희가 듣는 것들을 듣고자 하여도 듣지 못하였느니라"(마 13: 16-17).

왕궁의 잔치

에스더서에는 왕이 베푼 잔치에 관한 아름다운 표현들이 나온다. 거대한 왕국을 통치하고 있던 아하수에로 왕은 자기의 아들들과 신하들을 위해 성대한 잔치를 베풀었다. 그는 자신의 부와 영광을 사람들에게 보여주며 자랑하고 싶었던 것이다(에 1:3-4). 그가 마련한 잔치는 왕궁의 정원에서 열렸다. 아가서에서는 큰 잔치가 벌어진 궁정을 잔칫집 또는 연회장으로 표현하였다.

왕의 정원에 들어가는 것은 그야말로 대단한 특권이라 할 수 있다. 이국적인 냄새가 물씬 풍기는 바사 왕국의 정원에는 동양의 향수 냄새가 가득 퍼져 있었다. 현란한 색깔을 뽐내는 다양한 꽃들의 향기와 새들의 노랫소리 그리고 현악기들이 내는 아름다운 선율이 한데 어우러져 왕이 오시길 기다리고 있었다. 드디어 왕이 그동안 아무에게도 공개하지 않았던 아름답고 성스러운 왕의 정원에 나타났다. "그가 나를 인도하여 잔칫집에 들어갔으니 그 사랑은 내 위에 깃발이로구나"(아 2:4).

정원이 있는 궁정 안으로 들어서자 흰색, 연두색, 파랑색의 세마포가 대리석 기둥 사이사이에 은고리로 서로 연결되어 걸쳐져 있는 것이 눈에 들어왔다. 또한 금과 은으로 장식된 아름다운 소파들이 대리석 바닥 이곳저곳에 놓여 있었다. 에스더서에 묘사되어 있는 이와 같은 아름다운 장면은 왕이신 하나님의 궁정에서 누리게 될 안식과 즐거움이 얼마나 큰지를 잘 말해준다.

금 그릇

왕의 식탁에 놓인 잔과 그릇들은 순금으로 되어 있다. 왕은 잔치에 참석한 사람들을 위해 금잔을 준비했는데, 잔의 모양이 각기 달랐고 왕이 마련한 술은 한이 없었다(에 1:7). 왕이 마실 가장 적합한 포도주 잔은 금잔이다.

천국의 포도주는 대단한 의미를 담고 있다. 힘과 기쁨과 사랑과 생명을 사모하는 하나님의 백성들은 천국의 새 포도주를 마시게 된다. 하나님의 아들 예수님이 받으신 고난을 기념하는 성찬식에서 마시는 포도주는 주님의 거룩한 생명이 우리에게 부어지는 것을 나타낸다.

늦은 비는 부활 생명을 태양처럼 비쳐주는 빛과 같다. 그 늦은 비가 맨 먼저 왕의 가족과 신하들, 그리고 백성들에게 한량없이 부어지게 된다. 예수님께서는 생의 마지막 밤에 잔을 드시고는 "너희에게 이르노니 내가 포도나무에서 난 것을 이제부터 내 아버지의 나라에서 새것으로 너희와 함께 마시는 날까지 마시지 아니하리라"(마 26:29)고 말씀하시며 성만찬을 하셨다.

"큰 집에는 금 그릇과 은 그릇뿐 아니라 나무 그릇과 질그릇도 있어 귀하게 쓰는 것도 있고 천하게 쓰는 것도 있나니 그러므로 누구든지 이런 것에서 자기를 깨끗하게 하면 귀히 쓰는 그릇이 되어 거룩하고 주인의 쓰심에 합당하며 모든 선한 일에 준비함이 되리라"(딤후 2:20-21).

왕이신 주님께서 잔치를 벌이실 때에는 금 그릇만 사용하신다. 그분은 우리를 자신이 쓸 정결한 금 그릇으로 만들기 위해 손수 불로 달구시고 녹이신다. 주님께서는 오랫동안 쓸 만한 금 그릇들을 찾고 계셨다. 이런 금 그릇의 사람들은 고난과 환난을 통과하고 불로 단련되는 아픔과 고통을 겪은 사람들이다. 그런 사람들은 어떤 시련이 와도 하나님의 말씀 위에 견고하게 서 있을 수 있다.

"내가 가는 길을 그가 아시나니 그가 나를 단련하신 후에는 내가 순금 같이 되어 나오리라"(욥 23:10). 기꺼이 고난을 견뎌낸 자들만이 귀하게 보존되어 하나님 나라의 포도주를 담을 수 있는 금 그릇이 된다.

와서 마음껏 마셔라

"잔을 마시는 것은 왕의 법규를 따라 이루어졌기 때문에 강제가 아니었다"(에 1:8, 리서 번역본). 왕의 잔치에 참석한 사람들은 누구나 포도주를 마음껏 마실 수 있다. 잔치에서는 누구도 억지로 마시도록 강요받지 않는다. 주님의 식탁에 앉은 사람이 배고파하는 법은 없다. 왕이신 주님은 잔치에 참석한 우리에게 "나의 사랑하는 자야 마음껏 마셔라"라고 말씀하신다. 그럼에도 불구하고 어떤 사람들은 다른 사람들의 눈치를 보며 조금만 마신다. 또 어떤 사람들은 왕의 초대에 응하지 않거나 주님의 잔치가 거룩하지 못하다며 멸시한다.

왕이 잔치를 베풀고 있는 시간에 왕후 와스디는 왕궁의 여자들을 위하여 따로 잔치를 베풀었다. 와스디의 이러한 잘못된 행위는 조직화된 세상 교회를 의미한다. 왕이 왕후에게 자신이 베푼 잔치에 참석하라고 명했지만, 그녀는 그 명령을 거절하고 따로 잔치를 열었던 것이다. 이로 인해 그녀는 왕후의 신분을 박탈당했고, 그 결과 왕과 함께 나라를 통치할 수 있는 자격까지 빼앗겼다.

오늘날의 교회는 인간들이 만든 철학과 교리에 젖어 교인들에게 곰팡이 낀 맛없는 빵을 먹이면서, 정작 성령님이 주시는 포도주는 거절하고 있다. 교회들이여, 더러운 식탁을 떠나 왕의 잔치에 참여하라!

하나님의 나라가 바로 우리 코앞에 와 있다. 주님은 우리에게 그분이 베푸신 잔치에 오라고 초청하고 계신다. 잔칫상에는 포도주를 담는 금잔들이 즐비하게 올려져 있다. 그분은 누구와도 견줄 수 없는 영광스런 분이시다. 하나님 아버지여, 당신의 나라와 권세와 영광은 영원합니다.

CHAPTER **8**

LADIES OF GOLD

경계!

| 프란시스 메트컬프 |

경계! 지휘관이 경계 명령을 내리면, 모든 부하들은 명령에 따라 행동을 개시해야 한다. 경계 명령이 떨어지면 군인들은 재빨리 전투복으로 갈아입고 손에 총을 들고 자기의 위치를 찾아가 정렬하고 있어야 한다. 이제 명령만 내리면 적에게 공격을 가하게 된다. 바로 코앞에 와 있는 적과 곧 마주쳐야 한다. 모든 군인들은 지휘관의 명령에 따라 공격과 방어에 최선을 다하게 될 것이다.

성령께서 하나님의 모든 교회들에게 경계 명령을 내리셨다. 곧 사상 최대의 전투가 시작될 것이기에, 전쟁에 능하신 만군의 주께서 십자가 군사들을 집결시키신 것이다. 모든 사람들이 하나님의 전신갑주를 입고 손에 검을 들었다. 나훔 선지자는 성령에 감동되어 "파괴하는 자가 너를 치러 올라왔나니 너는 산성을 지키며 길을 파수하며 네 허리를 견고히 묶고 네 힘을 크게 굳게 할지어다"(나 2:1)라고 촉구하였다.

전투가 곧 시작될 것을 알려라, 적이 가까이 있다!
주님을 위해 기치를 높이 들어라!
각자 무기를 손에 들고 대기하고 있어라!
오직 거룩한 말씀만 의지하라!

파괴하는 자

사탄은 파괴에 능한 이 세상 임금이다. 성경은 사탄을 도둑이라고 칭하면서 "도둑이 오는 것은 도둑질하고 죽이고 멸망시키려는 것뿐이요"(요 10:10)라고 하였다. 오늘날 사탄이 벌이는 가공할 만한 일들로 인해 사람들이 몸살을 앓고 있다. 그는 하늘을 불과 연기로 뒤덮고, 죽음의 비를 뿌리고, 바다를 흔들어 수많은 사람들을 집어삼키고, 광대한 땅들에 기근과 역병을 내리고, 곳곳에서 폭동을 일으키고 있다. 자신의 시간이 얼마 남지 않았음을 깨닫고 맹렬히 저항하고 있는 것이다.

지금도 사탄의 세력들이 여러 나라들을 약탈하고 있는데, 영의 눈으로 보면 이것은 그들이 시온과의 대규모 전쟁에 앞서 전초전을 벌이고 있음을 의미한다. 그는 하나님의 성도들을 쓸어버릴 목적으로 전쟁을 일으키고 있다. 리서의 번역본을 보면 "파괴자가 너희들을 둘러싸서 포위하려고 다가오고 있다"라고 되어 있다. 이것이 현재 교회의 상태다. 교회는 적들의 계략에 의해 포위되어 세력이 약해지고 있다. 그러므로 우리는 더욱 더 경계해야 한다!

살아계신 하나님의 교회인 당신은 교활한 대적의 공격에 강력하게 맞서야 한다. 교회는 잠에서 깨어나야 한다. 교회가 깨어나지 않는다면, 사탄과의 전쟁에서 패함으로 하나님 나라에 치명타를 안겨주게 될 것이다.

탄약장전

탄약을 장전하라는 말은 요새를 사수하라는 말이다. 우리 모두 "내가 갈 때까지 요새를 지키라"는 주님의 명령을 따르자. 주님의 은혜를 입은 우리는 "하나님의 요새를 지켜내자"라는 군가를 힘차게 부르며 진격해야 한다. 교회는 복음을 지켜내고 믿음의 선조들로부터 물려받은 믿음을 수호하기 위한 사탄과의 전쟁에서 반드시 승리해야 한다.

적들은 지난 30년간 교회가 차지하고 있던 영역들을 야금야금 침범해 들어왔다. 이것은 교회가 세상과 타협하였기 때문에 초래된 결과다. 그로 인해 교회는 점점 힘을 잃어가고 있다. 성령 하나님은 이런 교회에 대해 "남은 자들아, 힘을 내라!"고 명하신다. 이제는 한 발자국도 물러서지 말아야 한다. 어떻게든 싸워 이겨야 한다. 무조건 땅을 지켜내야 한다.

깨어 있으라!

주님께서는 "모두에게 말하노니, 한눈팔지 말라!"고 말씀하신다. 주님이 우리에게 "너희는 장차 올 이 모든 일을 능히 피하고 인자 앞에 설 수 있도록 항상 기도하며 깨어 있으라!"고 명령하셨으니, 악한 이 시대에 더욱 정신을 차리고 깨어 있어야 한다.

"파수꾼이여 밤이 어떻게 되었느냐 파수꾼이여 밤이 어떻게 되었느냐 파수꾼이 이르되 아침이 오나니 밤도 오리라"(사 21:11-12). 아침은 성도들을 위한 것이고, 시련의 밤은 불신자들을 위한 것이다. 하나님이 이사야를 파수꾼으로 세우시자 그는 하나님께 "나의 주님, 나는 낮에 계속 파수대에 서 있었습니다. 밤에도 망을 잘 봤습니다"라고 대답하였다. 오늘날 하나님으로부터 파수하라는 명령을 받은 교회는 잠에서 깨어 기도해야 한다.

'경계'(alert)라는 말은 '망루에 서서 아래를 주시해보다'라는 뜻을 가진 불어 '알레아뜨'(Alerte)에서 왔다. 사도 바울은 깨어 기도하는 사람들이란 하나님의 소집명령을 받자마자 기도에 돌입하는 사람이라고 하였다. 사도 바울의 말처럼 경계하는 사람들은 성령 하나님의 경계령이 떨어지면 한밤 중에라도 즉시 일어나 그 자리에서 바로 기도하는 사람이다. "자다가 깰 때가 벌써 되었으니 이는 이제 우리의 구원이 처음 봤을 때보다 가까웠음이라 밤이 깊고 낮이 가까웠으니 그러므로 우리가 어둠의 일을 벗고 빛의 갑옷을 입자"(롬 13:11-12).

허리를 동이라

성령님은 바울을 통해 "서서 진리로 너희 허리띠를 띠고"(엡 6:14)라고 하시고, 베드로를 통해서는 "너희 마음의 허리를 동이고 근신하여 예수 그리스도께서 나타나실 때에 너희에게 가져다 주실 은혜를 온전히 바랄지어다"(벧전 1:13)라고 명령하셨다. 허리를 동이라(묶으라)는 말은 어떤 행동을 취할 준비를 하라는 뜻이다. 그 반대로 허리끈을 푼다는 것은 쉬겠다는 뜻이거나 힘이 남아 있지 않다는 말이다.

이스라엘 백성들은 애굽을 떠날 때 허리끈을 동이고 신을 신었다. 떠나라는 하나님의 명령이 떨어졌을 때 즉각 행동을 취하지 않으면, 화가 미친다. 오늘날 교회는 하나님으로부터 진리의 말씀의 띠로 허리를 동이라는 명령을 받았다. 교회가 허리를 동이면 적의 공격에 방어도 하고, 공격도 할 수 있다.

힘을 강하게 하라

하나님은 교회를 향해 "성령으로 힘을 길러 악한 날을 대비하라"고 명령하셨다. 교회는 주님이 오셔서 의의 비를 내려주실 때까지 지속적으로 하나님을 찾아야 한다. 그래야 교회의 힘이 강해진다. 주님께서 마지막 때에 교회에 갑절의 힘과 은혜를 주시겠다고 약속하셨음을 기억하라.

주님은 이 땅에서 마지막으로 이루어야 할 의로운 일들을 지체하지 않고 이루실 것이다. 그분은 반드시 거룩한 교회로 승리를 쟁취하게 하실 것이다. "아침 빛 같이 뚜렷하고 달 같이 아름답고 해 같이 맑고 깃발을 세운 군대 같이 당당한 교회가 누구인가?"(아 6:10) 성령님이 힘을 주시지 않으면, 교회는 굴욕적인 패배를 당해 쓰러질 수밖에 없다. 그러나 성령님이 주시는 힘을 받는다면, 승리하는 교회가 되어 많은 전리품을 취할 수 있다.

경계하라는 하나님의 명령은 교회에 해당되는 명령이지만, 개인에게도 적용된다. 깨어 기도하면, 어두운 세력들의 움직임을 쉽게 파악할 수 있다. 우리는 하나님의 말씀으로 허리를 동이고, 성령님이 주시는 힘으로 우리 자신을 강하고 굳세게 해야 한다. "파괴하는 자가 너를 치러 올라왔나니 너는 산성을 지키며 길을 파수하며 네 허리를 견고히 묶고 네 힘을 크게 굳게 할지어다"(나 2:1).

CHAPTER 9
LADIES OF GOLD

찬미의 삶 살기

| 프란시스 메트컬프 |

우리는 지금 새로운 발견들이 끊임없이 쏟아져나오는 시대에 살고 있다. 오늘날 가장 두드러지는 두 가지 큰 발견은 핵 과학과 성서 고고학이다. 이 두 분야에서의 발견으로 인해 우리의 삶은 큰 변화를 맞이하고 있다.

이러한 추세는 성령의 영역에서도 동일하다. 현재 성령님이 주시는 계시의 증가로 인해 사람들이 예수 그리스도를 영접하게 되는 일과 성령이 전 세계적으로 부어지는 일들이 과거에 비해 월등히 많아지고 있다. 이것은 주님의 크신 날이 다가오고 있다는 증거라 할 수 있다.

오늘날 하나님의 놀라운 능력이라고 할 수 있는 성령님의 도우심으로 하나님의 자녀 됨에 관한 이해가 나날이 깊어지고 있다. 자연 세계에 핵에너지가 존재하듯 하나님께는 놀라운 영적 능력이 존재한다. 이러한 하나님의 능력은 우리가 믿음으로 하나님을 찬양할 때 임한다. 하나님께서 지속적으로 찬양받으시는 곳에 그분의 두나미스의 능력이 나타나게 된다. 우리가 하나님께 찬양을 드리면, 그 공간에 하나님이 나타나 운행하심으로 영적인 분위기가 변화된다.

성경에는 하나님을 찬양하는 것에 대한 가르침이 많다. 찬양에 관한 성경의 가르침은 세대 구별 없이 잘 알고 있어야 한다. 이스라엘의 국력을 크게 키웠던 다윗 왕은 누구보다 찬양의 능력을 잘 알고 있었다. 일평생 하나님을 찬양하며 살았던 다윗 왕은 자신의 경험을 바탕으로 백성들에게 하나님을 찬양하는 것에 대해 지속적으로 가르쳤다. 그는 수천 명의 사람들을 선별하여 끊임없이 하나님을 찬양하도록 훈련시켰다.

그리스도의 교회는 함께 모여 마음에서 우러나오는 사랑을 주님께 표현해드려야 한다. 그렇게만 한다면, 오늘날의 교회도 초대 교회처럼 하나님의 임재를 경험할 수 있다. 오순절 날 예수님의 제자들이 함께 모여 기도와 찬양에 전념했을 때, 성령님이 오셔서 모여 있는 사람들의 마음을 바꾸어놓으셨다. 오늘날도 이와 같은 일들이 일어나야 한다. 앞으로도 찬양으로 인해 이 땅에 성령님이 임하심으로 수많은 영혼들의 마음이 변화되는 일들이 일어날 것이다.

수년 전 우리가 함께 모여 하나님을 향한 사랑의 마음을 소리 높여 표현하였을 때, 우리 안에 성령이 채워지는 경험을 하였다. 그런 귀한 경험을 허락하신 하나님께 감사드린다. 당시 하나님께서 우리가 이토록 거룩하고도 영원한 찬양을 계속 하게 하신 것에 대해 모두가 감사하게 생각했다. 우리가 온전한 찬양을 할 수 있도록 지도해주시는 주님은 당신에게도 동일하게 역사하실 것이다.

우리는 찬양에 대해 새롭게 알게 된 놀라운 사실들을 사람들에게 알려주려고 준비하고 있다. 나는 하나님을 찬미하는 사람들의 숫자와 그들의 찬양의 능력이 날마다 배가되고 있어서 매우 기쁘다. 당신도 우리처럼 찬양을 통해 하나님의 영광과 능력을 받아 하늘의 빛을 발하는 축복의 사람들이 되기를 간절히 바란다. 나는 당신이 어떻게 해야 찬양의 삶을 살고 우리 세대에 주님께 영광을 돌릴 수 있을지에 대해 더 깊이 깨닫게 되기를 진심으로 바란다.

살아 있는 동안

살아 숨을 쉬는 동안 나의 혀로는 계속해서 주님께 찬양의 제사를 올려드리고, 나의 입술의 말로 그분께 희생의 제물을 드릴 것이다. 나는 수금과 하프를 치며 주님께 영광을 돌릴 것이고, 피리를 불어 그분의 의로운 통치를 찬미할 것이다. 아침저녁으로 주님이 하신 약속을 기억하고, 그분의 말씀들을 노래할 것이다. 주님과 맺은 약속이 무효화되지 않는 한 나는 주님을 내 삶의 최우선 순위에 놓고 살아갈 것이다.

어디에 있더라도, 내가 하는 모든 일로 인해 주님의 이름이 영광을 받게 될 것이다. 침상에 누워 있을 때에도 주님을 송축할 것이다. 사람들과 함께 식사를 할 때도 입술로 주님을 찬미하고, 맛있는 과일을 먹을 때도 손을 들어 주님을 높일 것이다.

두려움과 공포가 밀려오고 고민과 걱정이 찾아오면, 주님이 나에게 자비를 베풀어주실 것을 확신하고 그분이 행하신 놀라운 일들과 능력을 생각하며 미리 감사의 기도를 드릴 것이다. 나는 주님의 손에 정의가 있고, 그분이 하시는 모든 일이 진실하다는 사실을 어느 누구보다 잘 알고 있다. 그렇기 때문에 어떠한 어려움이 닥치더라도 변함없이 그분을 찬양할 것이다.
- C. H. 스펄전

여호와의 집 우리 여호와의 성전 곧 우리 하나님의 성전 뜰에 서 있는 너희여 여호와를 찬송하라 여호와는 선하시며 그 이름이 아름다우니 그의 이름을 찬양하라 (시 135:2)

찬양의 나팔소리

하나님의 성산 꼭대기 천국 시온에서 나팔소리가 난다. 그 소리는 초자연적인 영광을 온 우주에 전하는 소리, 하늘에서 내려와 온 세상으로 퍼져나가는 소리다. 그 나팔소리가 흑암의 대적들을 무찌르며 깊은 어둠을 관통한다. 그것은 하나님을 찬양하라고 촉구하는 소리다!

하늘의 영감을 받은 하나님의 사람들은 시대를 초월하여 찬양으로 하늘의 소리를 세상에 전해왔다. 그들은 고난을 참아가며 하늘의 소리를 거룩한 기록으로 남겼고, 천사로부터 전해들은 하늘의 말을 인간의 말로 기록하였다. 그들 중 어떤 사람들은 세상 사람들이 좋아하는 노래에 하나님을 찬미하는 가사를 달아 부르게 하였다. 다음에 소개하는 시편 148편이 바로 그 대표적인 예다.

> 할렐루야 하늘에서 여호와를 찬양하며 높은 데서 찬양할지어다 그의 모든 천사여 찬양하며 모든 군대여 찬양할지어다 해와 달아 찬양하며 밝은 별들아 다 그를 찬양할지어다 … 그것들이 여호와의 이름을 찬양함은 그가 명령하시므로 지음을 받았음이로다 그가 또 그것들을 영원히 세우시고 폐하지 못할 명령을 정하셨도다 너희 용들과 바다여 땅에서 여호와를 찬양하라 불과 우박과 눈과 안개와 그의 말씀을 따르는 광풍이며 산들과 모든 작은 산과 과수와 모든 백향목이며 세상의 왕들과 모든 백성들과 고관들과 땅의 모든 재판관들이며 총각과 처녀와 노인과 아이들아 여호와의 이름을 찬양할지어다 그의 이름이 홀로 높으시며 그의 영광이 땅과 하늘 위에 뛰어나심이로다

하나님의 영광의 옷 한 벌이 온 우주와 하늘을 빛으로 둘러싸기에 충분하듯, 주님을 찬양하는 노래 한 곡이 온 우주를 광명으로 비추기에 충분하다.

시편 기자는 "찬양하라! 찬양하라! 찬양하라!"고 외치며 나팔을 불었다. 성령의 감동하심으로 다윗은 찬양을 부를 때 하나님의 뜻과 계획을 알게 되었다. 하나님의 계획은 모든 피조물이 그분을 찬양하고 그분께 영광을 돌리는 것이다. 여러 선지자들이 그랬던 것처럼, 다윗도 하나님의 영

광이 하늘과 땅과 온 우주에 가득 차게 될 날이 도래할 것을 알고서 매우 기뻐하며 하나님을 찬양하였다.

> 하나님을 찬양하는 소리가 천국에서 심연으로 오르락내리락 하는구나. 온 우주가 한 목소리로 하나님의 영광을 노래하는구나. 주님의 기쁨 자체가 말로 표현할 수 없을 정도로 큰 영광이다. 하나님을 높임에는 한계가 없다. 모든 피조물이 은혜를 받아 하나님의 합창단이 된다. 하늘에 찬양이 가득하고, 땅에도 가득하다. 찬양이 땅에서부터 시작되어 하늘로 올라간다. 호흡이 있는 모든 피조물이 찬양을 통해 환희를 경험한다. 하나님을 찬양하는 사랑스런 피조물들로 인해 하나님이 감격하신다.
>
> 피조물 중 제일 마지막에 창조된 아담이 모든 피조물 중 제일 처음으로 찬양의 노래를 부르며 춤을 춘다. 하늘과 땅이 아담을 따라 찬양하며 춤을 춘다. 천사들도 그를 따라 찬양한다. 동물들과 모든 가축들도, 기는 생물들과 날아다니는 새들도 그를 따라 찬양한다. 깊은 곳에 사는 생물들도 그를 따라 찬양한다. 심지어는 무생물들도 따라서 하나님을 찬양하고 경배하며 그분께 영광을 돌린다.
>
> – 존 펄스포드

하나님이 천국에서처럼 이 땅에서도 찬양받기 원하신다는 사실에 나는 전율한다. 그러나 슬프게도 세상은 하나님을 찬양하기는 고사하고 오히려 그분을 대적하고 모독하고 저주하고 있다. 세상의 악한 소리들이 하늘로 올라가다니, 슬프도다! 억압받고 고통당하는 자들의 울부짖는 신음

소리, 고문 받는 자들의 비명소리, 욕심으로 가득한 자들의 거친 말소리, 죽어가는 자들의 한숨 소리가 불협화음을 이루어 창조주를 대적하며 무섭게 울부짖고 있구나!

자연은 하나님을 찬양하라고 지음 받았지만, 오늘날의 자연은 그 반대로 가고 있다. 자연이 인간들에 의해 무참히 파괴되고, 이로 인해 계절의 질서마저 무너지고 있다. 거친 바람, 폭풍우 그리고 사나운 파도 소리가 사람들의 통곡 소리에 힘을 실어주고 있다. 모든 자연이 우울한 소리를 내며 신음하고 있다. 이 소리는 모든 피조물이 악에서 구출되기를 바라며 내는 아픔의 소리다(롬 8:22). 약육강식의 원리가 동물의 세계를 점령하고 있다. 숲속의 맹수들이 삼킬 동물들을 찾아다니고 있다. 힘과 소망을 잃어버린 성도들은 '이제 이 땅에 하나님을 찬양할 만한 것들이 정말 남아 있기나 한 걸까?' 의아해하며 눈물짓고 있다.

이와 같은 때에 우리 귀에 "구원받은 자들이여 하나님을 찬양하자"라는 내면의 소리가 나지막하게 들린다. 그러나 이 소리도 우리를 온전히 위로해주지 못한다. 주님의 구속을 체험한 사람들은 말씀대로 온전히 하나님을 찬양해야 하지만, 실제로는 그렇게 하지 못하고 있는 것이 현실이다. 그렇다면 어떻게 해야 하나님을 영화롭게 할 찬양 소리가 이 지구에 울려 퍼지게 할 수 있을까?

성경에 정통한 성경교사들은 우리를 향한 하나님의 창조 목적이 하나님을 찬양함으로 그분께 영광을 돌리는 것과 하나님과 영원토록 교제하는 것이라고 주장한다. 하나님께서는 모든 인간의 내면에 하나님을 찬양하고 싶어 하는 마음을 심어두셨다. 어떤 심리학자들은 인간의 찬양 욕구가 자기보존 욕구만큼이나 강하다고 주장한다. 이처럼 인간은 하나님을 경배해야 하는 존재로 지음 받았다! 하나님은 사람들의 경배를 받으셔야 하는 분이다!

인간은 찬양해야 행복하도록 지음 받은 존재이기 때문에, 구원받지 못한 사람들마저도 깊은 의미를 모른 채 그저 좋아서 특정한 찬양을 반복해서 부르는 경우가 있다. 그러나 예수님을 영접하지 않은 사람들이 성령의 도움 없이 부르는 찬양으로 하나님께 영광 돌릴 수는 없다. 오늘날 많은 사람들이 하나님이 아닌 다른 신을 섬기고 있다. 그들은 나무나 돌로 만든 거짓 신들에게 절함으로 귀신들을 섬기고 있는 것이다. 그들은 자신의 마음을 표현하는 형상을 만들어 그것에게 경배한다. 이런 일들이 현재 세계 곳곳에서 일어나고 있다. 어떤 사람들은 자신 속에 신이 있다고 믿고 자기 자신을 신으로 경배하기도 하는데, 하나님은 이러한 우상숭배를 가장 싫어하신다.

몇몇 통계자료에 의하면, 오늘날 수백만의 우상숭배자들이 기독교로 개종하고 있다고 한다. 그렇다면 거짓 신들에게 절했던 사람들은 예수님을 믿은 후 어떻게 살고 있을까? 일부 사람들은 기독교로 개종한 후에도 여전히 세상에 빠져 복음의 능력을 부정하는 신앙생활을 하고 있다. 이들은 문답식 기도문과 단조로운 기도송을 주문 외우듯 반복하는 예배에 만족한다. 그들 속에는 주님을 향한 정결하고도 열정적인 사랑이 없다. 하나님께 진정한 의미의 찬양을 올려드리지 않고 있는 것이다.

또 어떤 사람들은 성령의 역사가 없는 예배에 참석하는 것으로 만족하며 산다. 그들은 찬송도 부르고 성경도 교독하고 설교도 듣지만, 찬양을 부를 때 하나님을 향한 사랑을 거의 표현하지 않는다.

그렇다면 우리는 어떻게 하나님을 찬양하고 예배해야 하는가? 이 질문은 지금으로부터 2천 년 전 우물가에서 예수님을 만난 사마리아 여인이 여쭤봤던 질문이기도 하다. 이 질문에 대해 예수님보다 더 정확하게 대답하신 분은 없다. 예수님은 사마리아 여인의 질문에 대해 "하나님께 예배할 때가 오는데, 그때가 바로 지금이다. 참되게 예배하는 자는 하나님께 성령과 진리로 예배드린다. 하나님 아버지는 자신을 참되게 예배하는 자들을 찾고 계신다"고 대답해주셨다.

하나님 아버지께서는 인간이 그분을 예배하도록 창조하신 것에 만족하지 않으시고, 진정으로 예배하는 자들을 적극적으로 찾아다니신다. 예배에 관한 예수님의 대답은 참된 예배자를 보고 싶어 하시는 하나님의 열망이 얼마나 큰지를 잘 대변한다. 예수님께서는 몸과 마음과 혼을 다해 하나님을 높이는 자가 참된 예배자라고 말씀하셨다. 이 말은 예수님을 믿은 후 자신의 뜻과 계획을 포기하고 성령 안에 살며 진리이신 그분께 순종하는 자가 참으로 주님을 찬양하는 자라는 말이다. 그런 사람들은 하나님의 축복을 받은 자들이다!

하나님 아버지는 지구상의 수없이 많은 사람들 중에서 참된 예배자를 찾고 계신다. 참된 예배자로 살아가는 사람들은 점점 더 커져가는 하나님의 임재 가운데 살고, 그 결과 하나님의 영광을 드러낼 수 있게 된다.

그렇다면 우주적 찬양이란 무엇인가? 우주적 찬양은 사람들의 뇌리 속에서 사라져버렸을까? 찬양에 대한 다윗의 예언적이고도 웅대한 생각이 어떠했는지 알게 되면, 우주적 찬양에 대한 그림이 대충 그려진다. 하나님께서는 그분의 나라가 도래하게 되면 하나님을 향한 우주적 찬양이 있게 될 것이라고 말씀하셨다. 따라서 하나님의 나라가 도래하면, 하나님 아버지는 우주적 찬양과 영광을 받으시게 된다.

그때가 되면 하늘의 찬양이 땅으로 내려와 사람들 속에 거하게 된다. 산들과 언덕들이 노래하고, 들의 나무들이 기뻐하며 손뼉을 치게 된다. 호흡이 있는 모든 존재들이 주님을 찬양하고, 생명이 없는 것들조차 그분의 영광을 나타낸다. 물이 바다를 덮음같이 하나님에 대한 지식이 온 세상에 가득하고, 천사장으로부터 시작하여 모든 천사들, 그리고 땅과 하늘의 모든 피조물이 다 함께 하나님을 찬양하게 된다.

찬양의 부르심은 온 우주를 향한 부르심이다. 찬양으로의 부르심을 제외한 다른 부르심들은 온전한 천국의 날이 다가올수록 흐릿해진다. 장차 도래할 세대에는 영원히 지속되는 예배로의 부르심에 모든 피조물이 응답할 수밖에 없다.

하나님으로부터 찬양하라는 부름을 받은 사람은 복받은 사람이다. 또한 하나님으로부터 찬양하라는 부름을 받고 실제로 찬양의 삶을 살아가는 사람은 단지 찬양하라는 부름을 받은 사람보다 수십 배의 복을 받은 사람이다. 삶 가운데 늘 하나님을 찬양하는 자는 최고의 찬양자이며, 최고의 복을 받은 자다.

찬양을 위해 택함 받은 하나님의 거룩한 씨

사람의 손으로 지은 성전에 계시지 않는 하나님은 인간이 아닌 다른 피조물에게는 그분의 영광을 허락하지 않으신다. 하나님이 인간을 창조하신 이유는 우리 속에 거하시면서 영화롭게 해주시기 위해서다. 하나님은 사람들에게 그분의 능력을 나타내 보이고 싶어 하신다. 그런데 하나님의 영광을 나타내기 위해 창조된 사람이 하나님께 불순종함으로 수치심이 들어왔고, 이로 인해 처음부터 하나님의 계획이 어긋나버렸다.

그 후 하나님을 향한 불순종은 인간의 역사 속에서 계속해서 반복되었다. 죄가 들어오면서 인간은 부패하게 되었고, 예배와 삶을 통해 영광을 받고자 하셨던 하나님의 계획은 결국 이루어지지 못하게 되었다.

이에 하나님은 다른 계획을 세우셨다. 그 계획은 이 땅에 거룩한 씨를 남겨두는 것이었다. 하나님은 남겨두신 거룩한 씨로부터 자신을 찬양할 한 나라를 세우고자 계획하셨다. 하나님께서는 한 걸음 더 나아가 자기 백성들 가운데 거하심으로 열방으로 그 나라를 주목하게 하셨다. 그리고 때가 되어 그분의 아들, 임마누엘이신 그리스도를 성육신하게 하셔서 이스라엘 민족 가운데 태어나게 하셨다.

이러한 하나님의 놀라운 계획은 모든 산 자들의 어머니인 하와에게 하신 말씀에 암시되어 있다(창 3:15). 하와는 거룩한 씨의 어머니를 상징한다. 창세기 3장 15절에는 새 예루살렘의 신부가 되실 어린 양께서 하나님의 아들로 태어나실 것이라는 사실이 암시되어 있다. "후손이 그를 섬길 것이요 대대에 주를 전할 것이며"(시 22:30).

하와에게서 두 아들 가인과 아벨이 태어났다. 가인은 자신이 일해서 얻은 곡식을 하나님께 드렸는데, 하나님께서는 그 예물을 받지 않으셨다. 하나님을 진심으로 경배했던 아벨은 희생적 죽음을 상징하는 어린 양을 드렸고, 하나님은 이 제물을 기꺼이 받으셨다. 이에 질투심이 발동한 가인이 동생 아벨을 죽였다.

그 결과 하나님과 사탄의 충돌이 이 땅에서도 일어나게 되었다. 그날 이후로 하나님과 사탄의 충돌이 반복되어 수없이 많은 진실한 예배자들이 죽임을 당하여 더 이상 하나님을 경배할 수 없게 되었다.

그러나 아벨의 죽음은 거룩한 씨가 이 땅에 나타나게 하시려는 하나님의 계획을 막지 못했다. 하나님의 계획을 막을 자는 그 어디에도 없다. 하나님의 거룩한 씨는 하와의 또 다른 아들 셋에 의해 이어졌다. 성경을 보면 셋의 후손들이 하나님의 보호를 받았음을 알 수 있다. 셋과 그 후손들의 삶과 이름에는 특별한 의미가 담겨 있다.

창세기 4장 25절에 기록된 바와 같이, 셋이라는 이름에는 '약속된 자' 또는 '대체자'라는 뜻이 담겨 있다. 그리고 '보상받다'라는 의미도 들어 있다. 셋의 아들 에노스의 이름에는 '죽을 수밖에 없는 사람'이라는 의미가 담겨 있다. 이것은 '하나님의 형상으로 만들어졌다'는 뜻을 가진 아담보다는 덜 존중받는 이름이다. 에노스라는 이름은 나약하고 깨어지기 쉬운 인간성을 잘 나타낸다. 에노스의 아들은 게난인데, 게난의 뜻은 '소유자'다.

그 다음은 아담의 4대손 마할랄렐이다. 마할랄렐이라는 이름에는 중요한 의미가 담겨 있다. 그 이유는 마할랄렐의 뜻이 '하나님을 찬양하는 자'이기 때문이다. 그 다음은 야렛이다. 야렛은 아담의 7대손 에녹을 낳았다. 에녹이라는 이름은 '바치다' 또는 '봉헌하다'라는 뜻을 가지고 있고 '훈련받는다'는 의미도 된다. 우리는 에녹이 하나님 앞에서 온전한 삶을 살았다는 것과 하늘로 들려 올라갔다는 사실을 잘 알고 있다.

에녹의 아들은 므두셀라다. 므두셀라는 '전쟁 무기를 다루는 사람'이라는 뜻이다. 라멕은 므두셀라의 아들인데, 그 이름은 '힘과 능력을 가진 젊은이'라는 뜻이다. 그리고 마지막으로 라멕의 아들은 노아다. 노아는 잘 알려진 바와 같이, 하나님의 명령에 따라 방주를 지었다. 노아라는 이름은 '쉼' 또는 '안식'이라는 뜻이다.

셋의 후손은 이런 식으로 이어져나갔다. 셋의 계보를 통해 하나님을 향한 참된 경배가 이어진 것이다. 셋의 계보를 순서대로 나열해보면, 다음과 같은 놀라운 메시지가 된다. "하나님께서는 자신의 형상을 따라 지음 받은 인간을 대신하여 죽게 될 자를 자신의 소유로 택하셔서 그로 하나님을 찬양하게 하셨다. 셋으로부터 헌신되고 훈련된 후손이 나왔고, 그 후손은 하나님과 동행했다. 그들은 하나님의 말씀을 검으로 쓰는 자들이었기에 세상을 판결하고 정결하게 하는 일을 하였다. 하나님께서 그들에게 힘과 능력을 부어주셨기에 그들은 배 안으로 들어가 영원히 안식할 수 있게 되었다."

아담 이후 여러 세대가 지나는 동안 죄와 부패가 증가하였고, 하나님은 이것을 악취로 여기셨다. 인간의 모든 생각이 악하기만 하였다. 그래서 하나님은 큰 홍수를 보내셔서 온 땅이 물에 잠기게 함으로 하나님을 경외하는 노아의 가족만 남기고 모든 사람들을 멸하셨다. 그 결과 노아의 가족을 통해 인류가 다시 번져나가게 되었다. 노아가 방주에서 나와서 처음으로 한 것이 예배였다. 하나님은 이 예배를 흠향하시고 하늘에 약속의 무지개를 나타내심으로 다시는 물로 인간을 멸하지 않겠다고 약속하셨다.

그로부터 수세기가 지나자 사람들은 다시 부패하여 우상을 섬겼고, 하나님께 드리는 예배를 등한시하였다. 하나님이 남겨두신 거룩한 소수의 씨들만 하나님을 경배하였고, 대부분의 사람들은 하나님을 향한 참 예배를 잊어버렸다. 하나님은 이러한 소수의 예배자 중에서 아브람을 택하셔서 그와 그의 가족들을 새로운 땅으로 인도하셨다. 그리고 아브람에게 '믿음의 조상'이라는 뜻을 가진 아브라함이라는 이름을 새로 지어주셨다.

하나님은 아브라함에게 나타나셨고, 아브라함은 제단을 만들어 주님을 영과 진리로 경배하였다. 이것에 대해 성경은 아브라함이 "믿음이 없어 하나님의 약속을 의심하지 않고 믿음으로 견고하여져서 하나님께 영광을 돌리며"(롬 4:20)라고 적고 있다. 어떤 번역본에는 이 말씀이 "아브라함이 하나님께 영광을 돌렸을 때, 그의 믿음이 강해졌다"라고 번역되어 있다.

아브라함은 경배자다. 하나님은 아브라함과 거룩한 씨에 관한 약속을 맺으셨다. 그것은 아브라함에게 아들을 주시겠다는 약속이었다. 주님으로부터 이 약속을 처음 받았을 때, 아브라함은 나이가 너무 많아 아들을 생산할 수 없다고 생각하여 웃었다. 믿음이 없는 아브라함의 부인 사라도 자신에게 아들이 생긴다는 말에 웃었다. 그러나 때가 이르자 사라는 자신이 낳은 아들 이삭을 안고 한없이 기뻐하였다. 이삭이란 말은 웃는다는 뜻이다. "그때에 우리 입에는 웃음이 가득하고 우리 혀에는 찬양이 찼었도다"(시 126:2).

하나님은 이삭의 아들 야곱이 태어나자 장차 야곱의 가족을 통해 거룩한 민족을 이루실 계획을 실행하기 시작하셨다. 하나님은 야곱으로 열두 아들의 아비가 되게 하셨고, 그 열두 아들로 열두 지파의 조상들이 되게 하셨다. 그리고 야곱에게는 이스라엘이라는 새로운 이름을 주신 후 그를 새로운 땅으로 옮기셨다. 야곱은 속이고 빼앗는 자였으나 하나님의 승리하는 왕자 이스라엘이 되었다.

야곱의 아들들의 이름이 예언적 뜻을 담고 있기에 우리는 그들의 이름을 통해 그들의 삶이 어떠할지를 어느 정도 예견할 수 있다. 첫째 아들은 르우벤인데, 그 이름의 뜻은 '아들을 보라'이다.

둘째 아들은 시므온이며, '들을 줄 아는 지혜가 있다'는 뜻으로 순종의 의미를 담고 있다. 그 다음은 레위로 '합쳐지다, 연합하다'라는 뜻이다. 야곱의 넷째 아들의 이름은 유다인데, 놀랍게도 셋의 족보에서 네 번째 아들인 마할랄렐이 그랬던 것처럼 '하나님을 찬양하다'라는 뜻을 가지고 있다. 이것에 대해서는 성경에 "그가 또 임신하여 아들을 낳고 이르되 내가 이제는 여호와를 찬송하리로다 하고 이로 말미암아 그가 그의 이름을 유다라 하였고 그의 출산이 멈추었더라"라고 기록되어 있다.

"내가 이제는 여호와를 찬송하리로다"라는 표현은 간결하면서도 훌륭한 표현이다! 이것은 성경에서 사람이 입술로 하나님을 찬양하겠다고 표현한 첫 번째 경우다. 유다를 낳은 레아의 입술에서 이런 말이 나왔다는 사실은 매우 중요하다. 당시 그녀는 기뻐하며 안식하였을 것이다. 그녀는 아마도 아들 유다의 출생으로 인해 이루어질 일을 미리 알고 있었을 것이다. 이 말은 레아가 자신이 낳은 아들 유다의 후손 중에서 세상을 흔들 귀한 사람들이 태어날 것을 미리 알고 있었다는 말이기도 하다. 그들은 열방의 칭송을 받게 될 사람들이다.

유다 지파에 하나님의 은총이 부어질 것이고, 하나님은 이 지파를 통해 이 땅에 그분이 거하실 거룩한 처소를 마련하실 것이다. 그들은 이방 나라들 속에서도 하나님을 찬양하고 경배하고, 이를 통해 세상 모든 나라와 백성들이 하나님의 크신 이름을 알게 될 것이다. 유다의 자손 중에서 다윗이 나왔다. 다윗은 천국의 하나님을 찬양하는 데 일가견이 있었고, 그가 찬양하면 천국이 땅에 임하는 일이 일어났다. 다윗은 이스라엘 최고의 찬양자다. 그는 누구보다 뛰어난 시인이었고, 하나님의 말씀을 귀히 여기는 뛰어난 선지자였다. 하나님께서는 찬양한다는 뜻을 가진 유다와 그의 후손들을 통해 자신을 알리셨던 것이다!

성경에 약속된 대로 마침내 유다 지파에서 메시아가 태어나셨다. 그래서 우리는 그분을 유다의 사자라고 부른다. 그분은 진실로 성육신하신 하나님의 찬양(유다)이시다. 주님은 하나님의 이름을 형제들에게 선포하셨고, 교회로 하나님의 이름을 찬송하게 하셨다(히 2:12). 하나님의 외아들이신 그분은 모든 형제들보다 먼저 나신 분으로서 하나님의 자녀 된 자들을 돌보시고, 그들로 영원한 천국에서 참되고 온전한 찬양을 하나님 아버지께 드리게 하셨다. 그리고 그들의 찬양에 하나님은 영광스런 임재로 화답하셨다. 레아야, 기뻐하라! 시온아, 너의 하나님을 찬양하라!

야곱에게서 이미 언급한 네 명의 아들 외에 여덟 명의 아들이 더 태어났다. 그들의 이름에서 우리를 향한 하나님의 계획을 더 엿볼 수 있다. 다섯 번째 아들 단이라는 이름은 '재판관'이라는 뜻이다. 그다음 아들 납

달리는 '하나님의 씨름'이라는 뜻이다. 그다음 아들 갓은 '군대 또는 무리'라는 뜻이다. 그다음 아들 아셀이라는 이름은 '행복하다 또는 복 받았다'는 뜻을 갖고 있다. 그다음 아홉 번째 아들은 잇사갈로 '상급'이란 뜻을 갖고 있다. 그다음 아들 스불론은 '살다 또는 거주하다'라는 뜻이다.

 열한 번째 아들은 라헬에게서 태어났는데, 성경은 이 아들을 낳은 라헬에 대해 "아기를 못 낳는 자여 기뻐하라"고 기록하였다. 라헬은 아들을 낳기 위해 오랜 시간 기도하며 기다렸다. 그녀는 결국 아들을 얻어 '요셉'이라고 이름 지었다. 요셉이란 뜻은 '증가하다 또는 열매 맺다'라는 뜻을 가지고 있다. 지금까지 태어난 야곱의 열한 명의 아들 중에서 오직 요셉만 진정으로 하나님을 찬양하고 순종하는 삶을 살았다. 마지막 열두 번째 아들은 베냐민인데, 그는 아버지 야곱의 사랑과 은총을 가득 받았다. 베냐민은 '내 오른손의 아들'이라는 뜻이다.

 앞에서 셋의 후손들의 이름을 이어서 메시지를 만들었듯이 야곱의 아들들의 이름을 이어보니 하나님의 예언적 메시지가 나왔다. 야곱의 열두 아들의 이름이 의미하는 메시지는 다음과 같다. "나의 아들을 보라! 그는 나의 목소리가 되어 나에게 순종하고 나와 연합하게 될 것이다. 그는 이 땅에서 나를 찬양하고, 나의 영광을 나타낼 것이다. 나는 그를 재판관으로 세우고, 악한 것들과 씨름하여 이기는 용사로 삼을 것이다. 그는 큰 군대와 많은 무리들을 인도하고, 나의 축복과 은총을 받게 될 것이다. 그들은 나의 상급이 될 것이다. 나는 그들로 이 땅에서 나의 거처가 되게 할 것이다. 그들 가운데 위대함이 더 커지고, 열매들이 증가하게 될 것이다. 그는 나의 오른손의 아들이라 일컬음을 받고, 그의 통치는 영원할 것이다."

야곱의 열두 아들의 이름에는 하나님의 영광스런 약속의 말씀이 숨겨져 있다. 그러나 그들의 삶은 그리 영광스럽지 못했다. 하나님의 은택을 받은 야곱의 아들들은 하나님을 높이고 찬미하는 삶을 살았어야 했지만, 실제로는 그렇지 못했다. 그들은 방탕한 이방 민족들과 섞여 살면서 수치스러운 일들을 저질러 이방인들조차 그들을 좋지 않게 생각했다.

이러한 사실은 하나님의 자녀들이라도 그분을 영화롭게 하는 찬양의 삶을 살지 않으면 수치스러운 일들을 행하게 되고, 이로 인해 사람들의 비난을 받게 된다는 사실을 말해준다. 그러나 하나님은 그러한 야곱의 아들들을 통해 또 다시 인간들이 저지른 실패와 죄를 돌이킬 방법을 계획하셨다. 하나님은 요셉과 그의 형제들의 이야기를 인간 역사상 가장 재미있는 드라마라고 해도 될 만큼 재미있게 엮으셨다.

요셉은 자신의 삶과 입술로 하나님께 찬양을 드린 진정한 예배자였다. 그는 믿음과 순종으로 죄를 이겨 하나님의 은총을 입었다. 그의 삶은 하나님의 아들 예수님의 삶을 연상시킨다. 하나님의 부르심, 요셉이 꾼 꿈, 그가 당한 배반과 고난, 그의 오랜 시련 그리고 마지막으로 높은 자리에 오른 일 등이 모두 예수님이 겪으신 것과 많이 닮아 있다.

요셉은 어쩔 수 없이 이방인들 속에 살면서도 결코 하나님에 대한 믿음을 놓지 않았다. 그는 믿음을 버리는 것보다 자신의 목숨을 버리는 쪽을 택했고, 오랫동안 애굽의 감옥에 갇혀 있으면서도 주위 사람들에게 은혜를 베풀어 간수의 마음을 얻게 되었다. 요셉의 믿음과 순종을 보신 하나님께서 그의 적들에게 은혜를 입도록 조치하신 것이다. 그는 죄의 유혹에 넘어가지 않았기 때문에 앞에 놓인 장애물들을 넘을 수 있었다. 그는 열렬히 우상을 섬기는 이방인들 앞에서도 주저하지 않고 오로지 하나님만을 예배하였다.

요셉은 신으로 여겨졌던 애굽 왕 바로 앞에서도 담대히 엘로힘의 하나님을 알렸고 성령님을 나타냈다. 그 결과 바로는 요셉에게 전무후무한 상급을 베풀어 애굽의 총리로 삼았다. 요셉이 받은 상과 영광은 매우 큰 것이었지만, 그는 총리로서의 권한을 자신의 이익을 위해 사용하지 않았다. '열매 가득한 가지가 벽을 넘어간다'는 뜻의 이름을 가진 요셉은 그 이름대로 예수님처럼 하나님의 종으로서 열매 맺는 삶을 살았다.

우리는 하나님께서 택하신 계보에 등장하는 사람들의 놀랍기도 하고 때론 실망스런 이야기들을 통해 많은 유익을 얻었다. 특히 요셉의 이름이 뜻하는 바와 같이, 그의 삶은 우리에게 많은 유익을 끼쳤다. 요셉에 대해 생각하고 있노라면, 마음속에서 사랑과 찬양이 솟아난다. 하나님이 요셉을 생각하시며 기뻐하셨을 것을 생각하면, 어느새 기분이 좋아진다. 하나님께서는 삶으로 그분을 찬양한 요셉을 통해 많은 사람들을 구하셨다!

요셉은 하나님의 결실의 시간의 정점에 서 있는 인물이다. 그의 계보에 좋은 결실도 있고 나쁜 결실도 있긴 하지만, 하나님께서 요셉의 계보를 통해 찬양과 의의 결실을 거두셨다는 사실이 우리를 기쁘게 한다. 그러나 한편 그들이 범한 불순종과 죄의 결실은 마음을 아프게 한다. 거룩한 씨인 요셉의 계보에 죄가 있었지만, 자비하신 하나님은 그런 그들을 애굽 땅으로 보내심으로 하나님의 심판과 기근으로부터 구해내셨다. 그러나 오래지 않아 그들은 애굽의 노예가 되고 말았다. 애굽의 노예로 산 지 400년이 되자 하나님은 다시 한 번 그들을 노예 상태에서 구하셨다.

요셉이 죽으면서 남긴 "나는 죽을 것이나 하나님이 당신들을 돌보시고 당신들을 이 땅에서 인도하여 내사 아브라함과 이삭과 야곱에게 맹세하신 땅에 이르게 하시리라"(창 50:24)는 마지막 말은 그의 삶이 어떠했는지를 잘 대변해준다. 하나님을 찬양하며 산 순종과 믿음의 사람 요셉은 그 말을 마지막으로 이 세상에서의 삶을 끝마쳤다.

삶으로 하나님을 찬양하며 산 사람은 하나님의 칭찬을 받는데(고전 4:5), 요셉이 바로 그런 경우다. 이러한 하나님의 원칙은 우리에게도 그대로 적용된다. 하나님은 "나를 찬양하는 자가 나에게 영광을 돌린다"고 말씀하셨다.

이스라엘, 찬양이 거하는 곳

하나님은 지성소의 증거궤 위에 있는 두 그룹 사이에 거하신다. 또한 하나님은 이스라엘의 찬양 가운데 거하신다. 창조주 하나님은 그분이 창조하신 모든 생물들에게 그들이 살아갈 수 있는 적합한 환경을 마련해주셨는데, 이것은 하나님도 거하실 곳을 필요로 하신다는 사실을 암시한다.

물고기는 물에서 살고, 새는 하늘을 날아다니며, 사람은 땅에서 공기를 마시며 살아야 한다. 이러한 사실들에는 하나님의 임재와 그분의 영광스러운 나타나심에 관한 비밀이 숨겨져 있다. 그분은 영으로 우주 그 어느 곳에도 계실 수 있다. 그분의 생명과 능력이 미치지 못할 곳은 그 어디에도 없지만, 하나님은 자신을 타나낼 수 있는 특별한 환경을 원하신다.

히브리어로 '쉐키나'라는 말은 인간이 감지할 수 있는 하나님의 나타나심을 뜻한다. 성경은 인간이 정결한 마음으로 하나님을 뜨겁게 찬양하면 그분의 쉐키나 영광을 나타내신다고 말한다. 하나님을 향한 열정적 찬양은 천국 보좌에서도 일어나고 있다. 그러므로 하나님이 찬양 속에 거하신다는 말이 맞다. 천국의 왕이신 하나님은 정결하고 거룩하신 분이기에, 영적으로 정결하고 거룩한 분위기가 형성되지 않으면 자신을 잘 드러내지 않으신다.

하나님은 이 땅에 거하시기 위해 이스라엘을 택하셨고, 그들로 자신을 찬양하게 하셨다. 하나님은 신기하고도 놀라운 방법으로 자신을 먼저 이스라엘에게 나타내셨고, 그 다음에는 온 세상 사람들에게 나타내심으로 이 땅에 거하신다. 이에 대해 성경은 "이스라엘의 찬송 중에 계시는 주여 주는 거룩하시니이다"(시 22:3)라고 하였다.

하나님은 한 사람이나 한 가족에 한정하여 거하시는 것에 만족하지 않으신다. 하나님은 자신의 영광을 사모하는 거룩한 나라를 원하신다. 그래서 하나님은 아브라함과 이삭과 야곱 그리고 그의 아들들과의 소규모 관계를 형성시켜 나가시는 중에도 나라 전체와 관계를 맺고자 하시는 거대한 목적을 잊지 않으셨다.

사람들이 죄를 짓고 실패했음에도 불구하고 그들과 교제하고 그들에게 자신을 나타내고자 하시는 하나님의 뜻은 결코 변하지 않는다. 하나님은 자신에게 순종하는 요셉을 사용하셔서 이스라엘 백성들을 기근으로부터 구해내셨다. 요셉의 힘으로는 이스라엘 백성들을 하나님의 심판으로부터 구출해낼 수 없었다. 그러나 하나님은 그들을 구하시기 위해 평화로운 거룩한 땅에서 죄악의 땅, 우상 숭배로 물든 어두운 땅인 애굽으로 그들을 이주시키셨다.

오랜 세월이 흘러 요셉과 그의 형제들과 가족들이 다 숨을 거두었다. 그러나 그들의 후손들은 번성하여 애굽 땅에 가득하게 되었다. 그러자 애굽 사람들이 그들을 혹사시켰고, 이로 인해 그들의 삶이 힘들어지게 되었다. 하나님이 그들에게 이런 일을 허락하신 이유가 노예의 삶이라는 처절한 과정을 통해 그들의 마음을 정결케 하심으로 하나님을 경배하게 하기 위해서였을까? 그들이 바로에게 순종하는 삶을 살게 됨으로 사랑의 하나님이신 참 주인에게 순종하는 것을 배우게 된 것일까?

고난에 관한 신비는 인간의 죄와 반항과 관련하여 해석해야 한다. 어찌 보면 인간은 창조주 하나님을 경배하지 않으려고 발버둥치는 존재로 보인다. 하나님의 택함을 받은 자녀들마저도 짓뭉개지는 고통의 과정을 겪지 않으면 결코 하나님께 순종하거나 경배하지 않으려 한다. 그런 의미에서 하나님이 고통 받게 하신 것이 그분의 자비와 같이 느껴진다. 성경은 "여호와께서 너를 그 지으신 모든 민족 위에 뛰어나게 하사 찬송과 명예와 영광을 삼으시고"(신 26:18-19)라고 적고 있다.

이스라엘은 400년간 애굽에서 종살이를 하는 동안 신실한 소수의 사람들을 통해 하나님에 대한 경배와 찬양을 이어나갔다. 하나님께서는 레위의 한 후손에게 보호의 손을 얹으심으로 그로 특별한 경험을 하게 하셨다. 그의 이름은 아므람으로 '높임 받은 백성'이란 뜻을 가지고 있다. 아므람은 '여호와가 나의 영광이시다'라는 뜻의 이름을 가진 레위의 딸 요게벳과 결혼하였다. 담대한 믿음을 가진 요게벳은 자신의 이름대로 고귀한 삶을 살았고, 그녀에게서 이스라엘을 구원할 지도자이자 선지자로서 하나님의 율법을 이스라엘에게 전해줄 모세가 태어났다.

이스라엘 백성이 번성하는 것을 두려워한 바로는 이스라엘의 남자 아이들을 태어나는 즉시 강에 던져 죽이라고 명령하였다. 그러나 요게벳은 그 명령을 따르지 않고, 하나님의 지시에 따랐다. 그녀는 자신의 갓난아기 모세를 석 달 동안 숨겨서 키운 후 그를 갈대상자에 넣어 강에 띄워 보내면서 모세의 누이 미리암에게 따라가게 하였다. 그 후 하나님은 바로의 딸이 모세를 양자 삼도록 하심으로 그의 생명을 지켜주셨다.

모세는 성인이 되자 애굽 공주의 아들이라 불리는 것을 거절하였다. 그는 세상의 부귀영화를 거부하고 하나님의 백성들과 고통을 같이 하기로 결정하였다. 하나님은 그것을 기뻐하셨다. 모세가 이스라엘 백성을 위해 치른 희생은 결코 작다고 할 수 없다. 그는 애굽 왕 바로의 아들로서 최고의 부귀와 영화를 누릴 수 있음에도 이를 포기하고, 노예로 살아가는 이스라엘 백성과 함께하기로 결정한 것이다. 모세는 통치자 바로의 미움을 살 수도 있는 위험을 감수하고 그러한 결정을 내렸다.

이러한 모세의 결정은 하나님을 향한 찬양과 경배 그 자체였다. 하나님은 이와 같은 결정을 내린 모세를 이스라엘 민족 중에서 높여주심으로 그를 축복하셨다. 이를 통해 우리는 하나님께서 그분을 높이는 자를 높여주신다는 사실을 알 수 있다. 하나님은 그분을 높이며 겸손하게 살아가는 사람, 그분을 찬양하는 사람을 높여주신다.

그럼에도 불구하고 오늘날 하나님만 찬양하며 사는 사람들이 그리 많지 않다. 그 이유는 하나님이 자신을 찬양하며 살아가는 사람들을 더 정결하고 겸손하게 만들기 위해 힘든 고난의 과정을 지나게 하시기 때문이 아닐까 생각한다. 모세가 바로 그런 경우였다.

모세는 이스라엘의 구원이라는 거대한 임무를 맡게 되기까지 상당 기간 고초를 겪었다. 어찌 보면 모세는 거의 평생에 걸쳐 어려움을 겪었다고 할 수 있다. 그래서 오랫동안 하나님의 은총이 그를 떠난 듯 보이기도 했다. 그런데 실은 하나님이 모세를 단련하신 것이었다. 이를 통해 그로 하나님의 백성들이 받는 고통이 어떤 것인지를 체험하게 하셨다.

하나님은 "이스라엘이 어렸을 때에 내가 사랑하여 내 아들을 애굽에서 불러냈거늘"(호 11:1)이라고 말씀하셨다. 시간이 지나 하나님이 움직이실 때가 도래했다. 주께서 이스라엘의 원수인 애굽에게 보복하실 때가 도래한 것이다. 하나님은 호렙산의 타는 수풀 사이에 나타나셔서 모세를 만나셨다(출 3장). 이때 하나님은 모세에게 이스라엘 백성들을 애굽에서 데리고 나와 거룩한 산에서 희생의 제사를 드려 자신을 섬기라고 명령하셨다. 여기서 하나님을 섬기는 것은 예배를 뜻한다. 하나님께서 이스라엘을 자유케 하시는 이유는 그들로 자신을 섬기는 자 곧 예배자가 되게 하시기 위해서였다.

여기서 한 걸음 더 나아가 하나님은 모세에게 자신의 이름이 '스스로 있는 자'라고 알려주셨고, "내가 나의 손을 뻗어 애굽을 칠 것이다"라고 말씀하심으로 놀라운 일들이 일어나게 될 것임을 알려 주셨다. 하나님은 또한 모세를 위해 기적들을 베푸셨고, 그에게 지팡이를 주셔서 위대한 능력을 행할 수 있게 하셨다.

모세는 아론과 함께 애굽 왕 바로에게 가서 하나님이 명하셨으니 이스라엘 백성들이 광야로 나가 하나님께 제사 드릴 수 있도록 허락하라고 요구하였다. 여기서 제사(feast)는 히브리어로 챠그(chag)이며, 과감하게 전진하여 큰 잔치를 벌인다는 뜻을 담고 있다.

당시 이방인들은 매년 많은 신들을 위한 잔치를 거창하고 성대하게 벌였다. 하나님은 애굽에서 종살이하는 이스라엘 백성들로 하나님을 위해 그런 성대한 잔치를 벌이게 하신 것이다. 하나님께 드리는 잔치는 영원성과 예언적인 의미를 담고 있는 거룩한 잔치로, 하나님과의 교제를 목적으로 한 것이어야 한다.

하나님이 원하시는 참된 잔치는 주님의 최후의 만찬이 벌어진 유월절 잔치로부터 시작된다. 이 잔치는 주님이 베푸신 잔치였다. 하나님은 이스라엘 백성에게 광야로 가서 이러한 잔치를 벌이라고 말씀하셨던 것이다. 장차 어린 양의 혼인식에 큰 잔치가 한 번 더 있게 될 것이다. 이 혼인 잔치에 초대받는 사람들은 참으로 복 받은 자들이다.

애굽 왕 바로는 이스라엘 백성을 광야로 보내어 하나님께 희생제물을 드리게 하라는 모세의 요구를 일언지하에 거절하였다. 그러나 하나님은 여러 가지 기적을 베푸셔서 바로에게 고통을 주셨고, 이에 바로는 마지못해 이스라엘 백성을 풀어주었다. 이스라엘이 애굽의 종살이에서 풀려난 유월절은 하나님의 백성이 예수 그리스도의 피 흘리심으로 심판과 죽음을 면하게 된 것을 상징한다.

홍해에 도착한 그들은 우여곡절 끝에 홍해를 건넜다. 그들이 홍해를 건넌 것은 그리스도인들이 침례(세례)를 받음으로 하나님의 자녀가 된 것을 상징한다. 홍해를 무사히 건넌 이스라엘 백성들은 기쁨에 넘쳐 "너희는 여호와를 찬송하라 그는 높고 영화로우심이요 말과 그 탄 자를 바다에 던지셨음이로다"(출 15:21)라고 하며 하나님을 찬미하였다.

이것은 인간이 할 수 있는 최고의 찬미다(출 15:1-9). 그들은 홍해를 건넌 직후, 출애굽 사건을 통해 한 나라를 탄생시키신 하나님을 찬양하였다. 그들의 찬양은 밤하늘의 별들이 세상을 창조하신 하나님을 찬양하는 것과 같이 장엄한 찬양이었다. 외경에 등장하는 지혜서의 저자는 이 찬미의 노래를 '하나님의 지혜'라고 불렀다. 이스라엘이 홍해를 건넌 것과 관련하여 시편 기자는 시편 8편을 통해 하나님께서 어린아이의 입을 여셔서 홍해를 건너게 하신 하나님을 찬양하게 하셨다고 기록하였다.

이 찬양은 시대를 뛰어넘는 전 우주적 찬양이며, 구원받은 자들이 수정 같이 맑은 천국의 불붙는 홍해에서 거문고에 맞춰 부를 찬양이다. 장차 우리는 천국의 보좌 앞에서 이 노래와 어린 양의 노래(계 15장)를 부르게 될 것이다.

> 보라 하나님은 나의 구원이시라 내가 신뢰하고 두려움이 없으리니 주 여호와는 나의 힘이시며 나의 노래시며 나의 구원이심이라 (사 12:2)

우리는 이러한 최상의 찬양을 하나님께 자주 올려드리고, 가사를 묵상함으로 자신의 것으로 만들어야 한다. 우리는 죄로 물든 애굽과 같은 세상에서의 탈출을 상징하는 유월절을 영적으로 경험하였고, 침례(세례)를 상징하는 홍해도 이미 건넜기에 새 삶을 얻음으로 새 땅을 향해 걸어가는 순례자로 살아가고 있는 것이다.

그러므로 우리는 구원받은 자들과 함께 모세의 승리의 노래를 힘껏 합창해야 한다. 주님께서 우리에게 눈물 대신 기쁨을 주셨기에 미리암처럼 소고를 들고 춤을 추며 찬양해야 한다. 하나님께서 우리에게 천국 찬양의 옷을 주셨기에 춤추며 찬양해야 하는 것이다. 우리는 하나님을 향해 "오, 백성들 중에 주님과 같은 자는 없습니다. 주님처럼 거룩하고 영광스러운 분은 그 어디에도 없습니다. 우리에게 기적과 이사를 베푸신 주님은 찬미 받아 마땅하신 분입니다"라고 외치며 찬양해야 한다.

이와 같은 강력한 찬양을 하나님께 드릴 때, 우리는 광야에서 행하신 그분의 놀라운 역사들을 보다 잘 이해할 수 있게 된다. 하나님을 드높여 찬양하면 할수록 우리는 그분의 놀랍고도 엄위하신 임재를 더 잘 감지할 수 있고, 우리 가운데 베푸시는 기적을 더 자주 체험할 수 있게 된다. 그렇다. 그분은 위대하신 주님이시다. 우리는 주님의 성산에서 그분을 찬양해야 한다.

모세의 승리의 노래 끝부분에 "주께서 백성을 인도하사 그들을 주의 기업의 산에 심으시리이다 여호와여 이는 주의 처소를 삼으시려고 예비하신 것이라 주여 이것이 주의 손으로 세우신 성소로소이다 여호와께서 영원무궁 하도록 다스리시도다"(출 15:17-18)라는 위대한 표현이 나온다. 모세는 이 노래에서 호렙보다 더 큰 산(주의 기업의 산)에 대해 언급하고 있다. 히브리서 12장에서는 모세가 말한 호렙보다 큰 산을 하나님의 도성 예루살렘과 천국의 시온산으로 표현하였다.

이스라엘만큼 경이롭게 탄생한 나라는 이 세상 그 어디에도 없다. 그들을 노예 상태로 머물게 했던 흑암의 세력들이 물러가자 이스라엘 백성들에게 새로운 계시의 시대가 열렸다. 그들은 한 마음으로 기뻐하며 하나님의 거룩한 산을 향하여 나아가기 시작했다. 아마도 홍해를 건넌 거대한 무리는 자신들을 구해주신 하나님께 감사와 찬양을 드리며 믿음으로 충만하여 힘차게 나아갔을 것이다.

홍해를 건넌 지 3일 만에 이스라엘 백성들은 물이 있는 마라라는 곳에 도착했다. 그런데 그들은 그곳에서 하나님을 향해 원망을 쏟아냈다. 불과 며칠 전에 하나님께 감사의 찬양을 올렸던 그들이 왜 갑자기 그와 반대되는 마음을 갖게 되었을까? 우리 중에도 그들처럼 하나님께 불평을 토로하며 사는 사람이 있을 것이다. 구원과 기적과 침례를 체험한다고 해서 자동적으로 주님을 찬양하는 삶을 살게 되는 것은 아니다. 하나님은 힘든 일이 있어도 주님을 찬양하는 자를 찾으신다. 하나님은 찬양 중에 거하시고자 힘든 일이 있어도 그분을 찬양하는 자들을 찾으신다.

그들은 입을 열어 하나님을 향한 찬미의 말들을 계속 쏟아놓았다. 당신도 그렇게 하라. 하나님을 향해 찬양의 말들을 쏟아내라. 당신의 입에서 찬양이 강물처럼 흘러나오게 하라. 용솟음쳐 나오게 하라. 폭포수처럼 쏟아지게 하라. 더 위대하고 장엄하고 격정적인 말들을 올려드려라. 힘이 다 빠질 때까지 그렇게 하라.

- C. H. 스펄전

하나님의 성산으로 가는 길

하나님의 산으로 가는 길에 거친 광야가 있다. 하나님의 산 정상을 향해 가는 무리들은 그 거친 광야에서 위험과 고통, 배고픔과 목마름, 탈진과 분쟁을 경험한다. 믿음과 순종 그리고 하나님의 인도하심이 없다면, 구름이 머무는 하나님의 거룩한 성산의 정상에 도달할 수 없다.

하나님의 성산을 향해 나아간 첫 번째 순례자의 무리가 바로 이 이스라엘 백성들이었다. 그들은 홍해를 거쳐 시내산에 이르렀고, 결국에는 가나안으로 들어갔다. 그들이 밟은 기나긴 여정은 인류 역사상 가장 고된 여정이었다. 이 일은 지금으로부터 4천여 년 전에 일어난 사건이지만, 그들이 여정 중에 경험한 신비한 일들은 오늘을 살아가는 우리에게 큰 감동을 준다.

무려 200만 명이나 되는 출애굽한 사람들 중 우리가 이름을 아는 사람들은 단지 몇 명에 불과하다. 하지만, 그들이 광야를 지나면서 겪은 일들은 우리가 인생의 여정 중 겪는 일들과 너무도 닮아 있어서, 그들이 우리의 가족이나 친인척처럼 느껴질 정도다. 그들처럼 우리도 하나님의 성산으로 가야 한다. 우리도 어린양의 유월절에 참예한 자들이기에, 하나님의 성산에 떠 있는 구름을 바라보며 홍해를 건넘으로 그들처럼 승리의 노래를 목청껏 불러야 한다.

그러나 이것은 시작일 뿐이다. 성령님은 그들이 체험한 광야의 이야기를 통해 수없이 많은 사람들의 영을 부흥케 하셨다. 하나님께서 그렇게 하신 이유는 그들의 경험이 현재를 살아가는 모든 그리스도인에게 심오

한 영적 교훈들을 제시해주기 때문이다.

이스라엘 백성들은 광야에서 같은 실수를 반복해서 저질렀다. 그들은 불신앙과 불순종의 결과 그에 상응하는 열매를 거두었다. 그들은 의의 열매와 찬양의 열매를 거둔 것이 아니라 죄와 치욕의 열매를 거두었다.

그리스도 예수 안에서 하나님의 부르심을 받은 우리는 그들처럼 광야에서 쓰러지고 마는 자들이 되지 않기 위해, 그들의 실패를 통해 교훈을 얻어야 한다. 영적으로 보면, 우리도 그들처럼 애굽을 떠나 하나님의 거룩한 산을 향해 가고 있다. 그러므로 우리도 그들처럼 주님께 제사를 드려야 한다. 우리가 이르러야 할 곳은 그들이 다다른 것과 같은 눈에 보이는 시내산이 아니라, 하늘의 예루살렘이 있는 시온산이다.

우리가 하나님께 제사를 드려야 한다는 말은 율법을 지켜야 한다는 말이 아니라, 그분의 사랑을 만끽해야 한다는 말이다. 그 사랑이 바로 신약으로 성취되었기에 우리의 여정은 순종하지 않은 이스라엘 백성들의 여정과는 다르다. 그 이유는 우리의 여정이 하나님의 아들 된 자로서의 여정이기 때문이다. 수많은 천사들과 성도들이 우리를 기다리고 있다. 우리는 어린 양의 혼인 잔치에서 그들과 함께 찬양하게 될 것이다.

하나님은 이스라엘 백성들이 고난을 통과한 후에야 하나님의 임재의 산에 오르게 하셨고, 모세로 고난을 겪게 하신 후에야 불로 임하신 하나님을 경험하게 하셨다. 그런 하나님이 어찌 우리로 고난을 통한 훈련 없이 하나님의 영광의 불을 경험하게 하시겠는가?

이스라엘 백성들의 출애굽 여정은 하나님의 강력한 영광의 나타나심을 그 출발점으로 하고 있다. 여호와께서는 그들을 애굽에서 끌어내시기 위해 강한 손을 펼쳐서 애굽의 장자들을 모두 죽게 하셨다. 출애굽한 이스라엘 백성들은 모두 구름 아래서 행진하고, 홍해를 건넜으며, 모두가 찬양의 노래를 불렀다. 역사학자들은 이들이 홍해를 건넌 사건이 역사적 사실이라고 증거하고 있다.

이스라엘 백성들이 홍해를 건넌 사건은 오늘도 우리 삶에서 재현되고 있다. 우리가 영적인 이스라엘에 속해 있기에 하나님은 지금도 그때처럼 우리의 찬양 속에 거하고 계신다. 그러므로 영적인 관점에서 보면 그들의 경험과 우리의 경험이 같다고 할 수 있다. 바다를 마르게 하실 수 있는 하나님은 광야에 길을 내실 수도 있고, 그분의 백성을 순식간에 거룩한 성산으로 옮기실 수도 있다.

이스라엘 백성들은 출애굽 여정을 시작하면서 아마도 우리가 경험한 육체의 순간 이동을 꿈꾸었을 것이다. 그들도 우리처럼 초자연적인 것에 목말라 있어서 하나님께서 쉽게 여정을 마칠 수 있게 하실 것이라는 기대에 부풀어 있었을 것이다. 그러나 하나님의 생각은 그들의 생각과 달랐다. 지혜로우신 하나님께서는 인간의 마음을 시험해보기도 하시고, 시련을 주기도 하신다(히 12:6). 우리의 주님이신 예수님께서도 하나님의 불같은 시련을 끝까지 견뎌내셨다. 이에 대해 성경은 예수께서 "받으신 고난으로 순종함을 배우셨다"(히 5:8)고 적고 있다.

이스라엘 민족이 정결케 하는 믿음의 시련을 통과하지 않았다면, 하나님 아버지께서는 결코 그들 중에 거하지 않으셨을 것이다. 하나님은 우리가 그리스도의 장성한 분량에 이르도록 훈련시키신다. 그런 이유에서 하나님은 이스라엘 민족을 애굽의 종살이에서 바로 구해내지 않으셨고,

출애굽한 그들을 곧바로 성산으로 인도하지도 않으셨다. 그들은 광야에서의 시련을 이겨내고 여러 시험들을 통과해야 하나님의 거룩한 산에 당도할 수 있었다. 이 점에서는 그들이나 우리나 동일하다.

그들은 마라, 엘림, 신 광야, 르비딤, 므리바를 지나 마침내 시내산이 위치한 시내 광야에 당도하였다. 이 지명들의 영적 의미와 우리의 신앙 여정이 반드시 일치할 수는 없겠지만, 그렇다고 해서 그 의미를 간과해서도 안 된다. 우리의 신앙과 영성은 우리의 의지 안에서 펼쳐진다. 그러므로 의지적으로 원하면 이스라엘이 거쳤던 과정을 우리도 거칠 수 있다. 또한 하나님을 향해 불평하고 불만을 토해내면 이스라엘 백성들이 광야에서 경험한 비극을 우리 역시 경험하게 된다.

우리도 이스라엘처럼 하나님을 의심하여 거룩하신 분에게 등을 돌림으로 그분을 화나시게 할 수 있다(시 78:40-41). 아니면 다윗처럼 거룩한 언덕으로 올라가며 하나님을 찬양할 수도 있다. 광야 길이라도 기뻐 찬양하며 걸으면 우리 앞에 꽃들이 피어나게 되고, 눈물 골짜기를 지나면서도 기쁨을 경험하게 된다(시 84:5-7). 불신앙을 택할지 아니면 승리를 가져다 주는 믿음을 택할지는 우리 스스로 결정해야 한다.

기쁨과 불평이 함께할 수 있겠는가? 불안이 신뢰와 발걸음을 같이 할 수 있겠는가? 찬양과 거역이 동거할 수 있겠는가? 어떤 사람들은 찬양의 삶을 살면서 동시에 불평하고 두려워하는 것이 가능하다고 생각한다. 실제로, 우리가 함께 모여 진심으로 찬양하면 마음이 성령으로 채워지지만, 시련이 다가오면 불평하거나 의심하기 시작하고, 이로 인해 찬양이 사라지게 된다. 성경은 이와 관련하여 "한 입에서 찬송과 저주가 나오는구나 내 형제들아 그렇게 하는 것은 마땅하지 아니하니라"(약 3:10)라고 하였다.

찬양의 삶을 살기 원한다면 찬양에 지장을 주는 말과 행동을 하지 말아야 한다. "무엇을 하든지 말에나 일에나 다 주 예수의 이름으로 하고 그를 힘입어 하나님 아버지께 감사하라"(골 3:17). 그래야 하나님의 산에 오르는 신앙의 길을 기쁘게 갈 수 있고, 힘을 얻어 하나님의 시온산에 이르러 마침내 그분 앞에 설 수 있다.

홍해에서 마라까지는 3일이 걸렸다. 그러나 이 3일 동안 물이 고갈되어 사람들이 지쳐버렸다. 마라에서 물을 발견하기는 했지만, 물이 써서 마실 수가 없어 그들은 크게 실망했다. 애굽에서 종살이 할 때 나일강의 일급수를 마셨던 그들은 실망스런 마라의 쓴 물로 인해 매우 혼란스러워했다. 아마 당신도 신앙생활을 해나가는 중에 이와 비슷한 경험을 한두 번 정도 해보았을 것이다. 상황이 원하는 대로 전개되지 않자 그들은 불평을 늘어놓기 시작했다.

마라의 물을 마시지 못하게 되자 백성들이 모세를 원망하였다. 이에 모세는 하나님께 부르짖어 기도했고, 하나님은 그의 간절한 기도에 응답하셔서 한 나무를 보여주시며 그 나무를 잘라 쓴 물이 있는 호수에 집어넣으라고 말씀하였다. 모세가 하나님의 말씀대로 하자 쓴 물이 즉시 단 물이 되었다. 하나님은 물을 달게 만들어주시는 것 외에도 앞으로 그들이 순종하면 병에 걸리지 않게 해주겠다고 약속하셨다. 그렇게 쓴 물이 치유의 샘이 되었다.

말씀 주석가들은 모세가 베어 호수에 넣은 나무가 그리스도의 십자가를 상징한다고 주장한다. 아람어 주석 성경인 타르굼(Targum)에는 "하나님께서 나무에 여호와라고 쓰게 하신 후, 모세에게 그 나무를 베어 쓴 물에 던지라고 하셨다"라는 기록이 있다. 나는 그 나무가 십자가에 못 박혀 죽으시고 부활하심으로 우리로 새 생명을 얻게 하신 그리스도를 상징한다고 생각한다. 인생의 마라를 만나면, 그곳에서 기쁨을 경험할 수 있다는 사실을 기억하라.

"겟세마네 동산에서 주님은 우리가 마셔야 할 마라의 쓴 물을 다 받아 마셨다. 그 결과 우리는 쓴 물이 아닌 단물을 마실 수 있게 되었다."

이제 이스라엘 백성들은 마라를 떠나 축복의 오아시스가 있는 엘림에 당도하였다. 하나님을 찬미하라! 그분은 지친 순례자들을 위해 그들을 시원케 할 또 하나의 좋은 계획을 마련해놓으셨다. 엘림에는 열두 개의 샘물과 70그루의 종려나무가 있었다. 열두 개의 샘물은 이스라엘의 열두 지파를 상징하고, 70그루의 종려나무는 70명의 장로를 상징한다.

하나님은 이유 없이 이스라엘 백성들을 시험하신 것이 아니다. 하나님은 지금도 다른 사람의 아픔을 함께하는 지도자들을 키워내시기 위해 훈련시키신다. 엘림에서 보면 저 멀리에 시내산이 보인다. 엘림은 비전을 상징한다. 나는 엘림에서 사람들이 하나님을 찬양했다는 기록이 없어서 마음이 좀 섭섭하다. 역경과 번영 이 두 가지 다 우리의 믿음과 순종을 시험한다.

이스라엘 백성들이 엘림을 떠나 신 광야를 향해 나아가기 시작한 것은 그들이 애굽을 출발한 지 한 달쯤 지나서였다. 백성들이 애굽을 떠날 때 갖고 온 물품들이 점점 동이 나기 시작했고, 이에 이들의 불만이 점점 커져서 결국 모세와 아론에게 투덜대기 시작했다. 그중 어떤 사람들은 슬피 울며 차라리 애굽에서 살다가 거기서 죽는 편이 더 나았을 것이라며 불평의 말을 쏟아놓았다. 하나님을 믿는 사람들이 이 정도밖에 안 되는 것은 옛날이나 지금이나 마찬가지다. 우리는 하나님을 믿는다고 하면서도 세상 것에 길들여져 아직도 애굽의 고기 맛을 잊지 못하고 있다.

대부분의 사람들이 맛있는 음식은 좋아하지만, 굶는 것은 싫어한다. 백성을 위해 금식하며 하나님께 찬양을 올릴 자들은 도대체 어디에 있단 말인가?

하나님은 백성들의 불평불만을 보시는 대신 모세와 아론의 믿음을 보시고 이스라엘 백성에게 초자연적인 은혜를 베풀어주셨다. 하나님이 영광의 구름으로 나타나시고, 그들에게 메추라기와 만나를 주신 이야기는 매우 유명하다. 여기서 만나는 생명의 떡이신 예수님을 상징한다. 하나님은 이처럼 초자연적인 기적을 베풀어주셨지만, 백성들은 욕심으로 인해 또 다시 하나님께 불순종하였다. 그들의 슬픔과 불평에 불순종이 더해진 것이다. 성경에는 하나님이 먹을거리들을 풍성하게 마련해주신 그곳에서 이스라엘 백성이 하나님을 찬양하였다는 기록이 없다.

신 광야를 떠나 르비딤에 도착하자 목이 너무 말라 화가 난 이스라엘 백성들이 다시 모세에게 대들었다. 성경은 이에 대해 "백성이 목이 말라 물을 찾으매 그들이 모세에게 대하여 원망하였다"(출 17:3)라고 적고 있다. 그들은 화가 나서 돌을 들어 모세를 치려고까지 하였다. 시험을 당할 때마다 이스라엘 백성들의 불신앙과 반항은 커져만 갔다. 하나님이 베푸신 기적들이 늘 우리에게 은혜가 되는 것은 아니다. 기적은 단지 구원으로 인도하는 표지판일 뿐이다. 하나님의 은혜만이 인간의 악한 마음을 감사의 마음으로 바꿀 수 있다. 그러나 이런 은혜를 거부하는 사람들이 있다. 이런 사람들에게는 하나님의 은혜가 역사하지 않는다.

하나님께서는 돌에 맞을 위기 상황에 처한 모세에게 장로들과 같이 호렙산 반석 위로 올라가서 바위를 치라고 말씀하셨다. 모세가 그곳으로 올라가 바위를 치자 백성들이 다 마시고도 남을 만큼 많은 물이 쏟아져나왔다. 샘물을 끝없이 쏟아낸 이 반석은 우리의 반석과 생명수 되시는 그리스도를 예표한다. 모세는 바위에서 물이 나온 그곳의 이름을 '시험'을 뜻하는 맛사 또는 '다툼'을 뜻하는 므리바라고 명명하였다. 성경은 이에 대해 "그들이 여호와를 시험하여 이르기를 여호와께서 우리 중에 계신가 안 계신가 하였음이더라"(출 17:7)라고 기록하고 있다.

이스라엘 백성들이 죄를 지을수록 그들이 받는 고통은 가중되었다. 아말렉 사람들이 쳐들어온 것이 바로 그런 경우다. 이때 하나님은 그분의 능력을 나타내심으로 다시 한 번 이스라엘을 아말렉의 공격에서 구해주셨다. 여호수아가 아말렉과의 전투를 지휘하는 동안 모세는 언덕으로 올라가서 지팡이를 잡고 두 손을 들었다. 이때 아론과 훌이 모세의 양옆에서 그의 손이 내려오지 못하도록 꼭 붙들었다. 모세의 팔이 내려오면 이스라엘이 지고, 올라가면 이스라엘이 이겼다. 해질녘에 전쟁은 결국 이스라엘의 승리로 끝이 났다. 모세는 거기서 제단을 쌓고 '하나님은 나의 깃발이시다'라는 뜻으로 '여호와 닛시'라고 불렀다.

그들이 르비딤을 떠나 시내 광야에 도달한 것은 애굽을 떠난 지 석 달이 지났을 때였다. 시내 광야에 도착한 그들은 거기에 천막을 쳤다. 그동안 겪은 일들로 인해 백성들은 힘이 많이 빠져 있었다. 하나님의 계획은 그들이 광야의 고난 길을 지나는 동안 승리를 경험케 하시는 것이었다(시 68:7-17). 그들의 여정이 영광스러운 여정이었다면 얼마나 좋았을까!

하나님은 홍해에서 그들을 위해 능력의 팔을 펴셨고, 이에 그들은 목소리를 높여 하나님을 찬양하였다. 그들은 '할렐루야'를 외치며 행진하였을 것이다. 이때 그들의 마음은 하나님의 성산을 향해 힘차게 전진하는 군인들의 마음과 같았으리라. 그들은 마치 구원받은 성도들이 시온성으로 들어가듯 기쁨의 노래를 부르며 신이 나서 가나안으로 들어갔어야 했다.

그러나 애석하게도 그들의 눈은 불신과 불평으로 가려져 어려움이 닥칠 때마다 투덜거렸다. 그들의 연속되는 불순종의 행보에 우리는 실망할 수밖에 없다. 그러나 우리는 실망하는 대신 그들의 실패를 교훈 삼아 그들과는 반대로 승리의 삶을 살아야 한다. 우리 주위에는 그들처럼 넘어지고 실패하는 삶을 사는 사람들이 너무 많으니 우리만은 그렇게 되지 않도록 조심하자. 이에 대해 성경은 다음과 같이 말한다. "이러한 일은 우리의 본보기가 되어 우리로 하여금 그들이 악을 즐겨한 것 같이 즐겨하는 자가 되지 않게 하려 함이니 … 그들에게 일어난 이런 일은 본보기가 되고 또한 말세를 만난 우리를 깨우치기 위하여 기록되었느니라"(고전 10:6-11).

이스라엘 백성들이 하나님께 청종하고 그분이 걸으라고 명하신 길을 순종하여 걸었다면 얼마나 좋았을까? 그러나 불행하게도 그들은 하나님이 주신 순종의 기회들을 놓쳐버렸다. 우리도 그들처럼 하나님이 주신 기회들을 놓치고 있지는 않은지 점검해볼 필요가 있다. 우리 모두 큰 소리로 하나님을 찬양하며 그분의 성산으로 올라가자. 하나님은 위대하시다. 그분의 거룩한 산에서 하나님은 찬양을 받으셔야 한다.

너희들은 시온산과 살아계신 하나님의 도성인 하늘의 예루살렘과 잔치를 위해 모인 수많은 천사들과 하늘에 있는 큰 아들들의 모임과 만민의 심판자이신 하나님과 및 온전하게 된 의로운 자들의 영들과 새 언약을 주신 예수와 및 아벨의 피보다 귀한 뿌린 피가 있는 곳에 도달하였다. … 우리가 흔들리지 않는 나라를 받은 것에 대해 감사하자. 하나님은 태워버리는 불이시니 두렵고 떨리는 마음으로 하나님이 받으실 만한 찬양을 그분께 올려드리자. (히 12:22-24, 28, 29, 모펫 번역본)

그러므로 우리는 예수로 말미암아 항상 찬송의 제사를 하나님께 드리자 이는 그 이름을 증언하는 입술의 열매니라 (히 13:15)

우리는 음악으로 하나님을 찬양할 수 있다. 멜로디를 만들어 지고하신 하나님을 높일 수 있다. 거문고 줄이 좀 풀려도 괜찮다. 조화로운 소리가 울려 나오면, 노래는 날개를 달고 찬양이 되어 셋째 하늘로 올라갈 것이다. 하나님을 향한 우리의 찬양에는 끝이 없어야 한다. 그 이유는 우리라는 존재가 하나님께 영원히 영광돌리도록 창조되었기 때문이다.

주님을 찬양하라! 그분의 성품을 극찬하라. 우리가 부르는 찬양을 통해 그분이 어떤 분이신지 사람들에게 알려야 한다. 특히 우리의 찬양을 통해 변하지 않는 그분의 이름이 높임을 받아야 한다. 그분이 단지 하나님이시라는 이유만으로 찬양받아서는 안 된다. 하나님의 성품과 그분이 이루신 일들을 공부하여 그분이 어떤 분이신지를 잘 이해한 후에 감사가 절로 나와 찬양해야 하나님을 제대로 찬양하는 것이다.

다른 사람들이 침묵하고 있다고 따라서 침묵해서는 안 된다. 주님의 이름을 높이는 첫 번째 사람이 되라.

인간이 경험할 수 있는 최고의 기쁨은 하나님께 거룩한 노래를 불러드려 그분을 높일 때 경험하는 기쁨이다. 우리가 그런 목적으로 지어졌기 때문에 하나님께 찬양을 드리면 우리 속에서 기쁨이 저절로 솟아나게 된다. 하나님을 찬양하는 것은 참으로 귀한 의무다. 그분께 예배드릴 때, 여러 종류의 기쁨이 우리 안에서 솟아나온다. 우리의 생각이 넓어지고, 영이 위로 올라가고, 마음이 따뜻해진다. 기뻐 주님을 찬양할 때, 우리 존재 전체에 즐거움이 흘러넘치게 된다. 선한 목적과 기쁨이 연합하면, 이루지 못할 일이 없다. 찬양도 그래야 한다.

주님을 찬양할 때, 성령님은 우리가 높은 곳에 이르도록 해주신다. 주님을 찬양하라! 찬양하라는 요청은 결코 지나침이 없다. 찬양은 어디서나 할 수 있고, 어느 때나 할 수 있다. 찬양하면 주님 가까이에 있게 된다. 기꺼이 찬양하는 자는 그분의 성전에 거하게 된다. 혼자서만 찬양하는 것으로 그치지 말고 다른 사람들과 함께 찬양하라. 당신의 찬양을 통해 하늘의 금가루가 사람들 위에 소나비처럼 내리게 하라.

찬양은 거룩한 일이고, 영원한 사역이며, 현재적 기쁨이다.

- C. H. 스펄전

CHAPTER 10
LADIES OF GOLD

영화롭게 찬양하라

| 프란시스 메트컬프 |

　이 책은 한정된 부수만 발간했던 《찬미의 삶 살기》의 부록이라 할 수 있다. 최근 수년간 성령께서는 성도들과 교회들에게 찬양의 목적과 능력의 중요성을 주지시켜 오셨다. 그 결과 주위의 많은 그리스도인들이 우리가 펴낸 책들을 찾는 일들이 잦아졌다. 《찬미의 삶 살기》는 이미 오래전에 인쇄되어 배포했는데, 이제 그 책의 후속편을 펴낼 수 있게 되어서 매우 기쁘다.

　우리 회원들의 경험과 하나님으로부터 받은 계시와 가르침들이 수록된 이 소책자는 독자들에게 많은 흥미를 불러일으킬 것이다.

우리는 지난 수년간 찬양에 헌신하며 살아온 삶에 대해 행복한 자부심을 느끼고 있다. 시편 기자의 "그의 이름의 영광을 찬양하고 영화롭게 찬송할지어다 … 우리 하나님을 송축하며 그의 찬양 소리를 들리게 할지어다"(시 66:2, 8)라는 고백은 찬양을 삶의 일부로 여기며 살아온 우리에게 큰 위로가 된다.

찬양의 부르심

지금으로부터 30년 전, 주님이 나에게 찬양에 대해 알려 주셨다. 그러나 그런 일이 있기 전에도 예배 중에 찬양대가 부르는 찬송을 듣고 있노라면 내면에서 기쁨이 차오르는 것을 자주 경험하곤 하였다. 당시 나는 예배 중에 말로 표현하기 힘든 황홀한 경험을 자주 하였다. 당시 우리가 불렀던 찬송가의 가사는 거의 다 시편이나 구약의 예언서의 말씀들로 이루어져 있었기 때문에, 나는 구약과 초대 교회의 사람들에게 예배가 매우 중요한 부분이었다는 사실을 이미 알고 있었다.

영감 있는 찬송들이 이미 나의 가슴속 깊은 곳에 뿌리를 내리고 있었기 때문에 주님을 향한 나의 마음은 점점 더 깊어질 수밖에 없었다. 또한 그분의 임재를 갈망했던 나는 매일 그분을 찾았고, 오직 그분만을 위해 살고 싶은 마음이 점점 커져만 갔다. 하루는 주님이 임하시기를 기다리며 조용히 기도하고 있었는데, 다음과 같은 옛 찬송가가 차임벨 소리로 내 귀에 똑똑히 들렸다.

매일 매 순간 그분을 향한 찬양의 소리가
쉼 없이 흘러나오게 하라.

   그러자 쉼 없는 찬양으로 주님을 높이고 싶은 열망이 내 안에 가득 찼다. 그런 마음이 생긴 것은 그야말로 획기적인 일이었다. 그 이유는 당시 내가 하나님께 오직 교회를 섬기며 살게 해달라는 기도를 하고 있었기 때문이다. 오로지 찬양만 하며 사는 것이 과연 가능할까? 이전에는 그런 삶을 사는 것에 대해 꿈도 꾸지 못했었다.
   그때 성령께서 나를 향한 하나님의 새로운 부르심에 관한 성경말씀을 생각나게 해주셨다. "그러므로 우리는 예수로 말미암아 항상 찬송의 제사를 하나님께 드리자 이는 그 이름을 증언하는 입술의 열매니라"(히 13:15). 그 순간 나는 하나님을 찬양하는 것이 내면의 태도일 뿐 아니라 직접 입술을 사용하여 목소리로 표현하는 것이라는 사실을 깨닫고는 매우 놀랐다. 그날 이후 "내가 여호와를 항상 송축함이여 내 입술로 항상 주를 찬양하리이다"(시 34:1), "주의 집에 사는 자들은 복이 있나니 그들이 항상 주를 찬송하리이다"(시 84:4)라는 말씀과 다른 구절 몇 가지가 며칠 동안 머릿속에서 계속 맴돌았다.
   그러던 어느 날 조용히 주님 앞에 머물고 있었는데, 갑자기 무신론자로 살다가 주님을 믿은 후 설교자가 된 사람의 설교가 생각났다. 그 설교는 하나님을 모독하는 것이 얼마나 악한 것인지에 대한 것이었다. 그 사람은 자신이 주님을 믿지 않았을 때 하나님을 저주하는 훈련을 혹독하게 받았었노라고 간증했다. 자기가 아는 어떤 사람은 길거리에 서서 여러 시간 동안 조금도 쉬지 않고 하나님을 저주했다고 한다. 하나님을 저주하는 훈련으로 인해 그들은 사탄으로부터 초자연적인 능력을 받았고, 그 능력으로 깜짝 놀랄 만한 악한 일들을 많이 일으켰다고 한다.

나는 그 간증을 듣고 매우 놀랐다. 그리고 동시에 그가 그리스도 안에서 발견하게 된 하나님의 은혜와 흑암의 세력으로부터 자유케 된 간증으로 인해 매우 기쁘기도 하였다.

어쨌든 성령께서 그 설교가 생각나게 해주신 덕분에 나는 진리를 다른 측면에서 바라볼 수 있게 되었다. '초자연적인 능력이 나타나려면, 그리스도인들은 몇 시간 동안이나 쉬지 않고 하나님을 찬양해야 할까? 오랜 시간 찬양만 한다면 하나님의 능력이 부어져서 그 능력으로 기적과 이사를 일으킬 수 있을까?'라는 질문이 떠올랐다.

이 질문에 대한 나의 개인적인 생각은 '교회가 아닌 다른 곳에서 목소리 높여 하나님을 찬양하는 사람을 단 한 명도 알지 못한다'는 것이었다. 그런 생각이 들자 하나님께 죄송한 마음이 들었다. '어떤 사람들은 하나님을 여러 시간 동안 저주하고 있는데, 왜 하나님은 여러 시간 동안 찬양받지는 못하시는가'라는 생각이 들자 마음이 매우 불편해졌다. 그러자 하나님께서 나에게 '찬양을 뛰어나게 잘함으로 하나님을 잘 섬기는 사람이 되고 싶다'는 마음을 주셨다.

그 당시 나는 성령의 충만함을 잘 느끼지 못하며 살고 있었다. 그럼에도 불구하고 내가 사람들 앞에서 하나님의 말씀을 전하거나 찬양을 할 때면 어느 정도 기름부음이 임하곤 했다. 나는 성령님을 통해 그분이 나의 교사이시고 안내자란 사실을 배워가고 있었고, 그때부터 오랜 시간 찬양해보라는 성령님이 주시는 마음에 순종하기 위해 나 자신을 성령님께 맡기는 삶을 살기 시작했다.

구체적으로 나는 무릎을 꿇은 상태에서 하나님을 찬양하는 것을 연습하기 시작했다. 그러나 그렇게 하려니 나의 입에 자물쇠가 채워진 것같이 느껴져서 주님을 찬미하는 말이 한 마디도 나오지 않았다. 그래서 억지로 찬양하기 시작했다. 처음 15분 동안은 억지로 찬양하는 것이 무척 힘들었다. 처음에는 내 목소리가 내 귀에 두렵게 들렸고, 떠오르는 성경구절을 읊어대는 소리는 허공을 치며 사라질 뿐이었다. 나는 금방 지쳤고, 세상에서 가장 힘든 노동을 하는 것처럼 느껴졌다. 이를 통해 오랜 시간 찬양하라는 명령에 순종하는 것이 내가 생각했던 것만큼 쉬운 일이 아님을 분명하게 깨달았다. 그래서 나는 하루에 적어도 15분씩 찬양을 하기로 굳게 결심했다.

내가 찬양하는 것을 이렇게나 힘들어 하고 있을 때, 주님이 나의 부르짖음에 응답하셨다. 우리 교회의 기도회에서 말씀을 전해달라는 부탁을 받게 된 것이다. 나는 하나님이 나를 찬양의 삶으로 인도하셨다는 간증을 하기 위해 열심히 준비했다. 나는 원래 사람들에게 말씀 전하는 것을 힘들어하는 사람이 아닌데, 이번에는 달랐다. 기도회에서 말씀을 전하는 동안 무언가가 나를 묶고 있다는 느낌이 강하게 들었다. 그것은 누군가 나의 목을 눌러 숨을 쉬지 못하게 하고 있는 것 같은 느낌이었다.

나는 말씀을 전하는 내내 정말로 숨이 막혀 캑캑거렸고, 이로 인해 생각을 제대로 할 수 없었다. 모든 것이 혼돈 속으로 빨려 들어가는 듯했다. 나는 실패감에 사로잡혀 '왜 이번에는 성령님의 도우심과 기름부음이 없는지'에 대해 의아해했다. 나는 그런 나 자신이 창피하게 느껴져서 다시는 사람들 앞에서 말씀을 전하고 싶지 않았다.

그런데 그런 일이 있은 후 몇몇 사람들이 나의 찬양에 동참하는 기적 같은 일이 일어났다. 그중 한 명은 자신이 참석하고 있는 큰 기도모임에서 나의 간증에 은혜를 받은 일에 대해 나누기도 했다. 나는 실패했다고 생각했지만, 성령님은 나의 간증에 은혜를 받은 사람을 통해 많은 이들에게 찬양에 관한 메시지를 전하게 하신 것이다. 내가 찬양에 관한 간증에 실패했다고 생각한 이유가 악한 세력들이 간증하지 못하도록 방해했기 때문이었다는 사실은 나중에야 알게 되었다. 이런 경험을 통해 찬양을 지속하는 것이 훈련이기도 하지만, 또한 치열한 영적 전쟁이라는 사실을 깨달았다.

찬양 훈련을 해나가는 동안 나는 지속적으로 주님의 도우심을 구했다. 그런 지 얼마 지나지 않아 주님을 대적하는 사람들이 참석한 기도모임에 가게 되었다. 그 모임은 상처받은 사람들 때문에 기도가 제대로 되지 않고 있었다. 그런데 갑자기 성령님께서 찬양의 능력이 얼마나 큰지에 대해 생각나게 하셨다. 그래서 나는 하나님을 무조건 찬양하기 시작했다. 처음엔 목소리가 잘 안 나왔다. 그러나 나는 이를 무시하고 찬양을 계속했다.

잠시 후에는 목소리가 좋아졌고, 이윽고 성경구절들이 찬양이 되어 입에서 나오기 시작했다. 매일 해온 찬양 훈련이 이런 좋은 결과를 낳게 된 것이다. 그러자 놀라운 일이 일어났다. 하나님의 능력이 나를 덮쳐 찬양을 멈출 수 없게 된 것이다. 땅을 파던 중 수맥이 터져 나오듯, 찬양이 점점 더 세게 나오기 시작했다. 그것은 기쁨과 확신, 자유함과 놀라움이었다. 그러자 성령께서 그 모임에 참석한 주님을 대적하는 사람들의 마음을 만지셨다. 영적인 승리가 우리의 것이 되는 순간이었다.

하나님께서 개입하신 후 몇 년 동안 나는 기름부음이 있건 없건 간에 지속적으로 주님께 찬양의 제사를 올려드렸다. 그러자 성령님은 찬양의 영과 찬양의 제사가 다름에 대해 가르쳐주셨다. 하나님께 노래하고 찬양할 때, 성령님이 임하셔서 우리가 하나님을 찬양하는 것을 도와주신다. 그러나 마음이 메말라 있거나 슬픔에 짓눌려 있을 때는 찬양을 하는 것이 여간 힘들지 않다.

신약의 제사장들은 찬양의 제사를 올려드려야 한다. 하나님이 우리의 몸을 희생 제물로 받으신 후 받으시는 유일한 희생 제물은 우리의 찬양이다. 우리는 주님이 이미 행하셨거나 앞으로 행하실 일로 인해 찬양하는 것이 아니라, 주님의 존재 자체를 찬양해야 한다. 그러므로 찬양은 하나님께 드리는 믿음의 제사라고 할 수 있다. 우리는 특별한 느낌이나 초자연적인 기적이 없어도 믿음으로 하나님을 찬양해야 한다.

주님은 내가 시편으로 찬양하는 사람들과 연합할 수 있도록 해주셨다. 우리 모임에 속한 사람들 모두가 다 개인적으로 하나님의 부르심을 경험한 사람들이다. 나는 당신을 세우고, 당신에게 하늘의 축복을 부어주기 위해 우리가 경험한 영적인 체험들에 대해 이야기하려고 한다.

주님은 현재 이 땅 곳곳에서 찬양자들을 세우고 계신다. 그런 사람들은 앞만 바라보며 묵묵히 하나님의 방주를 만들고 있는 사람들이다. 당신이 하나님으로부터 찬양사역으로 부르심을 받았는지 여부와 상관없이, 이 책은 당신을 위한 책이다. 그 이유는 "우리는 예수로 말미암아 항상 찬송의 제사를 하나님께 드리자 이는 그 이름을 증언하는 입술의 열매니라"(히 13:15)라는 말씀대로, 그리스도 안에 있는 사람들은 누구나 다 찬양해야 하기 때문이다.

찬양학교에서 배운 것

지혜의 시로 찬송할지어다 (시 47:7)

성령님은 우리에게 사랑과 성령의 은사에 있어서 탁월해지라고 말씀하셨던 것처럼 찬양에 있어서도 탁월해지라고 하셨다. 탁월해지라는 말은 '뛰어넘어라, 생각한 것보다 더 멀리 가라, 넘어서라, 칭찬받을 정도까지 하라, 목표보다 더 높이 오르라'는 말이다. 탁월함에 적합한 표어는 '더 높이, 더 위로'다.

오늘날 성령님은 성도들로 하여금 그 어느 때보다 강력하게 하나님을 찬양하게 하신다. 이것은 그분께서 특정 사람들로 기존의 사역을 포기하고 그 대신 주님을 찬양하는 일에만 헌신하게 하심을 의미한다. 하나님의 이런 특별한 부르심을 받은 사람들은 그 부르심에 즉각 "예"라고 응답해야 한다. 영 찬양(high praise)은 왕이신 하나님께서 귀하게 여기시는 값비싼 향유에 비교될 수 있다. 이 향유를 몰약과 섞어 힘든 삶으로 인해 고통을 느끼는 사람들에게 발라주면, 그들이 회복되는 일이 일어난다.

우리는 자아가 죽는 고통스러운 경험을 해봐야 비로소 하늘의 높은 곳에 오를 수 있다. 영 찬양을 하면 아픔과 눈물이 눈 녹듯 사라진다. 수금의 멜로디에 우리의 아픔과 눌림이 사라지면, 왕이신 주님께서 기뻐하신다. 우리가 함께 모여 찬양하면, 찬양의 향기가 하늘로 올라가 영광의 구름이 되어 하나님이 우리 가운데 임하시게 된다.

찬양의 기름부음이 임하면, 주님을 보다 아름답게 찬양하게 된다. 지난 수년간 우리가 인도한 찬양 모임에서 성령의 운행하심으로 우리 영이 즐거워하는 일을 여러 차례 경험하였다. 그리고 최근에는 성령께서 나에게 일상생활을 하는 동안에도 하나님을 찬양하라고 말씀하셨다.

우리가 누구를 만나든, 무슨 일을 하든 절대로 부정적인 생각이나 말을 해서는 안 된다. 혹시 부정적인 생각이나 기분이 들면, 즉시 물리치고 바로 하나님께 감사의 찬양을 올려드려야 한다. 그러면 우리 삶이 점점 더 좋아지기 시작한다. 매 순간 그렇게 살려면, 끊임없이 훈련해야 한다. 이와 더불어 아무리 좋아 보이는 것이라도 그것이 하나님을 찬양하는 일에 방해가 된다면, 단칼에 베어버리는 훈련도 병행해야 한다.

나의 경우, 며칠 동안 나쁜 생각이 들어올 때 그것을 단칼에 거절하고 감사와 찬양하는 것만 집중적으로 했더니 영적인 상태가 좋아졌다. 그 결과 나 스스로 많이 좋아졌다고 생각할 수 있을 정도가 되었다. 그러나 계속해서 조심하지 않으면, 어느새 어두움의 영이 침투해 나를 누르고 만다. 그렇게 되는 이유는 나도 모르는 사이 나의 생각을 악한 것들에게 열어놓았기 때문이다.

성경은 모든 것이 합력하여 선을 이루고, 무엇을 하든지 하나님께 영광을 돌려야 한다고 하였다. 우리는 우리의 태도, 감정, 생각과 말을 통해 하나님께 영광을 돌릴 수 있다. 그래서 어떤 시인은 "오, 내가 사랑만 알기 원한다!"라고 읊조렸다. 찬양은 최고의 사랑 노래이기에 나는 "오, 내가 찬양만 하기 원한다"고 읊조리고 싶다.

찬양에는 여러 종류가 있다. 그런데, 이런 사실을 알고 있는 사람들이 많지 않다. 내가 알기로는 대부분의 그리스도인들이 낮은 수준의 찬양만 드리고 있다. 그러나 무슨 일을 하건 매 순간 하나님을 찬양하게 되면, 성령님이 우리에게 영 찬양을 주신다. 내가 언급한 찬양에 대한 진리들은 모두 성령님이 알려주신 것이다.

찬양에 관한 가장 중요한 사실은 그것이 순수해야 한다는 것이다. 찬양이 다른 것과 섞이게 되면, 부정하게 되어 주님이 받지 않으신다. 우리는 많은 경우 아무런 감동 없이 기계적으로 찬양한다. 그 이유는 찬양할 때 다른 생각을 하기 때문이다. 성령의 사람들이 함께 모이면 각자 생각과 마음에 떠오르는 것들을 찬양의 언어로 표현하는 것부터 시작해야 한다.

찬양 중에 자꾸 다른 생각이 떠오르면, 우리가 하는 찬양은 아무런 의미 없는 꽹과리 소리가 될 뿐이다. 우리는 때로 마음은 딴 곳에 가 있으면서도 큰 소리로 찬양하기도 한다. 우리가 그렇게 하는 이유는 하나님으로부터 필요한 것들을 받아내기 위해서다. 그러나 그렇게 찬양하는 것은 하나님과 거래하겠다는 심보에 불과하다. 찬양해드릴 테니 복을 달라는 거래 말이다.

주님이 찬양받으셔야 하는 주된 이유는 그분이 찬양받기에 합당하신 분이기 때문이다. 성경은 주님이 우리의 기도에 응답해주심과 상관없이 찬양을 받으셔야 한다고 말한다. 축복을 받아 부자가 되겠다는 목적으로 찬양하면 안 된다.

성령님은 나로 하여금 대가를 요구하지 않은 채 몇날 며칠 동안 찬양만 하도록 하셨다. 나는 그런 훈련을 통해 영적인 축복조차 기대하지 않고, 순수하게 오직 찬양에만 전념하는 것을 배워나갔다. 그런 찬양을 통해 나는 무언가를 바라고 하는 찬양이 하나님을 무시하는 것임을 알게 되었다.

하나님은 그리스도를 통해 우리에게 필요한 모든 것을 이미 다 주셨다. 마치 태양이 식물에게 햇빛을 충분히 비춰 주듯, 믿음으로 찬양하면 그분은 때에 맞게 우리에게 필요한 것들을 채워주신다. 그 이유는 그렇게 하는 것이 그분의 뜻이기 때문이다. 우리에게는 욕심이 있어서 조심하지 않으면 어느새 물질에 대한 욕심이 우리의 영적인 영역에까지 침입해 들어와 더럽힌다. 순수한 찬양이 우리의 더러워진 마음을 정결케 한다는 사실을 기억하자.

어느 날 성령께서 나에게 "너희의 사랑을 받고 싶어 하시는 하나님이 너희의 찬양을 그리워하고 계신다. 그러니 너희는 하나님께 찬양의 제사를 드려라. 내가 너에게 한 이 말을 모든 사람들에게 잘 전해주어라"고 말씀하셨다. 그래서 그 말씀을 받아 적었는데, 지금이 그때 받은 말씀을 나누기에 가장 좋은 시간이라는 생각이 든다.

하나님을 찬양함으로 당신의 사랑을 보여드려라. 큰 소리로 찬양하는 것을 두려워하지 말라. 하늘과 땅에 승리의 아치를 그려보라. 찬양으로 바위에 구멍을 뚫고, 바다에 길을 내고, 사막에 물길을 내라. 찬양에 능력이 있다. "당신에게 부어진 하나님의 사랑이 얼마나 큰지에 대해 생각해봄으로 하나님을 찬양하는 자가 되라"는 말씀이 나의 마음을 감동시켰을 때, 웨슬리가 지은 "우리의 면류관을 주님께 벗어드릴 때까지 나는 당신에 대해 놀라고 또 놀라 당신을 사랑하며 찬양만 하겠습니다"라는 찬양이 마음에 떠올랐다. 하나님과 하나님이 행하실 일에 놀라 그분만을 사랑하고 찬양하는 것은 우리가 죽은 후에야 할 수 있는 것이 아니다. 이 땅에 살고 있는 지금 그렇게 해야 한다.

나는 "주의 집에 사는 자들은 복이 있나니 그들이 항상 주를 찬송하리이다"(시 84:4)라는 말씀을 다음과 같은 가사로 바꾸어보았다.

> 주의 집에 거하는 사람들은 복 있는 사람들입니다.
> 그들은 항상 주님을 찬양합니다.
> 그들은 주님의 영광을 노래합니다.
> 쉼 없이 주님의 이름을 높입니다.
> 주의 집에 거하는 사람들은 복 있는 사람들입니다.
> 그들은 기쁠 때나 슬플 때도 주님을 찬양합니다.
> 잃어도, 얻어도 주님만을 찬양합니다.

나는 이 찬양을 부르고 또 불렀다. 찬양의 삶을 살기 위해 애쓰는 동안, 나는 하나님이 우리가 기쁠 때보다 힘들고 어려울 때 찬양하는 것을 더 귀하게 여기신다는 사실을 깨달았다.

나는 성령님이 가르쳐주시는 찬양 학교에서 많은 것들을 배웠다. 찬양 학교에서 배운 것 중 가장 귀한 것은 찬양이 입술의 열매만이 아니라 성령의 열매도 열리게 한다는 사실이다. 마음이 우울해지면 썩은 열매가 열리지만, 찬양을 하면 삶에 좋은 열매가 열린다.

순전한 마음으로 찬양을 드리면, 인내와 자비 그리고 양선과 믿음의 열매들이 열린다. 우리 회원들은 시련을 겪는 동안 머지 않아 좋은 열매가 열릴 것을 굳게 믿고 계속해서 믿음의 씨를 심고 기도의 물을 주었다. 그 결과 우리는 항상 찬양과 감사가 흘러나오는 영의 높은 영역에 오를 수 있었다. 그리고 그 영역에서 삶의 열매가 풍성하게 열리는 축복을 경험하였다. 이와 관련하여 다음과 같은 진리의 말이 생각난다.

믿음은 즐거운 소리를 잡아낸다.
성도들이 높은 곳에서 부르는 즐거운 찬양의 소리를 잡아낸다.

이 세상에 항상 생각과 말과 행동을 통해 감사를 표현하는 사람이 단 한 명만 있어도 하나님 아버지께서 기뻐하실 것이다. 예수님이 바로 그런 분이셨다. 예수님은 행하시는 모든 일 가운데 하나님 아버지께 감사드리셨다. 예수님처럼 하나님의 말씀에 순종하고 그분의 은혜가 마음 가운데 충만하면, 우리도 하나님 아버지를 기쁘게 해드릴 수 있다. 숨을 쉴 때마다 하나님께 감사하자.

마음 가운데 하나님을 향한 감사의 은혜가 항상 흘러넘치게 하자. 아침부터 저녁까지 감사 찬양이 우리의 유일한 주제가 되게 하자. 나도 종일 그렇게 살고 싶지만, 하나님이 베풀어주신 것에 대해 감사하지 못하는 둔감함이 그렇게 살지 못하도록 방해한다. 한편 계속해서 감사하는 말만 하면 자칫 일상생활이 불가능해질 수 있다는 것을 유의해야 한다. 나는 성령님이 찬양을 통해 우리가 당하는 고통을 아름다운 것으로 바꾸어주신다는 사실을 잘 알고 있다. 그렇기 때문에 그분에 대한 찬양을 멈출 수 없다.

주님은 나에게 감사와 찬양이 모든 상황을 승리로 이끈다는 사실을 여러 번 알려 주셨다. 이와 관련하여 얼마 전에 새롭게 알게 된 사실이 있다. 최근에 한 사람이 여러 차례 나를 조롱하여 나의 인내가 한계점에 다다랐던 적이 있었다. 이 사람은 나뿐 아니라 하나님조차 의심하였기에, 그 사람에 대한 부정적인 생각이 저절로 마음속에서 올라왔다. 그때 갑자기 찬양만이 유일한 해결책이라는 생각이 떠올랐다. 그래서 나는 나쁜 마음을 씻어버리기 위해 하나님께 감사를 올려드리며 찬양하기 시작했다. 그러자 내 입에서 더 강력한 찬양이 나왔고, 이어서 하늘의 평화가 임했다.

그렇게 찬양을 시작한 지 얼마 지나지 않아 나에게 악한 말을 했던 사람이 자신이 한 말들을 다 취소한다고 하였다. 그 일로 우리 모임에 사랑과 감사가 흘러넘쳐 모든 사람들이 하나님께 한마음으로 찬양을 올려드렸다. 나는 이 일을 통해 찬양이 어두움의 상황을 빛의 상황으로 바꾼다는 사실을 몸소 깨달았다.

성령님은 또한 다윗의 장막을 생각나게 해주셨다. 다윗은 38,000명의 레위인 중 4,000명을 뽑아 악기 연주와 찬양에 전념하게 함으로, 영광과 승리의 하나님을 송축하였다(대상 23:5). 몇 달 전부터 성령님은 나에게 그렇게 하나님만 찬양할 사람들을 찾아보라고 계속해서 말씀하셨다.

그 당시 며칠 동안 주님을 찬양하고 있었는데, 갑자기 내 속에서 찬양에 대한 강한 거부감이 생겨났다. 그때 "내 속사람으로는 하나님의 법을 즐거워하되 내 지체 속에서 한 다른 법이 내 마음의 법과 싸워"(롬 7:22-23)라는 말씀이 생각났다. 순간 내 속에 영과 혼과 몸을 다해 주님을 찬양하는 것을 방해하는 육의 속성이 있다는 사실을 알게 되었다. 그것은 내 안에서 일어나는 창조주와 피조물 사이의 충돌이었다.

그러자 '하나님은 왜 그토록 찬양을 원하실까'라는 의문이 들었다. 나는 이 문제를 놓고 기도하며 하나님을 기다렸다. 그랬더니 성령께서 이렇게 말씀하셨다. "하나님이 무언가 부족해서 너희로 찬양하게 하시는 것이 아니라 찬양과 경배를 드림으로 너희가 영의 높은 곳으로 올라가게 되기 때문에 찬양하게 하시는 것이다. 그 결과 하나님을 더 잘 알게 되고, 그분과 더 깊이 교제할 수 있게 된다. 그러한 이유 때문에 하나님께서 너희로 찬양하게 하신다."

찬양을 하면 주님을 더 잘 볼 수 있게 되고, 그분을 더 잘 볼 수 있게 되면 우리가 점점 더 그분의 형상으로 변하게 된다. 찬양은 우리를 고상하게 만들어주고 높여주며, 우리에게 힘을 주고, 창조력을 가져다준다.

천국의 보좌에서 경배하는 그룹과 스랍들이
우리의 주 하나님을 힘차게 찬미하네.
"거룩하다, 거룩하다, 거룩하다"를 외치며
옛적부터 계신 창조주를 높이네.
그룹들과 스랍들이 우리를 돕고 가르치기 위해

그 높은 곳에서 땅으로 내려오네.

경배에 대해 제대로 배워보세.

사랑과 존경과 순수한 마음으로 하나님께 참된 경배를 올려드리세.

찬양을 통한 새로운 경험

오직 산 자 곧 산 자는 오늘 내가 하는 것과 같이 주께 감사하며 (사 38:19)

이 말씀은 찬양에 대해 알려주는 가장 완벽한 말씀이다. 이 말씀이 계속 머릿속을 맴돌자, 나의 내면은 찬양으로 가득 차게 되었다. 우리는 우리를 향한 놀라운 계획을 깨닫게 해주시는 하나님을 찬양하지 않을 수 없다. 계속해서 우리로 찬양할 수 있게 하시는 하나님께 감사드리자. 나에게는 그런 하나님이 아름다운 왕으로 비쳐진다. 하나님께서 나를 그분을 찬양하는 어린아이 중 한 명으로 여겨주신다면, 더 이상 바랄 것이 없다.

최근에 주님께서 나에게 "나는 너 자체가 찬양이 되길 원한다"라고 속삭이듯 말씀하셨다. 주님의 말씀을 들은 후 그 말이 머릿속에서 떠나지 않았다. 나는 찬양을 담는 그릇이 될 수 있고, 그분의 영광을 채우는 성전이 될 수 있다.

천국은 찬양과 영광으로 넘쳐나지만, 이 세상은 찬양이 너무 부족하다. 이 세상에는 순수하고 참되고도 뜨거운 찬양이 거의 없기에, 나 자신이 찬양이 되어야겠다는 생각이 머릿속을 떠나지 않고 계속 머물렀다. 찬양 훈련을 하거나 열정적으로 찬양을 부르는 것을 뛰어넘어 우리 존재 자체가 찬양이 되어야 한다! "너 자체가 찬양이 되어라"라는 부르심보다 더 크고 놀라운 부르심이 있을까? 구원받은 우리에게 가장 적합한 부르심이 이것 말고는 없지 않은가?

하나님이 나를 그렇게 부르셨다는 생각에 매우 기뻤다. 그러나 한편으론 그런 사람이 되기 위해 필요한 요건들을 아직 갖추지 못했다는 생각에 스스로 낙담이 되었다. 나는 모든 면에서 부족한 사람이다. 삶 가운데 성령의 열매가 온전히 열려야 온전한 찬양을 할 수 있는데, 나는 아직 그렇지 못하다. 자신에 대해서는 완전히 죽고 내 안에 계신 그리스도만 나타나셔야 하는데, 나는 그 점에 있어서 많이 부족하다. 하나님의 높은 부르심! 많은 사람들이 하나님으로부터 높은 부르심을 받지만, 그 부르심을 이뤄 하나님의 마음을 흡족하게 해드리는 사람은 참으로 드물다. 나는 하나님의 부르심에 도달한 소수의 무리에 속하기 위해 나 자신을 그분께 온전히 드리기로 하였다.

내가 자원하는 마음으로 하나님께 전적으로 찬양을 드리는 삶을 살기 시작하자마자 시련들이 몰려왔다. 삶의 모든 영역에서 생각지도 못한 어려움이 찾아왔다. 어두움의 세력이 일시에 나의 몸을 공격하여 동시에 여러 곳이 아프기 시작했는데, 나는 이러한 영적 공격을 무시하고 계속해서 하나님께 찬양을 드렸다.

때때로 한밤중에 흑암의 공격을 받아 여러 시간 동안 영적 전쟁을 치르기도 했다. 가족들이 깰까 봐 큰 소리로 찬양할 수도 없었다. 그래도 조용하지만 힘 있는 소리로 찬양을 불렀다. 내가 그렇게 한 것은 나에게 의심이나 두려움이 들어오지 못하게 하기 위해서였다. 그러나 낮이면 불쾌감과 실망감이 나를 덮쳤다. 항상 기뻐하고, 항상 그분만을 신뢰하며 찬양하는 것이 불가능한 듯 여겨졌다.

원수들이 나의 육체와 마음뿐 아니라 영적인 영역까지 공격하여 찬양에 대한 확신을 빼앗아가 찬양하지 못하도록 방해하였다.

사실 나는 흑암의 세력들이 갖고 있는 능력과 계획에 대해 잘 알고 있었다. 그런데 문제는 그들의 공격이 나의 예상보다 훨씬 강했다는 것이다. 그러나 다행히도 하나님께서 어떤 것이 영적인 공격인지를 알려 주셨다.

우리가 찬양할 때, 하나님뿐 아니라 마귀도 나타난다. 마귀는 찬양을 막기 위해 나타난다. 춤과 찬양의 불이 붙기 시작하면, 그 불을 끄기 위해 마귀가 나타났다. 밤낮으로 매 시간 하나님을 찬양을 하는 것은 강력한 마귀의 공격으로 인해 예상보다 훨씬 힘들었다. 그러나 주님이 그렇게 하라고 명령하셨기 때문에 나는 그분의 명령에 묵묵히 순종해나갔다(사탄은 우리가 하나님을 찬양하는 것을 특별히 싫어한다. 루시퍼는 찬양받으시는 하나님을 시기하다 천국에서 쫓겨난 후 하나님을 향한 찬양의 불을 끄기 위해 갖은 애를 다 쓰고 있다. 애를 쓰다 실패하면, 찬양을 왜곡해서 부르게 한다).

성령님은 성경말씀을 비롯하여 여러 방법으로 천국의 보좌에서 불리는 찬양이 이 땅에 내려오는 것에 대해 알려 주셨다. 또한 찬양의 정결함과 아름다움과 온전함에 대해서, 천국에서 스랍과 장로들과 천사들이 드리는 영광스런 찬양에 대해서도 알려 주셨다. 우리가 함께 모여 천국의 찬양을 부르면, 때로는 그 찬양이 교창(두 그룹이 서로 번갈아 부르는 대화식 찬양 - 역주)이 되었다. 이 교창에 대해 생각만 해도 내 속에서 기쁨이 솟아오른다.

특별히 "찬양의 산에 오르라"는 말씀에 나의 마음이 머물렀다. 하루는 바느질을 하고 있는데, 하나님께서 바느질을 중단하라고 말씀하셨다. 내가 말씀에 순종하여 바느질을 중단하자 성령님이 내 안에서 역사하시기 시작했다. 그러자 과거에 하나님께서 교회 사역과 관련하여 비슷한 말씀을 하셨던 일이 떠올랐다.

과거의 부르심은 평범한 것이었지만, 이번에는 그보다 훨씬 강력한 부르심이었다. 하나님의 부르심이 너무도 강하여 온몸으로 그것을 느낄 수 있을 정도였다. 그것은 또한 하나님에 대한 경외심이기도 했다. 하나님에 대한 경외심이 밀려왔기 때문에, 나는 즉각 자리에서 일어나 찬양하라는 부르심에 순종하였다. 나는 그 부르심이 높으신 하나님으로부터 온 것임을 전혀 의심하지 않았다.

"영광스러운 사도들의 무리가 하나님을 찬양합니다. 선지자들의 선한 모임에서 당신이 높임을 받으십니다. 순교하신 분들의 거룩한 군대가 당신을 찬양합니다." 나의 마음과 목소리가 우리 회원들이 부르는 노래와 합쳐졌다. 이제 나는 온전케 된 의인의 영들과 거룩한 천사들의 모임이 무엇인지 더 잘 알게 되었다(히 12:22). 지난 40여 년 동안 찬양의 고속도로를 달려왔지만, 해가 갈수록 내가 단지 아버지 집에 거하는 어린아이일 뿐이라는 생각이 더 강해졌다. 나는 하나님이 약속을 지키시는 분이라는 사실을 전혀 의심하지 않고, 아브라함이 그랬던 것처럼 그분의 약속을 나의 온 가슴으로 받아들였다.

최근에 한참 일을 하고 있을 때, 성령께서 하루를 정해 온전히 찬양만 하라고 말씀하셨다. 그래서 그 다음 날은 찬양만 하였다. 저녁이 되자 성령의 물결이 일기 시작했고, 취침할 시간이 되자 성령의 파도가 더 강해졌다. 영 찬양의 파도가 다가와 나를 덮친 후 사라지는 일이 반복적으로 일어났다. 이때 나는 하늘로 끌려 올라가는 것과 같은 느낌을 받았다. 섬세하면서도 강력한 기쁨의 파도가 나를 둘렀을 때, 강력한 사랑과 예배의 영에 푹 빠져들어 '나'라는 존재가 하나님의 깊은 곳으로 녹아 없어지는 것처럼 느껴졌다.

나를 덮친 성령의 물결은 모든 더러움을 씻어 정결케 하는 능력을 지닌 고귀하고도 숭고한 물결이었다. 어느덧 기쁨의 눈물이 나의 뺨을 적셨다. 나는 쉬지 않고 나의 전부이신 주님의 이름을 부르고 또 불렀다. 그분이 나의 전부가 되신다는 표현이 정말 좋았다. 이러한 경험을 한 이후로 그리스도가 나의 완전하신 전부가 되신다는 생각이 지금까지도 뇌리에서 떠나지 않고 있다. 내 앞에 새 강이 열린 것이다. 수영을 할 수 있을 정도로 많은 물이 그 강을 통해 흘러가고 있다. 나의 전부이신 주님 같은 분은 그 어디에도 없다. 오직 그분만을 높이리라.

한번은 회원들과 하나님을 찬양하기 위해 모여 있었는데, 갑자기 의지와는 상관없이 내 몸이 움직였다. 마치 내 몸이 트럼펫이 된 것처럼 느껴졌다. 그런 느낌이 들자마자 입에서 트럼펫 소리가 났다! 계속해서 찬양을 드리자 내 입에서는 트럼펫 소리 외에도 여러 가지 악기 소리가 번갈아가면서 났다.

이때 나는 찬양하는 자들과 춤추는 자들과 악기 연주자들이 하나님의 법궤 앞에 서서 다윗과 함께 행진하는 환상을 보았다. 나는 이 장면이 다윗이 법궤를 다시 찾아오는 장면이라는 사실이 그냥 깨달아졌다. 지금과 같은 회복의 시대에 그리스도인들이 잃어버린 하나님의 법궤를 회복함으로 찬양이 큰 규모로 일어나 하나님의 임재가 세상 곳곳에서 거대하게 나타나는 일들이 다시 일어나게 될 것이다!

지극히 높으신 주님, 소리 높여 당신을 찬양합니다.
주님의 이름에 영광을 돌리는 일에 동참합니다.
그들의 찬양 소리가 땅과 하늘을 울립니다.
그들이 주님께 온 마음을 드립니다.
내 마음이 주님을 높이고, 내 입술이 당신을 찬양합니다.
주님, 내 혀가 당신을 영원히 찬양합니다.
그 이유는 주님이 찬양받기에 합당하신 분이기 때문입니다.
세상이 주님의 영광을 보고 당신께 무릎을 꿇을 것입니다.
열렬한 기도소리가 하늘로 올라가는 동안
모든 혀들이 주님의 이름을 선포합니다.
오, 주님은 찬양받기에 합당하신 분입니다.
모든 능력과 존귀를 받기에 충분하신 분입니다.

계시와 조명

내가 주께 감사하오옴은 나를 지으심이 심히 기묘하심이라 주께서 하시는 일이 기이함을 내 영혼이 잘 아나이다 (시 139:14)

몇 사람이 진심으로 주님을 찬양하자 성령님이 운행하시기 시작했다. 이때 나는 높은 산의 환상을 보았다. 높은 산은 높은 수준의 찬양을 의미한다. 환상에서 보니, 한 사람이 산꼭대기에 서서 나팔을 불며 "올라오라, 올라오라, 올라오라! 낮은 곳을 떠나 어서 이 산으로 올라오라"고 외치고 있었다. 이와 똑같은 환상이 눈앞에서 여러 번 반복되었다.

'낮은 곳'은 하나님의 높은 부르심을 받은 사람들이 삶의 문제들로 인해 낮은 수준의 삶을 사는 것을 의미한다. 우리는 하나님의 높은 산에 다다르지 못하도록 우리의 발목을 잡고 있는 것들로부터 어서 벗어나야 한다. 세상과 육신과 사탄의 올가미에 묶여 있으면, 하나님의 기준을 통과하지 못한다.

그때 내 귀에 나팔소리가 들렸다. 그것은 군인들을 소집하는 나팔소리였다. 하나님이 내리시는 소집 명령이기에 우리는 이 명령에 무조건 순종해야 한다. 그 나팔소리는 위급함을 알리는 소리이기도 해서 우리는 나팔 소리를 듣는 즉시 행동을 취해야 한다. 우리가 꾸물거리면, 주님이 슬퍼하신다.

'찬양하라'는 하나님의 긴급 명령이 너무 단호하기에 우리는 자신이 갖고 있는 모든 능력과 사랑, 흥미, 의지, 시간, 재능 등을 다 사용하여 그분께 영광과 찬양을 올려드려야 한다. 우리가 높은 부르심에 제대로 응답하려면, 삶의 모든 분야에서 주님을 찬양하는 삶을 살면서 우리 자신이 찬양이 되어야 한다.

성령님이 원하시는 찬양은 세상적인 축복을 받으려고 욕심으로 하는 찬양이 아니라 깨끗한 마음과 순결한 사랑에서 흘러나오는 찬양이다. 하하나님은 습관적으로 하는 찬양을 원하시는 것이 아니라 그분만을 위한 헌신적이고 거룩한 찬양을 원하신다. 스랍들 사이에 거하시는 높고 거룩하신 하나님은 높고 거룩한 찬양을 원하신다.

높은 수준의 찬양이란 찬양하는 사람의 마음에 기쁨과 즐거움이 일어나서 드리는 찬양이다. 사랑하는 주님을 높이는 것은 영광스럽고도 귀한 특권이다. 그리스도인들이 하나님께 예배를 드릴 때는 거룩함과 즐거움의 영이 임하는 반면, 이방인들이 자신의 신들을 예배할 때는 그러한 영이 임하지 않는다. 그럼에도 불구하고 이방인들이 예배할 때면, 광신적이라 할 만큼 열정적으로 예배한다. 하나님을 안다면, 그분을 사랑해야 한다. 그분을 사랑한다면, 그분을 찬양해야 한다. 그것도 기쁨과 즐거움으로 해야 한다!

우리가 온전하고도 완전한 찬양을 올려드리면, 하나님의 손이 우리의 대적들을 친히 무찌르시는 일이 일어난다. 우리의 악한 상상이 무너지고, 하나님을 아는 것을 대적하여 높아진 모든 것들이 무너지며, 어두움의 영에 포로 되어 살던 사람들이 구원받고, 악한 귀신들이 쫓겨나는 일이 일어난다. 내 귀에 "나의 백성이 나를 찬양하면, 내가 역사할 것이다. 나의 백성이 나를 경배하는 것을 언제나 볼 수 있을까?"라는 소리가 들렸다. 찬양에 관한 이러한 계시와 경험을 통해 하나님이 거하시는 거룩한 찬양의 산에 반드시 올라야겠다는 강한 열망이 생겼다.

한편 하나님의 영광이 위기를 맞았다는 생각이 들었다. 하나님이 우리에게 그분께 영광을 돌릴 수 있는 능력을 주셨는데, 우리는 그 능력을 무시함으로 죄를 짓고 있다. 우리는 감히 하나님과 겨루려 하고 있다. 하나님께서는 나에게 그리스도인들이 여전히 남아 있는 나쁜 속성들을 사용하여 감히 하나님의 거룩하심 속으로 끼어들려 한다는 사실을 알려 주셨다.

우리는 오직 정결한 것만 가지고 하나님께 나아가야 한다. 그 이유는 하나님이 거룩한 것이 아니면 그 어떤 것도 받지 않으시는 분이기 때문이다. 종종 내가 그분의 영광에 대해 생각만 해도 그것이 나를 압도하는 것을 느낀다. 나는 그분으로부터 받은 말씀으로 인해 온몸을 떨었다. 하나님은 우리의 영 찬양을 받고 싶어 하신다. 그분은 우리의 천국 찬양을 받고 싶으셔서 깨어진 마음으로 하염없이 기다리신다.

어젯밤에 나는 천국에서 허다한 무리들이 하나님께 찬양하는 환상을 보았다. 그러나 이 땅에서는 그런 천국의 찬양을 드리는 사람들이 거의 없는 듯했다. 나는 부분적으로 선이 끊긴 찬양의 원을 보았다. 주님께서는 누군가가 이 끊어진 부분을 이어줌으로써 하늘의 영광이 이 땅에 임하게 되기를 원하신다. 나는 이 찬양으로의 부르심에 응답한 사람들로 인해 하늘의 영광이 세상의 한쪽 끝에서 반대편 끝으로 퍼져나가는 환상도 보았다. 이 환상을 본 나는 높으신 하나님께서 나를 방문하셨다는 생각에 말로 표현할 수 없을 정도로 기뻤다. 거룩한 산꼭대기까지 올라가 거기 계신 주님을 만나고 싶은 마음이 간절해졌다.

하나님을 온전히 예배하자 감사의 마음이 내 전 존재에 흘러넘쳤다. 그것은 성령의 역사였다. 하나님께서 나를 왕이신 그분께 영광 돌리는 사람으로 불러주셨다는 생각에 감사의 고백이 저절로 흘러나왔다. 그래서 나도 모르게 "주님, 내 마음은 당신을 향한 영광스러운 생각들로 가득 차 있습니다. 주님은 찬양을 받기에 충분한 위대하신 분입니다!"라고 소리를 질렀다.

나는 천국에 천사들과 성도들이 모여 있는 환상도 보았다. 그들은 모두 하나님께 찬양을 드리고 있었다. 그 장면이 지나가자 수많은 영혼들이 주님을 찾으며 울고 기도하고 한숨지으며 애통해하는 장면이 보였다. 그들은 울며 하나님께 호소하고 있었는데, 정작 중요한 찬양은 하지 않고 있었다. 그들은 자신들의 삶에 찬양이 없음을 깨닫고 슬퍼해야 했다. 나는 그 환상을 보고 나만이라도 주님을 찬양함으로 끊어진 찬양의 원을 이어드려야겠다고 굳게 결심하였다. 순간 나 역시 찬양은 하지 않고 하나님께 울면서 매달리기만 했던 일들이 떠올라 "나부터 하나님을 찬양하는 시간을 늘려나가자! 찬양함으로 나 자신을 확장시켜보자!"라고 소리쳤다.

그러다가 잠이 들었다. 한참을 자다가 갑자기 밤중에 깨어났는데, 그때 내 속에서 하나님의 음성이 들려왔다. 그토록 사랑하는 그분의 음성이 분명했기에 나는 크게 감동하였다. 하나님은 나에게 "네 안에 있는 여러 생각들을 잠잠케 한 후, 오직 찬양에만 몰두하면 너의 영이 천국으로 올라가게 된다. 그러나 너는 그것에 대해 잘 모르고 있구나"라고 말씀하신 후 천국을 경험하게 해주셨다.

그곳은 놀라울 정도로 창조적이고 초자연적이며 평화로운, 나의 생각의 한계를 뛰어넘는 곳이었다. 내가 천국에서 본 것들에 대해 다시 생각하자 나의 생각, 느낌, 태도와 말 속에 부정적이고 파괴적인 요소들이 숨어 있다는 사실이 깨달아졌다. 그것들은 파멸을 불러일으키는 불순물들이다. 이와는 반대로, 순수한 마음을 담아 열정적으로 찬양을 드리면, 우리에게서 창조적인 능력이 나타난다.

그리스도인으로서 나의 지난 삶을 돌이켜보면, 솔직히 기도생활은 중요하게 생각했지만 찬양은 그다지 중요하게 생각하지 않았었다. 하루는 기도를 하며 주님이 임하시길 잠잠하게 기다리고 있었는데, 성령님이 예전과는 다른 방법으로 나타나셨다. 그분의 임재가 몇 시간 동안 나에게 머무시는 가운데 나에게 찬양의 삶에 관해 몇 가지 사실을 알려 주셨다. 그때 배운 것들을 일일이 다 글로 적을 수는 없지만, 성경은 당시 내가 배운 것이 틀리지 않았다는 사실을 확증해주었다.

성경에는 기도보다 찬양에 관한 내용이 더 많다. '찬미하다, 노래하다, 영광 돌리다'와 같은 비슷한 뜻을 가진 표현을 제외하고도 찬양에 대한 말씀이 무려 400번 이상 발견되는 것에 반해, 기도에 관한 표현은 이보다 훨씬 적다. 기도와 찬양은 같이 가야 한다. 따라서 기도와 찬양은 하나님께로 날아오르는 두 날개와 같다고 볼 수 있다. 그럼에도 불구하고 오랫동안 수많은 그리스도인들의 삶에서 찬양의 날개가 무시되어 왔다.

이러한 깨달음을 통해 나는 주님께서 왜 우리가 오직 찬양만 드리며 살기 원하시는지에 대한 이유를 알 수 있게 되었다. 찬양의 삶을 사는 사람에게는 하늘의 능력이 한량없이 부어지고, 삶 가운데 성령의 열매가 맺히는 일이 일어난다. 찬양은 천국에 있는 모든 사역 중 최고의 사역이다.

성령님의 말씀

귀 있는 자는 성령이 교회들에게 하시는 말씀을 들을지어다 (계 2:7)

너희는 찬양의 능력과 목적을 과소평가하지 말아야 한다. 사탄은 하나님의 백성인 너희가 정결하고도 열렬한 찬양을 하지 못하도록 다른 곳에 신경 쓰게 한다. 찬양은 너희가 살아가야 할 삶이고, 싸워야 할 싸움이며, 걸어가야 할 길이다. 찬양은 천국의 비밀들을 여는 열쇠이며, 따라야 할 하나님의 부르심이고, 순종해야 할 하나님의 명령이며, 예술이고, 연습이고, 훈련이다.

지금은 하나님을 찬양하는 자들이 소수이지만, 앞으로는 많은 사람들이 높은 수준의 찬양을 하게 될 것이다. 찬양에 대한 말씀을 찾아 공부하여라. 성령을 기다려라. 그러면 성도들이 영원히 해야 할 일이 바로 찬양이라는 사실을 알게 될 것이다.

하나님의 백성들이 범할 수 있는 최고의 실수는 마땅히 영광 받으셔야 할 하나님께 영광을 올려드리지 못하는 것이다. 자주 그리고 열심히 찬양하는 사람들도 하나님이 원하시는 높은 수준의 거룩한 찬양에는 미치지 못하고 있다. 하나님은 이 세상의 왕들만큼도 찬양과 존귀를 받지 못하고 계신다. 그분은 천국에서처럼 이 땅에서도 찬양 받기 원하신다. 온 세상에 찬양이 가득하기 전에는 모든 사람들이 그분의 영광을 보는 일은 일어나지 않는다. 하나님은 찬양할 때 임하신다!

찬양에 대한 계시나 예언이나 가르침이 좋긴 하지만, 가장 중요한 것은 실제로 찬양을 하는 것이다. 삶으로 찬양하고 또한 입술로도 찬양해야 한다. 내(성령)가 너희에게 하는 말 한 마디에 순종하는 것이 지키지 못할 하나님의 말씀 백 마디를 받는 것보다 훨씬 낫다. 사람들은 찬양에 대해 말은 많이 하지만, 정작 찬양은 하지 않는다! "주님을 찬양하라"고 말하긴 쉬워도 주님께 "내가 당신을 찬양합니다"라고 말하기는 힘들다. "너희는 말씀을 행하는 자가 되고 듣기만 하여 자신을 속이는 자가 되지 말라"(약 1:22).

표현하지 않는 찬양은 찬양이라고 할 수 없다. "내 속에 찬양하고픈 마음이 있다"라고 말하는 것으로는 충분하지 않다. 하나님이 행하시고 사역하시는 분인 것처럼, 너희도 실제로 입을 열어 표현하는 찬양을 해야 한다. 찬양하겠다는 결심을 행동으로 옮겨야 하나님께서 영광을 받으신다.

영과 진리로 주님을 찬양하면 그리스도의 역사하심이 증가한다. 그리스도의 역사하심은 너희를 둘러싼 소용돌이와 같아서, 처음에는 아래서부터 작은 원으로 시작되다가 찬양을 반복해서 부르면 소용돌이치는 원이 커지며 점차 위로 올라간다. 원이 점점 위로 올라간다는 것은 찬양을 통해 천국으로 더 가까이 올라가는 것을 말한다. 이때 너희는 천사의 말로 찬양을 하게 되고, 입에서 저절로 새 노래가 나오게 된다.

왕께 기쁘고도 찬란한 찬양을 자유롭게 올려드려라. 그분의 사역이 다양한 것만큼 그분께 불러드려야 할 찬양도 다양하다. 그분의 능력이 영광스러우니 영광스러운 찬양을, 그분의 창조의 색깔들이 다채롭듯 다채로운 찬양을 불러드려라. 풍요롭고 새로운 찬양, 술술 나오는 찬양을 불러드려라. 노래로, 말로, 춤으로, 큰 소리로, 행동으로, 글로, 호흡으로, 생각으로, 삶으로, 수없이 다양한 표현으로 찬양을 올려드려라.

찬양하는 자는 왕이신 하나님의 길을 따라가서 결국에는 하나님의 법궤 앞에 서게 된다. 찬양은 잠자는 자들을 깨우고, 아픈 자들을 고쳐주며, 형언할 수 없는 하나님의 은혜와 자비를 천국의 언어로 표현할 수 있게 해준다. 찬양은 서로의 거리를 좁혀주고, 하나님을 사랑하는 자들이 하나가 될 수 있게 해준다.

　너희는 찬양을 통해 하나님의 능력과 뜻, 그분의 풍성함을 인식할 수 있다. 찬양은 하나님이 주시는 그분의 힘이고, 승리이기도 하다. 또한 하나님을 너희 쪽으로 끌어당기는 자석인 동시에 너희가 그분께로 이끌려가게 하는 자석이기도 하다. 하나님을 찬양하면, 그분이 너희에게로 다가오신다. 찬양을 하면 그분의 사랑이 느껴지고, 그 사랑에 대한 확신이 생겨서 그분께 쉽게 다가갈 수 있게 된다.

　찬양은 천국의 보험에 가입하는 것과 같다. 찬양은 약속의 실현이고, 희망의 결실이며, 사랑의 대관식이다. 찬양을 통해 찬양하는 자와 찬양받으시는 분이 서로 만나게 된다. 찬양으로 흑암의 영들이 격퇴되고, 믿음이 증대되며, 정욕이 힘을 잃고, 지혜가 생기고, 힘이 공급된다.

　찬양은 예술이며, 지혜의 출발점이다. 하나님을 찬양하는 자들은 그분의 비밀을 알게 되는데, 그 이유는 하나님께서 찬양하는 자들에게 그분의 약속과 관련된 비밀들을 알려주시기 때문이다. 그래서 찬양을 통해 장차 받게 될 약속들이 무엇인지 알게 되는 일들이 일어난다. 그 말은 찬양으로 하나님의 약속이 실현되게 할 수 있다는 말이기도 하다.

　너희는 마음과 입으로 하나님을 찬양하는 것을 쉬지 말아야 한다. 찬양은 심고 물을 주어 열매를 거두는 것과 같다. 찬양을 하면 삶에 꽃이 피고 열매를 맺게 된다는 말이다. 찬양은 죽음 후의 삶이기도 하다. 찬양은 하나님의 아름다움을 노래로 표현하는 것이고, 하나님의 영광을 나타내는 것이며, 하나님을 향한 사랑의 행위다. 또한 첫 열매가 맺히게 하는 꽃이며, 감미로운 음악이고, 향기다. 이글거리며 타는 불이고, 따뜻함이다.

찬양은 하나님을 향한 사랑을 적극적으로 나타내기 때문에 능동적인 것이라고 할 수 있다. 찬양은 생명을 주는 성령의 전깃줄이고, 전신갑주로 무장한 사랑이며, 믿음으로 쌓은 요새다. 그것은 너희의 허다한 실수를 덮어준다. 찬양을 하면 아름답지 않고, 기분 나쁘고, 불결해 보이는 것들이 가려진다.

참된 찬양은 기분으로 하는 것이 아니라 순종으로 하는 찬양이다. 진실하게 찬양하면 하나님은 확실히 그리고 무조건 너희가 하는 찬양에 즉각 귀기울이신다. 찬양은 성도들과 죄인들이 주님 앞으로 갈 수 있도록 길을 열어주기도 한다. 찬양은 믿음과 헌신을 연결시켜주고, 인간이 하나님의 일을 할 수 있도록 해주고, 성도들과 하나님 사이를 최대한 좁혀준다.

찬양은 귀한 것으로 만든 향수다.
찬양은 심장을 꺼내 하나님께 제물로 바치는 것이라 할 수 있다.
찬양은 하나님의 옥토에 핀 향기로운 꽃이어서
가시(비난의 영)에 찔리면 시들어버린다.
찬양이 돌밭(성숙하지 못한 영)에 떨어지면 자라다 중간에 죽어버리고,
좋은 땅(감미로운 영)을 만나면 잘 자란다.
옥토(너그러운 영)에 떨어지면 꽃이 만발하게 된다.
찬양이 햇빛(기쁨의 영)을 만나면 꽃이 핀다.
찬양에 물을 주고 가꾸어주면, 풍성한 열매가 열린다.
찬양은 잡초(돌보지 않음)처럼 크지 않는다.
찬양은 불같은 시련으로 다져진 감미로운 향기다.

찬양은 사랑에 빠진 자가 몸에 뿌리는 향수다.

찬양은 울게도 해준다.

찬양은 성전에 가득한 영광의 구름이고,

몰약과 계피와 감람유를 섞어 만든 거룩한 기름이다.

영원하신 하나님을 찬양하는 소리는 천국까지 다다르고, 심연까지 이른다. 높은 곳에 거하시는 주님은 그 소리를 듣고 기뻐하신다. 그분은 찬양이 울려 퍼지는 시온산에서 달콤한 휴식을 취하신다. 찬양이 떠나지 않는 곳이 그분의 안식처다. 너희는 하나님이 계신 곳이면 어디서라도 그분을 찬양해야 한다. 너희가 땅 깊은 곳에 있더라도 그분을 찬미해야 한다. 그러면 찬양으로 인해 땅과 하늘 모두에 하나님의 영광이 나타나게 된다.

찬양의 문으로 들어가면, 빛이 비쳐 들어오는 것을 볼 수 있다. 축복의 물을 만나거든 찬양의 씨를 심어라. 마라의 쓴 물을 만나도, 핍박의 물을 만나도 그렇게 하라.

영으로 하나님을 찬양하는 것에 하늘의 비밀이 숨어 있다. 영으로 찬양할 때, 하나님의 능력이 풀어진다. 찬양은 가벼운 헬륨 가스와 같아서 너희로 땅을 떠나 위로 올라가게 하기도 하고, 낙하산처럼 떨어지게도 한다. 살아 계신 유일하신 하나님을 쉼 없이 찬양할 때 일어나는 일들을 다 아는 사람은 이 세상에 아무도 없다. 그래서 찬양은 비밀병기와 같다고 할 수 있다.

너희가 그토록 사랑하는 하나님은 너희가 찬양하기를 기다리고 계신다. 그러므로 나(성령님)는 두려워하지 말고 소리 높여 힘차게 찬양할 것을 너희 모두에게 촉구한다. 너희의 찬양 소리로 인해 땅과 하늘에 승리의 다리가 연결되게 하여라. 찬양이 바위에 구멍을 내고, 바다에 길을 만들고, 사막에 물길을 낸다는 사실을 잘 알고 있어라.

하나님의 탁월성에 대해 알게 되면, 너희 속에서 기쁨이 솟게 된다. 겸손의 옷을 입으신 그분을 보면 눈물을 흘리게 되고, 찬양을 받고 계신 그분을 뵙게 되면 즐거움이 샘솟게 된다. 그리스도는 아무리 찬양을 받아도 지나침이 없으신 분이다. 그분이 계실 최적의 장소가 바로 천국이다. 주님의 발 앞에 천사들과 천사장들과 보좌들과 모든 능력과 권세와 세상 주관자들이 다 무릎 꿇는다 해도 충분하지 않다. 천국 백성들이 아무리 그분을 높여도 결코 충분하다고 할 수 없다.

찬양은 천국 문을 열게 한다.
찬양하면 의심이 사라진다.
찬양은 귀한 축복이 내려오게 한다.
찬양하면 평화가 찾아온다.
찬양하면 각종 묶임이 끊어지고,
묶인 자가 자유케 되고,
짐이 가벼워진다.
찬양은 마치 마스터키와 같다.
찬양은 환경을 변화시켜주고,
마음을 꼭 붙들어준다.
쉼 없이 하는 찬양은 거룩한 예술과 같다.

세상의 시끄러운 소리에는 귀를 닫고, 자연이 들려주는 천국 음악 소리에는 귀를 기울여야 한다. 바람 소리, 파도 소리, 나무 흔들리는 소리에 귀기울여보란 말이다. 그 소리들은 주님께서 속삭이시는 소리다. 파도 소리, 숲의 나뭇잎들이 흔들리는 소리는 주님이 내시는 소리다. 소란스런 세상의 소리에 귀를 막고 있으면 그분의 목소리, 그분의 노랫소리가 들리기 시작한다. 먼저 자연에 가득한 하나님의 노랫소리들을 듣는 능력을 향상시키고 나서, 할 수만 있다면 그분께 너희가 지은 노래를 불러드려라.

하나님께 드릴 노랫말을 짓고, 마음속에서 우러나오는 멜로디에 가사를 담아 그 노래를 불러드려라. 너희는 새 노래에 담긴 신비와 능력을 잘 모르고 있다. "노래하라, 노래하라, 나에게 노래를 만들어 바치라!"라고 하신 하나님께 세상 소음을 들려드려서는 안 된다. 마음이 힘들어도, 몸이 약해도 그분께 쉬지 말고 찬양을 불러드려라. 시와 찬미와 신령한 노래를 불러드려라. 그렇게 하면, 너희에게 천국이 임한다.

이 세상에는 영의 노래가 너무 드물다. 이 땅에서 천국의 노래를 부르는 사람은 거의 없다. 이제 세상 사람들이 듣기 좋아하는 노래는 그만하도록 하라. 하나님의 귀는 너희의 노래에 대해 항상 열려 있다. 너희가 하나님께 진심어린 노래를 불러드리면, 그분은 반드시 그 노래를 들으신다. 사람들이 들을 수 없는 소리도 잘 들으신다. 사람들에게 자랑하려고 찬양하는 것은 어리석은 짓이다. 그렇게 하는 사람은 바리새인과 같다. 하나님이 "너희의 얼굴을 보고 싶고, 너희의 목소리를 듣고 싶다"라고 말씀하고 계심을 한순간도 잊지 말아라.

편협하고 이기적인 마음에서는 올바른 찬양이 나올 수 없다. 자기 연민에 빠져 있거나 원한을 품고 있는 사람이 진실하게 찬양할 수는 없는 것이다. 저주와 작별해야 찬양할 수 있다. 하나님은 거짓 찬양을 싫어하신다. 그분은 기분 좋은 날에만 찬양하는 것을 달가워하지 않으신다. 슬플 때, 기쁠 때를 가리지 않고 찬양해야 한다. 하나님이 너희에게 평범하지 않은 것들을 주셨으니, 너희도 하나님께 평범하지 않은 찬양을 불러드려야 하는 것이다.

항상 찬양하고, 작은 일에도 감사해야 한다. 이 땅에서 살아가는 동안 하나님에 대한 너희의 찬양을 사람들이 멸시하지 못하도록 해야 한다. 인생이 하루살이 같으니, 인생의 밤이 오기 전에 하나님을 찬양하여라.

진심으로 예배하고 찬양하는 사람들은 하나님의 은총과 축복을 독차지하게 된다. 찬양으로 사람들을 하나님의 임재 앞으로 인도할 수 있는 사람은 천국의 복을 받은 사람이다. 그런 사람으로 인해 사람들을 묶고 있는 어둠의 쇠사슬이 떨어져나간다. 새들이 그물에서 풀려나듯 사람들이 마귀들이 놓은 덫에서 풀려난다. 마귀의 속박에서 풀려난 자들은 하나님께 곧장 날아갈 수 있다.

하나님의 호흡으로 인간에게 들어온 영은 하나님께로 다시 돌아가고 싶어 하는 속성을 갖고 있다. 따라서 너희의 영이 하나님께 돌아가고 싶어 날갯짓을 하고 있음을 알아야 한다. 육체가 죽지 않아도 영이 하나님 아버지께로 가서 쉴 수 있다. 너희가 코로 숨을 쉬고 있는 지금, 심장이 뛰고 있는 지금, 이 땅에서 육신의 옷을 입고 살아가는 지금, 얼마든지 너희의 영이 자유로이 하늘로 날아오르도록 해줄 수 있다. 너희가 죽으면 육체는 흙으로 돌아가지만, 영은 그것을 주신 하나님께로 돌아간다. 그러나

이 세상에 사는 동안에는 너희가 드리는 거룩한 예배를 통해 너희 영이 하나님을 만날 수 있다. 너희가 부르는 노래와 찬양으로 하나님의 임재 안에 거할 수 있다. 너희가 그렇게 되는 것을 하나님이 진심으로 바라신다.

예배하고, 또 예배하여
그분의 이름을, 성스러운 그분의 이름을,
그분의 거룩한 이름을, 그분의 형언키 어려운 이름을 높이고 높여라.
땅이 흔들릴 때까지
산들이 뽑혀 바다에 빠질 때까지
하늘들이 그분께 엎드릴 때까지
별들이 그분의 영광을 나타낼 때까지
우주가 소용돌이치며 올라갈 때까지 그분을 예배하라!
찬양을 통해 이루어지는 완전한 질서, 완전한 아름다움이여,
완전한 정렬, 완전한 은혜여!
하나님께서 모든 피조물들을 부르신다.
살아 있는 모든 것들아, 숨 쉬는 모든 생명체들아,
생명을 소유한 모든 존재들아, 하나님께 영광을 돌리고 그분만을 찬양하여라!
성도들아, 하늘과 땅을 지으신 하나님께 마땅히 드려야 할 것들을 드려라!
그분께 찬양 드리는 것을 삶의 최우선 순위에 두라!

성전에서의 찬양 소리가 이 땅으로 내려오게 된다. 하나님은 천국 보좌에서도 말씀하시고, 이 땅의 성전에서도 말씀하신다. 그러므로 이 땅의

성전에서 거룩하신 그분의 소리가 들린다. 그래서 성전 안에 있는 모든 것들이 하나님을 향해 "당신은 참으로 거룩하십니다, 거룩하십니다, 거룩하십니다"라고 외치는 것이다.

성전에서 쓸 그릇들은 불로 정련하여 불순물을 태워 없앤 후 깨끗하게 닦아 성전에 비치되는데, 하늘의 불로 정결케 된 하나님의 백성들을 상징한다. 깨끗하게 된 하나님의 백성들이 기도를 올리면, 하나님은 하늘에서 불을 내려보내셔서 세상을 깨끗하게 해주신다. 하나님의 백성들은 거룩한 제단에 있는 불을 나르는 사람들이기도 하다. 그들은 제단에서 받은 불을 세상에 나누어주는 자들이다. 하나님은 불로 세상을 깨끗하게 하시는 분이다(시 29:9, 말 3:1).

> 찬양은 솟구치는 샘물
> 그 샘물이 강같이 흐르고 흘러서
> 영광의 바다를 이룬다.
> 찬양은 가장 높은 곳까지 올라가기도 하고,
> 깊은 바닥까지도 이르러서
> 감옥에 갇힌 자들과 눌린 자들에게 평화를 가져다준다.
> 찬양은 상처를 치유하는 향유고,
> 쓰러진 사람을 일으키는 포도주고,
> 기쁜 생각이 들게 하는 기름이다.
> 오, 찬양이 얼마나 놀라운지!
> 찬양은 빛의 속도로 퍼져서

어둠 속에 숨어 있는 것들을 드러내고,

악한 것들을 멸하고,

전쟁을 승리로 이끈다.

찬양은 다음 세대에도 그리고 그 다음 세대에도 계속된다.

너희가 갖고 있는 모든 힘을 동원해야 한다! 구원받은 후 너희 안에 축적된 모든 힘, 너희가 모르고 있던 감춰져 있던 힘까지 다 동원해서 주님을 찬양해야 한다. 나(성령님)는 아직 사람들이 그들 속에 있는 능력을 모두 알게 하지는 않았다. 그 이유는 그들이 알게 되면, 그 능력을 잘못 사용하여 자신을 파멸로 몰아가기 때문이다. 내가 너희에게 다시 한 번 말하는데, 너희 속에 있는 모든 힘을 끌어내어 하나님께 영의 찬양을 불러 드려라. 너희 속에 잠자고 있는 능력들, 너희의 마음과 사랑 속에 녹아져 있는 모든 능력들을 끌어내어 주님을 위해 사용해야 한다. 너희의 육체에 있는 모든 힘들을 끌어내어 써야 한다.

그러나 잘못 써서는 안 된단다. 호흡은 생명이니 헛된 곳에 쓰지 않도록 해라. 너희의 생각은 너희를 파괴할 수도 있고 세워줄 수도 있을 만큼 강력하니, 그 생각들을 악한 일에 쓰지 않도록 조심하라. 너희는 자신이 한 말에 대해 책임져야 하기 때문에 함부로 말하지 말아야 한다. 너희가 하는 말에 능력이 담겨 있음을 알고, 쉬지 말고 하나님을 찬양하도록 하여라.

하나님은 그분을 경외하라고 너희에게 진리의 깃발을 주셨다. 또한 그분은 의의 나팔도 주셨다. 빛의 갑옷과 여러 종류의 무기를 주셨으니 입으로는 하나님을 찬양하고, 손에는 두 날 가진 검을 잡고 그분을 담대히 따라가라.

빛의 언덕에서 출발하라.
너희의 심장은 불타고 있다.
승리자 예수의 이름으로
어두움의 세력들을 반드시 응징하라!

오, 주님, 우리가 당신께 기도드립니다. 주님의 면류관은 그 수가 참 많습니다. 우리가 주님께 찬양의 면류관을 씌워드립니다. 우리가 서 있는 이 시온 땅을 주님이 통치하실 첫 영토로 바칩니다. 이제 주님은 우리의 왕이 되셔야 합니다. 주님은 그동안 하나님이시면서도 우리를 섬겨주셨고, 우리를 위해 일해주셨습니다. 우리의 요청을 들어주셨고, 우리의 소망과 필요를 채워주셨습니다. 이제 오셔서 마음껏 우리를 다스려주소서. 인간의 방법은 통하지 않게 될 것이고, 오직 주님의 방법만 통하게 될 것입니다.

주님이 통치해주신다면, 우리는 힘써 당신의 백성이 되겠습니다. 마음과 생각을 새롭게 하여 주님을 섬기고, 주님께만 영광을 돌리며, 주님이 기뻐하시는 일만 하겠습니다. 고난의 종이신 하나님이 우리의 영광의 왕이 되셨도다!(시 2편, 110편)

떠날 때는 울며 떠났네.

그러나 돌아올 때는 우리의 입가에 웃음이 가득했네!

우리는 기쁨의 왕관을 쓰고 있네.

슬픔 대신 춤을 추게 해주신 그분을 찬양하세!

눈물로 씨를 심었지만, 기쁨으로 추수했네!

떠날 때는 빈손이었지만, 돌아올 때는 그 반대가 되었네.

우리의 입술에는 찬양의 향기가 가득했고

우리의 노랫소리에는 생기가 넘쳤네.

노래하는 백성에, 노래하는 하나님.

마치 온 세상이 노래로 서로 화답하는 것 같네.

목자들이 노래하고

별들이 따라서 노래하니

주님이 천국에서 사뿐히 일어나셔서

노랫소리가 나는 쪽으로 다가가시네.

밤마다 울며 불렀던 노래를 이제 다시 부르세.

광야를 헤맬 때 불렀던 노래도 다시 부르세.

잠자리에서 몸부림치며 불렀던 노래도 부르세.

척박한 곳에 머무는 동안 불렀던 노래도 부르고

순례길에서 불렀던 노래도 부르세.

시온의 언덕에서 불렀던 노래도 부르고

그분이 계신 방에서 불렀던 노래도 부르고

그분의 잔치자리에서 불렀던 노래도 부르세.

솔로몬은 노래를 천 개나 지었는데

전부가 뛰어난 노래였네.
그러나 왕이신 주님은 그것보다
수백만 배나 더 많은 노래들을 갖고 계시네.
그 노래들은 노래 중의 노래, 뛰어난 노래들이네.
주님의 노래는 그분이 직접 가르쳐주지 않으시면 부르기 힘들어
찬양에 뛰어난 자들만 부를 수 있는 노래네.
영가들 중에서 뛰어난 영가,
찬송 중에서도 가장 숭고한 찬송이라네.

    장차 주의 날이 도래하게 될 것이다. 그날은 두려움의 날이 될 것이다. 그날은 어두움의 세력과 전쟁이 벌어지는 날이고, 불화와 반목이 드러나는 날이며, 사탄이 사람들을 속이기 위해 이 땅에 내려오는 날이다. 찬양의 날개가 없는 자들은 그날을 면할 수 없다. 주님께서 찬양했던 자들은 구해주시고, 그들로 그분의 임재 안에서 살게 해주신다.
    그날은 믿는 자들에게는 승리의 날이다. 믿음은 입 다물고 가만히 있기만 하는 것이 아니다. 믿는 자들아, 찬양하며 즐거워하라. 믿음은 노래다! 할렐루야! 믿음의 노래를 불러라! 사랑의 노래를 불러라! 그날이 대적들에게는 끔찍한 날이지만, 성도들에게는 거룩한 주의 날이 될 것이니 그날을 거룩하게 보내라. 그날 시온은 찬양과 영광으로 가득하게 된다. 하나님의 도시로 입성하는 순례자들은 반드시 찬양의 노래를 불러야 한다. 감사하며 그 문으로 들어가야 한다. 하나님의 시온성에 들어가는 방법은 그 방법밖에는 없다. 그분의 궁정에 들어가서 살고 싶은 사람들은 찬양하

고, 찬양하고, 또 찬양하여라!

하나님이 강한 팔로 너희를 구원해내실 것이다! 하나님의 팔은 구원의 팔이니 그날에는 그 어떤 자도 "내가 기도를 열심히 해서, 하나님을 위해 일을 열심히 해서 그분이 나를 구원하셨다"라고 말할 수 없다. 하나님은 자신의 손으로, 그분의 능력으로 일을 완수하실 것이다. 이스라엘이여, 하나님께 소리쳐 찬양하여라. 아론의 자손들아, 그분을 쉬지 말고 찬양하여라. 강하신 주께서 구원해주실 것이니 이스라엘이여 기뻐하여라. 신랑이 신부를 보고 기뻐하듯, 그분께서 너희를 보고 기뻐하신다. 그러므로 주님께 감사하고 그분을 높이는 것은 너희가 당연히 해야 할 일이다. 먼지를 털고 일어나 노래를 부르며 주님께로 달려가야 마땅하다. 감사하며 찬양하는 사람의 얼굴에서 빛이 나는 것은 당연한 일이다.

슬픔의 옷 대신 아름다운 찬양의 옷을 입고, 얼굴에는 기름을 바르고 신부가 신랑을 위해 단장하듯 아름답게 단장하고 나가 오시는 주님을 반갑게 맞아드려라. 주님께서 문 앞에 당도하시지 않았는가? 어서 나가서 그분을 맞이하여라.

소고를 쳐라! 심벌을 크게 울려라! 여호와 하나님이 영광스러운 승리를 거두셨다. 구원받은 자들이 갈 수 있는 길을 여셨다. 죄 사함 받은 자들이 건너갈 수 있는 찬양의 길을 그분이 만드셨다. 하나님이 바다를 가르시고 말과 말 탄 자들을 바다에 던지셨을 때, 이스라엘은 위대하신 그분을 한없이 찬양했다. 그들은 함께 노래 부르며 주님 앞에서 기뻐했다. 그러나 그들의 찬양은 오래지 않아 식어버렸다. 오, 이스라엘은 과거에 주님을 찬양했었는데! 주님은 찬양을 받으셔야 마땅한데! 그들이 마라의 샘물 곁에서, 광야 길에서 주님을 찬양했었는데! 그들의 순례의 길이 단축될 수 있었는데! 오, 사람들아, 오늘 그분을 찬양하여라! 그러면 너희는 그분의 능력을 목도하게 될 것이다.

오, 주님, 당신은 찬양할 때 임하십니다. 할렐루야를 외치며 기뻐하는 자들이 당신을 만나게 됩니다. 주님을 향한 찬양은 입술에 닿은 설탕물 같고, 혀에 바른 꿀 같으며, 목을 적시는 포도주 같습니다. 찬양은 달콤한 과일 같아 지친 자들을 일으킵니다. 오, 주님, 찬양이 포도주보다 좋습니다. 우리가 주님께 생동감 넘치게 찬양합니다. 당신께 잘 익은 열매 같은 찬양을 올립니다. 그 열매는 고통의 골짜기를 지날 때 우리가 흘린 눈물의 열매입니다. 그 열매는 주님이 주신 은혜라는 햇빛으로 인해 잘 익은 열매입니다. 그 열매는 주님께서 드시기에 딱 좋을 만큼 익었습니다. 우리가 주님께 입맞추고, 우리의 입술의 열매를 드립니다.

오, 주님, 당신의 소리는 많은 물소리와 같습니다. 성도들이 올리는 찬양소리는 바위를 치고 흩어지는 물보라 소리와 같습니다. 성도들의 찬양소리가 너무 커서 온 세상과 천국에 울려 퍼질 정도입니다. 주님이 보좌에서 일어나셔서 당신의 백성들에게 칭찬과 축복의 말씀을 발하시니 모든 백성들이 한꺼번에 주님을 찬양하기 시작합니다. 하나님을 찬양하는 자 복 있도다! 그날이 오면 찬양하는 자 모두가 하나님의 칭찬을 듣게 될 것입니다(고전 4:5).

하나님 당신은 우리 아비들의 찬양을 받으신 분입니다. 당신은 우리 어미들의 찬양도 받으셨습니다. 왕이 백성들로부터 찬양을 받듯 우리의 찬양을 받으소서! 이방신들이 이방 백성들로부터 찬양을 받는 것보다 훨씬 더 찬란하게 우리의 찬양을 받으소서! 아름다우시고, 힘 있으시고, 영광스러우신 주님, 우리의 찬양을 받으소서! 주님은 찬양 받기에 합당하십니다!

우리는 주님께 오직 귀한 예물만 드리겠습니다. 우리의 조상 다윗은 값싼 예물을 드리지 않았습니다. 우리도 절대로 주님께 값싼 예물을 올려드리지 않겠습니다. 값진 예물만 드리겠습니다. 사람들아, 그분께 값진 예물을 바쳐라. 귀한 예물을 구하기 위해 너희를 희생하라. 어렵게 얻은 귀한 예물만 올려드려라.

나의 백성들아, 나에게로 오너라. 너희 속에 있는 은사들을 사용함으로 나에게로 오너라. 내가 너희에게 준 갑옷을 입고, 투구를 쓰고 오너라. 오는 길이 돌짝길과 가시밭길과 컴컴한 길이니, 내가 너희에게 빛을 비춰주겠다. 새 길은 쉽게 올 수 있는 길도, 기쁘게 올 수 있는 길도 아니다. 너를 영광의 구름 속에 있게 하는 길도 아니다. 오히려 많은 상처를 받게 되는 매우 어려운 길이다. 그러나 내가 너희의 상처를 꿰매고 묶어줄 것이다. 새 길은 찬양의 길이다.

나의 백성들의 찬양은 참으로 대단하다. 세상에는 찬양의 고속도로가 아직 완전하게 놓이지 않았지만, 어린 양의 피를 바른 나의 백성들은 나에게 올 수 있다. 성령이 너희를 새로운 찬양의 길로 인도해줄 것이다. 내 손이 직접 너희를 인도해줄 것이다. 이것이 나의 방법이다.

일어나라, 일어나라. 시온의 딸들아 힘 있게 일어나라. 거룩한 천사들과 영원히 죽지 않을 성도들이 기다리고 있는 이곳 정상으로 올라오라. 나를 알고, 나의 이름을 사랑하고, 높고 거룩한 곳에 거하길 원하는 모든 자들아 올라오라. 찬양을 하면 천국의 문들이 열리니 그 문 안으로 들어가라. 지금 일어나 그렇게 하여라. 전갈의 머리를 밟아라. 찬양의 능력으로 적들을 물리쳐라. 약한 자들은 "나는 강하다"라고 외쳐라. 때가 가까우니 믿음의 방패를 가지고 손에는 검을 들고 목표를 향해 전진하라. 지금이 바로 그때다. 정상을 탈환하라. 이 땅은 젖과 꿀이 흐르는 나의 땅이다. 땅을 점령하고 깨끗한 성령의 공기를 마셔라. 하나님을 영원히 송축하여라.

　마음을 다해 주님께 찬양을 드려야 한다. 대중들을 향해 그분의 선하심과 인자하심을 선포하여라. 보라, 그분은 너희에게 자비와 은혜를 베푸셨다. 마음이 무겁고 삶이 눌린다고 해서 억지로 찬양하지 말고, 자유롭고 기쁜 마음으로 찬양의 제사를 올려드려라. 잠시 있으면 없어질 것을 주목하지 말고, 영원하고 변치 않을 것에 너희의 마음과 눈을 고정시켜라. 눈에 보이는 대로 느낌에 따라 행동하면 결국은 억눌리게 된다.

　찬양하고 싶을 때만, 찬양해야 할 때만 찬양하는 사람은 찬양에 인색한 사람이다. 너희는 잠잠히 있지 말고 노래와 외침으로 장벽을 돌파해나가야 한다. 죽은 사람은 하나님을 찬양할 수 없다. 살아 숨 쉬는 모든 것들아, 주님을 찬양하고 그분께 큰 소리로 노래하여라. 높으신 하나님은 광대하시고 행위가 고결하신 분이다.

　바빌론 강가에서 주님을 노래하라! 어디서든지, 어떤 상황에서든지 그분께 노래를 불러드려라. 주님의 노래가 온 나라에서 들리게 하여라. 주님의 노래에는 강한 힘이 있다. 주님이 너희의 힘이고 노래다. 하나님은 노래하시는 분이다. 예수님도 자신의 교회에서 큰 소리로 노래하신다. 그러므로 하나님의 자녀들은 다 노래하는 자들이어야 한다. 주님의 노래는 검이나 창보다 훨씬 더 강력한 무기다. 이스라엘이여, 노래하고 찬양하여라. 하나님은 복병들을 보내셔서 적들을 물리쳐주심으로 이스라엘에게 승리를 주셨다. 햇빛이 비칠 때뿐 아니라 폭풍우가 칠 때도 찬양해야 한다.

히브리 사람들은 이렇게 기도했다.

오, 주님께 감사를 드립니다. 우리의 입에는 찬양이 바다처럼 많고, 우리의 혀에는 찬사의 물결이 가득합니다. 우리의 입술은 찬양하기 위해 하늘만큼 벌려져 있습니다. 찬양하는 우리의 눈은 해와 달처럼 빛나고, 손은 천국을 나는 독수리처럼 펴져 있고, 발은 사슴보다 가볍습니다. 그러나 주님의 이름을 아무리 송축해도 충분하다고 말하기엔 턱없이 부족합니다. 우리가 아무리 주님을 찬양하고 높여도 주님이 우리에게 베푸신 은택에 비하면 천분의 일, 만분의 일도 되지 못합니다. 주님이 우리에게 주신 손과 발, 영 그리고 코에 불어넣어 주신 호흡, 입에 주신 혀, 이 모두가 주님께 감사드리고, 송축하고, 영광 돌리고, 주님을 높이고, 경외하고, 경배하고, 왕으로 모십니다.

우리의 모든 입술이 주님께 감사의 말을 발합니다. 모든 혀들이 주님을 광대하시다 선언하고, 모든 무릎들이 주님께 무릎 꿇고, 높아진 것들이 다 주님 앞에 엎드립니다. 말씀에 기록된 대로 모든 심령들이 주님을 경외하고, 몸의 모든 조직과 힘줄들이 주님의 이름을 높입니다. 모든 뼈들이 '주여, 당신과 같은 자 누구입니까? 위대하시고 힘 있으시며 땅과 하늘을 소유하고 계신 주님과 견줄 수 있는 자 그 어디에도 없습니다'라고 말합니다.

우리는 큰 소리로 찬양함으로 주님께 영광을 돌리겠습니다. 주님의 거룩한 이름을 송축합니다. 능력 면에서 그리고 위대함에 있어서도 주님은 영광 받으셔야 마땅하신 하나님이십니다. 주님의 행위는 놀랍도록 크고 영원합니다. 주님은 높고 고귀한 보좌에 앉아계신 왕입니다.

주님의 백성들 수만 명이 모여 모두 함께 즐거운 소리를 발하니 왕이신 주님의 이름만이 영광을 받으소서. 주님의 임재 안에서 당신을 높이고, 감사드리고, 영광을 올려드리고, 존경하고, 송축하고, 찬사를 보냅니다. 이새의 아들이요, 기름부음 받은 종 다윗이 지은 모든 찬송을 주님께 불러드리는 것은 모든 피조물이 마땅히 해야 할 의무입니다.

다윗의 모든 자손들아,
기뻐하며 주님께 찬양드려라.
행복한 목소리로 한 마음이 되어 그분을 광대하시다 선포하라.
소고를 치고 수금을 켜며 앞으로 나아가라.
심벌을 크게 울려라.
모든 악기로 화음을 내게 하라.
다윗의 모든 자손들아,
기뻐하며 주님께 찬양드려라.
시온의 위대한 왕께서 오고 계시는 바로 지금이
달콤한 멜로디로 천국의 화음 소리를 낼 때다.
다윗의 모든 자손들아,
지금 노래하라, 노래하라, 노래하라!

CHAPTER 11
LADIES OF GOLD

찬양의 완성

| 프란시스 메트컬프 |

1974년 부활절에 성령님이 하나님께 올려드리는 찬양이 완성되는 것 (perfecting)에 대해 말씀해 주셨다. 그날 이후로 성령님은 찬양사역에 관한 지침들을 지속적으로 알려주셨고, 우리는 이러한 경험들을 통해 찬양에 대한 많은 영감을 얻었다.

완성된다는 말은 헬라어로 '실현하다, 최고치로 만들다, 성취하다, 완전하게 마치다, 끝내다'라는 의미를 지닌 '에피텔레오'(epiteleo)이며, 열매가 완전하게 익는다는 뜻도 가지고 있다. 완성한다는 것은 탁월성에 있어서 최고점에 도달한다는 의미다. 다른 말로 하면 '완전하게 끝내다, 성숙하다 또는 마치다'의 뜻이다. 우리는 킹제임스성경에 '찬양하다'(praise)로 나와 있는 단어가 헬라어와 히브리어로 어떤 의미를 내포하고 있는지에 대해서도 알아보았다. 찬양에 관한 원어 연구가 우리뿐 아니라 독자들에게도 유익을 끼치게 될 것으로 믿는다.

찬양의 완성

성령님은 우리에게 기도하는 마음으로 찬양의 삶과 영광스러운 찬양에 대해 공부하고, 찬양과 관련된 책들도 구해서 읽어보라고 지시하셨다. 우리는 지난 20년 동안 찬양과 찬양의 삶에 대해 가르쳐왔다. 그러나 그렇다고 해서 우리가 드리는 찬양과 예배가 주님이 원하시는 수준에 이르렀다고 할 수는 없다.

성령님은 우리에게 하나님을 온전히 찬양하려면 시편과 이사야서와 계시록에 기록되어 있는 찬양과 관련된 말씀이 우리의 찬양에 접목되어야 한다고 말씀해 주셨다. 그리고 같이 모였을 때만 찬양하려 하지 말고, 혼자 있을 때 그리고 무슨 일을 하고 있든지 찬양을 해야 한다고 말씀해 주셨다.

또한 우리의 옥합을 깨어 그 속에 담겨 있는 향유를 하나님께 모두 쏟아부으라고 하셨다. 이 말은 찬양을 전제 제사(drink offering)로 생각하여 최고의 찬양과 예배를 주님께 쏟아부으라는 뜻이다. 성령께서는 우리에게 매번 최고의 찬양을 뜨겁게 올려드리고, 앞으로 더 잘하겠다가 아니라 지금이 바로 최고의 찬양을 드릴 때라고 생각하고 찬양하라고 하셨다. 마리아가 옥합을 깨어 주님께 향유를 쏟아부은 것은 주님의 장례를 준비하기 위해 그분의 몸에 기름을 붓는 행위였다.

그러나 지금은 찬양을 통해 임재하시는 주님께 기름 부어야 한다. 그분이 찬란한 옷을 입으시고 찬양으로 띠를 띠셨다는 노래가 있는데 가장 귀한 찬양을 불러드림으로 주님께 기름 부어드리고, 찬양의 띠를 띠어 드리자.

성령님은 우리가 하나님을 갈망하는 것과 마찬가지로, 그분도 우리의 찬양을 갈망하신다고 말씀해 주셨다. 우리가 사랑이 가득한 정결한 예배와 찬양을 열정적으로 올려드림으로 찬양에 대한 하나님의 목마름을 해소시켜드릴 수 있다.

성령님은 하나님께서 우리의 찬양과 예배를 더 높은 곳으로 올려주시고, 그 결과 우리가 천국을 더 잘 경험할 수 있게 된다고 하셨다. 우리의 육은 이 지상에 있지만, 영은 그리스도로 인해 천국에 있을 수 있다(엡 2:6). "감사로 제사를 드리는 자가 나를 영화롭게 하나니 그의 행위를 옳게 하는 자에게 내가 하나님의 구원(마지막 날의 구원)을 보이리라"(시 50:23).

영화롭게 한다는 것은 영광을 돌린다는 말로 히브리어로는 카바드(kabad)이며 '숫자를 늘리다, 부자가 되게 하다, 존경하거나 위대하게 하다'라는 뜻을 담고 있다. 영어로는 '천국 영광의 자리에 오르게 하다, 찬란한 빛을 비추다, 찬미하다, 숭배하다, 존경하다' 등의 뜻이 있다.

성령님은 우리에게 가진 힘을 다하여 찬양 안으로 들어가라고 말씀하셨다. "내 속에 있는 것들아 다 그의 거룩한 이름을 송축하라"(시 103:1).

또한 영광이라는 단어에 담긴 의미를 깨우쳐주셨고, 계속해서 하나님께 영광을 드린다는 것이 무엇을 의미하는지도 알려 주셨다. 그리고 하나님의 백성인 우리가 그분의 영광이 되게 하시기 위해 이 세상에 살게 하신다고 알려 주셨다.

천국은 하나님의 영광으로 가득 차 있다. 그러나 이 세상은 그분을 멸시한다. 오, 우리로 이 세상에서 매일 주님께 영광을 올려드리는 자들이 되게 하소서!

매일 그리고 하루 종일 입을 벌려 하나님께 예배하고 찬양을 드리는 것은 불가능하다. 그러나 어느 곳에 있든, 어느 때, 어떤 환경에 있든지 마음속으로 그분을 예배하고 찬양하는 것은 얼마든지 가능하다. 우리 회원들은 실제로 그렇게 살고 있다. 우리는 병원에 있든, 치과에서 치료를 받고 있든, 직업소개소에서 일을 구하고 있든, 법정에서 재판을 받고 있든, 어디에서 무슨 일을 하고 있더라도 항상 마음으로 주님께 영광의 예배를 드리며 살고 있다. 우리는 집에서, 사무실에서, 가게에서, 고속도로에서 마음으로 하나님을 높여드리며 살도록 서로를 격려한다. 우리가 하나님께 영광을 돌리기 힘든 장소나 환경에서 하나님께 영광을 돌리면, 그분은 갑절로 기뻐하신다.

"그런즉 너희가 먹든지 마시든지 무엇을 하든지 다 하나님의 영광을 위하여 하라"(고전 10:31). 매번의 식사가 주님과 함께하는 식사가 되어야 한다. 이 말은 식욕을 채우기 위해서가 아닌 주님께 영광을 돌리기 위한 식사가 되도록 훈련해야 한다는 말이다. 오늘날 성령 충만한 그리스도인들조차 폭식이 죄라는 사실을 모른 채 살아가고 있다. 성령께서는 우리가 드리는 찬양과 예배가 형식적이거나 의식적인 예배가 아니라 살아 있고 생동감 넘치는 찬양과 경배가 되길 원하신다. 성령님은 우리에게 죽었다가 살아난 자가 새 생명을 얻은 것에 감사하여 기쁘게 찬양하듯이 하나님을 찬양하라고 말씀하셨다.

성령님은 우리의 슬픔을 춤으로 바꾸어놓으신다. 그분은 우리가 입고 있는 슬픔의 옷을 벗기신 후 기쁨의 띠를 둘러주신다. 우리가 어떤 상황에 처해 있건, 감정이 어떠하든 상관없이 생기 넘치는 찬양을 부를 수 있게 해주신다. "주께서 나의 슬픔이 변하여 내게 춤이 되게 하시며 나의 베옷을 벗기고 기쁨으로 띠 띠우셨나이다 이는 잠잠하지 아니하고 내 영광으로 주를 찬송하게 하심이니 여호와 나의 하나님이여 내가 주께 영원히 감사하리이다"(시 30:11-12).

한번은 우리 회원 중 한 명이 이렇게 말했다. "나의 찬양의 깊이가 계속적으로 깊어진 것이 사실이긴 하지만, 최근에는 그것이 한계점에 도달한 듯 느껴졌습니다. 그래서 나는 주님께 완전하고 성숙한 찬양을 올리는 것에 대해 곰곰이 생각해봤습니다. 여호와를 경외하는 도는 정결하여 영원까지 이릅니다(시 19:9). 여호와를 경외하는 것이 지혜의 근본입니다(잠 9:10). 주님을 경외하는 땅은 좋은 땅입니다. 그 이유는 정결하고 진실하고 성숙한 삶에서 나오는 찬양으로 인해 삶의 열매가 풍성히 맺히기 때문입니다. 우리가 정결하고 신실한 마음을 유지할 때, 하나님께 모든 면에서 찬양을 풍성하게 올려드릴 수 있습니다. 그런 삶을 사는 우리가 함께 모여 주님을 경배하기에 우리 모임에 성령의 불이 임하는 것이라고 생각합니다."

어느 누구도, 그 무엇도 주님을 향한 찬양을 방해해서는 안 된다. 우리는 하나님께 드리는 찬양이 그분께 기쁨이 될 수 있도록 훈련해야 한다. 그래야 희생의 찬양 제사를 드릴 수 있다. 그러한 희생의 찬양을 드릴 때 기쁨이 충만하게 된다. 모든 일에 하나님께 감사하라! 그분이 하늘의 영을 주셨기 때문에 우리가 찬양의 옷을 입을 수 있게 되었다(사 61:3).

우리가 찬양을 드리면, 하나님은 우리의 약함이 변하여 강함이 되게 해주신다. 히브리어로 약하다는 말은 '카하'(kahah)다. 옷은 히브리어로 '마테'(maateh)이며, '덮다 또는 포장하다'라는 의미다. 하나님을 향한 우리의 간절한 마음을 찬양의 옷으로 표현한 것은 매우 적절하다고 할 수 있다. 나는 당신의 생각과 영 그리고 몸과 마음이 찬양의 옷으로 덮이기를 간절히 바란다. 마귀가 쏘는 불화살은 찬양의 옷을 뚫을 수 없다. 만약 당신의 삶의 일부가 마귀의 공격으로 침범을 당했다면, 그것은 그 부분이 찬양으로 채워지지 않아서일 것이다.

하루는 우리가 밤에 모여 하나님께 다음과 같은 기도를 드렸다.

"오, 하나님, 우리가 시온에서 기도하며 당신을 기다립니다. 당신을 기다리는 우리에게 오셔서 상상하지도 못한 방법으로 우리를 만져주소서. 예배에는 신비가 있고 주님의 역사가 있습니다. 우리가 찬양을 드리면, 주님이 오셔서 우리를 만나주십니다. 주님을 찬양할 때, 우리가 하나가 됩니다. 오, 주님은 우리에게 거룩함에 대해 알려주셨습니다. '주께서 택하시고 가까이 오게 하사 주의 뜰에 살게 하신 사람은 복이 있나이다 우리가 주의 집 곧 주의 성전의 아름다움으로 만족하리이다'(시 65:4).

주님은 우리를 택하셔서 당신의 궁정에 들어갈 때 찬양을 부르며 들어가라고 하셨습니다. 그것이 우리를 주님의 궁정 안으로 들어가게 해주신다는 뜻임을 잘 알고 있습니다. 주님, 우리가 당신의 궁정에 들어가도록 허락해주셔서 감사합니다. 우리는 이제 주님의 거룩한 궁전에 거할 수 있게 되었습니다. 우리는 사람의 손으로 짓지 않은 천국의 궁전에 거할 수 있게 되었습니다. 주님, 당신의 거룩한 곳에 다가갈 수 있게 해주셔서 감사합니다. 아멘"

어느 날 밤 우리가 '성령님이 온 세상에서 운행하신다'라는 찬양을 부를 때, 성령께서 후렴 부분을 "성령님이 다시 운행하신다. 우리의 마음을 움직여 다시 찬양하게 하신다. 어떻게 해야 거룩한 천국의 찬양을 올려드릴 수 있는지 가르쳐주신다"라는 가사로 바꾸어 합창하게 하셨다.

이 찬양을 부를 때, 우리에게 특별히 감동을 주는 성경구절로 된 가사가 있었다. 그것은 "내가 낙헌제로 주께 제사하리이다 여호와여 주의 이름에 감사하오리니 주의 이름이 선하심이니이다"라는 가사로 시편 54편 6절의 말씀이다. 주님은 잘 드리는 제사가 어떤 것인지에 대해 다음과 같이 알려 주셨다.

> 잘 드리는 제사는 상황이 좋지 않아도 기쁜 마음으로 드리는 제사다(시 27:6).
> 모든 일에 항상 감사를 표현하는 제사다(시 107:22).
> 상한 심령으로 드리는 제사다(시 51:17).
> 찬양의 제사다(히 13:15).

우리 회원 중 한 사람이 이렇게 고백했다.

"오늘 아침 저는 로마서 12장 1절의 '너희 몸을 하나님이 기뻐하시는 거룩한 산 제물로 드리라 이는 너희가 드릴 영적 예배니라'라는 말씀에 큰 은혜를 받았습니다. 어떤 번역본은 하나님이 받으실 만한 예배를 영적 예배라고 해석합니다. 우리는 모든 행동을 통해 우리 자신을 예수님께 드려야 합니다. 이 말은 우리가 하는 모든 행동에 주님을 향한 최고의 찬양과 경배가 들어 있어야 한다는 말입니다. 그렇게 하는 것이 영적 예배입니다!

이제는 저의 느낌과 상관없이 주님을 기뻐하고 즐거워하겠습니다. 예수님은 진정 살아 계신 분이기에 저의 마음을 다 바쳐 주님을 찬양하고 감사드리겠습니다. 주님의 말씀은 참이고 그분의 사랑도 그러하기에, 저의 느낌과 상관없이 주님을 기뻐하고 즐거워하겠습니다. 우리의 입에 주님을 향한 찬양이 가득하도록 하겠습니다(시 149:6). 성령께서 우리의 마음을 자극하셔서 주님의 온전하심과 아름다우심을 높이도록 하셨습니다. 우리는 영으로 찬양하며 사는 것에 대한 비전을 갖고 있습니다. 그러나 그렇게 사는 것이 결코 쉽지 않다는 것과 그렇게 살기 위해 우리가 깨끗하게 정제되어야 한다는 사실을 잘 알고 있습니다."

성령님은 우리에게 여러 곡의 찬양을 주셨는데, 이들 찬양곡 대부분은 그분이 주신 음률에 성경말씀을 가사로 넣은 곡들이다. 기름부음 아래 성령님으로부터 받은 찬양곡 중 하나를 소개하겠다. 이 곡의 멜로디는 '위로자가 오셨다'라는 곡에서 가져왔다.

땅에 있는 성도들과 하늘에 있는 성도들이여,

함께 목소리를 높여 주님을 찬양하라.

주님의 성호를 높이며

그분이 우리의 왕 중의 왕이심을 선포하라.

주님은 왕 중의 왕이시다.

그분의 왕국은 이 바다에서 하늘까지 이른다.

모든 사람들은 무릎을 꿇어라.

모든 혀는 그리스도가 주님이심을 고백하라.

회원들과 모여 경배하던 어느 날 밤에 성령님은 우리에게 시편 9편 14절의 "그리하시면 내가 주의 찬송을 다 전할 것이요 딸 시온의 문에서 주의 구원을 기뻐하리이다"라는 말씀을 주셨다. 성경을 보면 이 말씀 바로 앞에 "나를 사망의 문에서 일으키시는 주여"라고 기록되어 있다. 이 말씀은 참으로 놀랍다. 하나님은 나를 어릴 때부터 여러 번 사망에서 구원해 주시고 치유해주셨다. 또한 우리 모두를 영적인 사망에서 구해주셨다. 그 결과 우리는 시온의 문 안쪽에 있을 수 있게 되었다. 그러므로 하나님의 일부만이 아닌 그분 전체를 찬양해야 한다.

주님을 묵상하자. 그분은 우리에게 비전을 주셨다. 그리고 연이어 기쁨에 관한 말씀도 주셨다. 성령님은 기뻐함이 우리 예배에서 많은 비중을 차지해야 된다고 말씀해 주셨다. 시온에 거하는 자들이 취하는 유익은 주님을 기뻐하는 것이다.

한번은 성령님이 이사야 51장 3절의 "나 여호와가 시온의 모든 황폐한 곳들을 위로하여 그 사막을 에덴 같게, 그 광야를 여호와의 동산 같게 하였나니 그 가운데에 기뻐함과 즐거워함과 감사함과 창화하는 소리가 있으리라"는 말씀을 찬양으로 부르게 하셨다. 이 찬양을 하는 동안 성령님은 우리의 목소리로 주님을 찬양하는 것이 얼마나 아름다운 사역인지를 깨우쳐주셨다. 또한 가사를 읊지 않고 멜로디로만 하는 찬양도 주님이 기뻐하심을 알려 주셨다. 허밍으로 하거나 휘파람 소리로 찬양해도 영으로 그분의 궁정 안으로 들어갈 수 있다고 알려 주셨다. 이제는 우리가 정식 예배에서 찬양하건, 일상생활을 하면서 찬양하건 동일하게 사랑스런 멜로디를 흥얼거림으로 하나님께 감동을 선사할 수 있다는 사실을 잘 안다.

에베소서에 보면 "술 취하지 말라 이는 방탕한 것이니 오직 성령으로 충만함을 받으라 시와 찬송과 신령한 노래들(spiritual songs)로 서로 화답하며 너희의 마음으로 주께 노래하며 찬송하며 범사에 우리 주 예수 그리스도의 이름으로 항상 아버지 하나님께 감사하며"(엡 5:18-20)라는 아름다운 말씀이 기록되어 있다. 이 말씀처럼 감사와 찬양은 같이 가야 한다. 골로새서 3장 16절에서도 "그리스도의 말씀이 너희 속에 풍성히 거하여 모든 지혜로 피차 가르치며 권면하고 시와 찬송과 신령한 노래를 부르며 감사하는 마음으로 하나님을 찬양하고"라고 하였다. 우리가 성령의 노래를 부를 수 있다는 것은 우리 내면이 성령으로 충만하고 말씀이 우리 속에 풍성하게 거한다는 증거다.

언젠가 한 회원이 급작스런 대적의 공격을 받아 어려움에 처했다. 그때 성령께서 그녀에게 대적 앞에서 크게 웃어보라고 하셨다. 성령님은 이를 통해 웃음이 찬양의 한 형태임을 알려 주셨다. 주님은 우리가 찬양할 때 입에 웃음이 가득하기를 원하신다. "그 때에 우리 입에는 웃음이 가득하고 우리 혀에는 찬양이 찼었도다 그 때에 뭇 나라 가운데에서 말하기를 여호와께서 그들을 위하여 큰 일을 행하셨다 하였도다"(시 126:2).

이 말씀을 들은 그녀는 성령님께 확증의 말씀을 하나 더 달라고 요청하였다. 이 요청에 대해 성령님은 열왕기하 19장 21절의 "여호와께서 앗수르 왕(우리의 대적을 상징)에게 대하여 이같이 말씀하시기를 처녀 딸 시온이 너를 멸시하며 너를 비웃었으며 딸 예루살렘이 너를 향하여 머리를 흔들었느니라"라는 말씀을 주셨다. 이때부터 그녀는 극심한 적의 공격을 당하는 중에도 며칠 동안 계속 웃었다. 그녀가 이 이야기를 들려주었을 때, 우리 중 몇 명에게도 거룩한 웃음이 터졌다. 이날 모임에서는 욥기 8장 21절의 "웃음으로 네 입에, 즐거운 소리로 네 입술에 채우시리니"라는 말씀이 주제가 되었다.

영화롭게 찬양하기

찬양 중에 "웃고 소리 지름으로 그분을 영화롭게 찬양하리라. 왕을 높임으로 영화롭게 찬양하리라. 그분께 영광스러운 찬양을 드리며 하루를 보내리라"라는 곡이 있다. 성령께서 수년전에 불렀던 이 찬양을 생각나게 해주셔서 우리는 그 찬양을 다시 불렀다. '영화롭다'는 말을 헬라어 원어로 보면 '풍부하다, 위대하다, 광대하다, 눈부시다, 빛이 나다'라는 뜻을 담고 있다.

성령님은 우리 모임에서뿐 아니라 회원들이 일상생활을 할 때에도 진심으로 주님을 기뻐하는 것의 중요성에 대해 지속적으로 말씀해 주셨다. 이것과 관련된 여러 성경구절이 생각났지만, 우리의 연약함으로 인해 헬라어가 의미하는 즐거워하고 행복해하면서 찬양을 드리는 것은 결코 쉽지 않았다.

헬라어 원어로 기뻐하는 것은 기뻐 뛰고, 즐거워 점프하고, 승리를 축하하고, 크게 소리 지르고, 희열을 느끼는 것을 의미한다. 우리가 이것을 다 포함하여 찬양을 하려고 하자, 그 정도로까지는 할 수 없을 것 같은 생각이 들었다. 왜냐하면 우리 회원들 대부분이 연로하여 건강이 안 좋은 사람들이 많은 것 외에도 각자가 개인적으로 여러 가지 문제들을 안고 있었기 때문이다. 그래서 우리는 울면서 주님께 기쁜 찬양을 드릴 수 있게 해 달라고 매달렸다.

우리의 경우 하나님의 초자연적 역사가 없다면 기뻐 뛰며 찬양하는 것이 불가능했다. 그럼에도 불구하고 우리는 그전보다 더 힘차게 하나님을 향해 전진해나갔다. 그러자 성령님이 우리에게 "소망 중에 즐거워하며 환난 중에 참으며 기도에 항상 힘쓰며(롬 12:12), 복스러운 소망과 우리의 크신 하나님 구주 예수 그리스도의 영광이 나타나심을 기다리라"(딛 2:13)는 위로의 말씀을 주셨다. 우리 모두 매일 희망을 품고 그분의 영광을 기다리자. 항상 우리 안에 계신 영광의 소망이신 그리스도(골 1:27)를 기억하자.

주님은 나를 비롯하여 몇몇 사람들에게 그분의 위대한 승리에 대해 말씀해주셨고, 우리가 그리스도로 인해 어떤 환경에서든지 승리하는 삶을 살 수 있다고 말씀해 주셨다. 주님께서 우리 마음에 환난 중에도 기쁨을 누림으로 넉넉히 이길 수 있다는 확신을 심어주셨다(롬 8:37). 승리하는 삶 자체가 하나님께 찬양이요, 영광이다. 로마서 8장에서 바울은 자신이 환난, 곤고, 박해, 기근, 적신, 위험, 칼 그리고 죽음의 위협을 당했었다고 진술하였다. 우리는 그리스도의 은혜로 이러한 시련들과 어려움들을 매일의 삶에서 넉넉히 이길 수 있다.

이제 나는 성령의 인도함을 받아 승리한다는 말의 의미를 설명할 것이다. 승리한다는 말은 히브리어로 '기뻐 소리를 지르다, 기쁨을 선포하다, 영광 안으로 들어가다, 큰 소리로 노래 부르다'라는 뜻이다. 내가 이러한 것들에 대해 생각하고 있을 때, 성령께서 "너희 만민들아 손바닥을 치고 즐거운 소리로 하나님께 외칠지어다"(시 47:1), "내가 여호와를 찬송하리니 그는 높고 영화로우심이요"(출 15:1), "항상 우리를 그리스도 안에서 이기게 하시는 하나님께 감사하노라"(고후 2:14)라는 성경구절들이 생각나게 해주셨다.

헬라어로 살펴보면 '이기게 한다'는 말은 승리의 시가행진을 할 수 있게 되었다는 말이다. 모펫은 고린도후서 2장 14절의 말씀을 "우리가 매번 하나님께 감사해야 하는데, 그 이유는 하나님께서 그리스도 안에 있는 나로 항상 승리의 삶을 살게 해주시기 때문이다"로 해석하였다. 확대역성경 (The Amplified)에는 "우리로 항상 승리하게 하셔서 우리에게 매번 그리스도의 우승컵을 안기심으로 그리스도의 향기인 우리가 어디에 가든지 하나님을 알게 하는 그리스도의 향기가 퍼져가게 하시는 하나님께 감사하라"고 번역되어 있다.

우리가 승리와 기쁨의 찬양을 하면, 그것이 향기가 되어 하나님께 올라간다! 비록 우리가 앞날이 불확실한 가운데 살아간다 하더라도, 천사와 마귀와 하늘의 성도들은 우리가 패배자로 살아가는지 아니면 승리함으로 하나님께 영광을 돌리며 살아가는지를 잘 알고 있다. 그리고 구원받은 성도들과 구원받지 못한 사람들 모두가 우리의 행동을 보고 우리가 어떤 삶을 살고 있는지를 어느 정도 파악하고 있다.

우리의 삶을 시가행진으로 비유한 것과 관련하여 한 회원이 꾼 생생한 꿈에 대해 말해 보겠다. 그녀는 꿈에서 친한 친구로부터 자기가 살고 있는 동네에서 개최될 예술제의 합창단원과 연극단원으로 참가해달라는 요청을 받았다. 예술제가 끝난 후 그녀의 친구는 그녀의 목소리가 너무 작게 들려서 관중들이 그녀의 아름다운 소리를 전혀 들을 수 없었고, 그녀의 재능이 제대로 발휘되지 못했다고 말하였다. 친구의 말은 사실 그녀를 안심시키기 위한 것이었지만, 이 말에 대해 그녀는 뭐라고 대답해야 할지 몰라 당황하였다.

이때 성령님이 그녀에게 "네가 소리를 높여 찬양할 때마다 천국의 수많은 존재들이 귀를 쫑긋하고 너의 찬양을 듣고 있단다"라고 말씀해 주셨다. 이 말씀을 들음과 동시에 꿈에서 깨어났는데, 그녀는 꿈에서 성령님이 하신 말씀이 참이라는 생각이 들었다.

우리는 혼자라는 생각을 자주 한다. 그러나 히브리서는 우리 주위에 구름 같이 허다한 증인들이 있다고 하였다. 천사나 귀신들은 어디에나 있고, 우리가 성령으로 노래하거나 찬양하면 그들이 우리의 찬양 소리를 땅에서도 듣고 하늘에서도 듣는다. 더구나 확대역성경에는 고린도전서 4장 9절이 "세상 극장에서 세상 사람들과 천사들이 우리를 관람하고 있다"라고 기록되어 있다. 헬라어로 관람한다는 표현은 극장용 언어다.

하나님께서는 우리의 삶을 극장 무대에 올리는 위대한 연극으로 만드셔서 세상 사람들로 그 연극을 관람하게 하심으로 그리스도를 증거하게 하신다. 하나님은 지금 온 세상과 하늘에 그분의 은혜와 영광을 보여주시기 위해 우리를 훈련시키고 계신다.

한 회원은 하나님으로부터 "너는 말씀을 가지고 여호와께로 돌아와서 아뢰기를 모든 불의를 제거하시고 선한 바를 받으소서 우리가 수송아지를 대신하여 입술의 열매를 주께 드리리이다"(호 14:2)라는 말씀을 받았다. 우리는 찬양을 드리기 전에 먼저 예수 그리스도의 피로 마음을 정결케 해야 한다. 우리는 하나님께 순종하기 위해 찬양해야 하지만, 또한 그분을 사랑하고 그분께 감사하기 때문에 그리고 내면에 기쁨이 가득하기 때문에 찬양해야 한다. 이러한 감사와 기쁨의 찬양은 삶의 장애물들을 산산조각 낸다. 찬양하는 우리의 거룩한 목소리는 악한 세력들을 쫓아버리고 어두움의 능력들을 무력화시킨다.

우리는 찬양이라는 고속도로, 고속엘리베이터를 타고 곧장 주님이 부르시는 곳으로 갈 수 있다. 예수님께서는 젖먹이의 입에서 나오는 소리가 완벽한 찬양에 가깝다고 말씀하셨다(마 21:16). 찬양을 할 때, 두려움 없는 아기가 소리 지르는 것처럼 우리도 그렇게 소리 질러야 한다. 이와 관련하여 시편 8편 2절에 "주의 대적으로 말미암아 어린 아이들과 젖먹이들의 입으로 권능을 세우심이여 이는 원수들과 보복자들을 잠잠하게 하려 하심이니이다"라는 말씀이 나온다. 완전한 찬양에는 하나님의 권능이 담겨 있다. 주님을 기뻐하는 것이 우리의 힘(마음의 힘, 영의 힘, 몸의 힘)이다.

한 회원이 이렇게 말했다. "주님은 우리가 항상 찬양하기 원하십니다.

우리의 생각이 해야 할 일들로 가득 차 있더라도, 영으로는 항상 찬양하고 그분과 대화할 수 있습니다. 그러므로 성령 안에서 항상 주님과 대화하는 것이 가능합니다. 우리는 우리 안에 거하시는 성령님께 그렇게 할 수 있게 해 달라고 기도해야 합니다. 그러면 그분이 우리가 항상 찬양할 수 있도록 도와주십니다. 예수 그리스도께 우리의 의지를 맡기면, 우리의 마음과 영이 서로 협력하는 일이 일어납니다."

> 그러므로 너희 마음의 허리를 동이고 근신하여 예수 그리스도께서 나타나실 때에 너희에게 가져다 주실 은혜를 온전히 바랄지어다 (벧전 1:13)

우리가 함께 모여 하나님을 경배하는 동안 한 회원이 하나님의 보좌 주위에 무지개가 떠 있는 환상을 보았다. 그 무지개는 지상까지 연결되어 있었다. 천국의 무리들은 하나님을 찬양하고 있었고, 무지개는 그들이 부르는 아름다운 찬양으로 인해 오색으로 빛났다. 이 환상을 통해 우리가 이 땅에서 찬양을 드릴 때 천국에서 무지개가 아름다운 색을 발하게 된다는 사실을 알게 되었다.

함께 찬양을 하면 혼자 하는 것보다 찬양하기가 훨씬 쉬워진다. 이 말은 혼자 찬양하는 것이 같이하는 것보다 더 힘들다는 말이다. 요한1서 2장 27절에는 "너희는 주께 받은 바 기름 부음이 너희 안에 거하나니 아무도 너희를 가르칠 필요가 없다"라는 말씀이 기록되어 있다. 아무도 우리를 대신해서 찬양해줄 수 없고, 아무도 우리 삶을 대신 살아줄 수 없다. 그러나 우리 안에 계신 기름부음 받으신 그리스도만은 우리를 대신해서 살아주실 수 있다.

며칠 전 아침에 나는 기름부음에 대해 생각하면서 일어났다. 기름부음이라는 말은 헬라어로 '카리스마'(Charisma)다. 카리스마는 '선물, 은혜, 은총, 하나님의 친절'이라는 뜻을 담고 있다. 찬양은 하나님이 우리에게 주신 큰 선물이다. 그러므로 우리는 그 크신 하나님의 선물에 찬양으로 보답해야 마땅하다.

한번은 우리 회원 중 한 명이 꿈속에서 자신이 성령님이 강력하게 역사하시는 모임에서 하나님의 말씀을 전하고 있는 것을 보았다. 그녀가 잠에서 깨어났을 때, 성령께서 그녀에게 "하나님의 성전에서 모든 사람들이 하나님의 영광에 대해 말하고 있네(시 29:9). 하나님의 성전에서 모든 사람들이 하나님의 은혜에 대해 노래하고 있네"라는 노래를 불러주셨다. 하나님의 성전에는 예배와 감사가 있고, 하나님에 대한 존경과 축복과 찬양이 있다.

어느 날 밤에는 회원들과 모여 꽤 오랜 시간 주님을 찬미하고 그분께 박수를 쳐드렸다. 그러자 이 땅과 천국에서 일어나는 하나님의 역사들이 거대한 파노라마처럼 우리 앞에 환상으로 펼쳐졌다. 그때 누군가가 다음과 같이 말했다. "주님, 우리는 주님을 찬미하고 당신께 박수를 보내드립니다. 우리는 창세부터 지금까지 주님이 행하신 위대한 사역들로 인해 기뻐합니다. 예, 우리는 하나님을 찬미하고 당신께 박수를 쳐드립니다. 하나님, 앙코르입니다, 앙코르입니다. 우리가 이렇게 쉬지 않고 주님을 찬미하니, 당신이 또 나타나실 줄 믿습니다. 앞으로 하나님의 역사가 이 땅에서 배가될 것입니다."

킹제임스성경에는 여덟 개의 서로 다른 단어들이 동일하게 찬양(praise)으로 번역되어 있다. 만일 우리가 이 단어들을 공부한다면, 주님께 더 풍요롭고 다양하게 찬양을 불러드릴 수 있을 것이다.

찬양(찬송, praise)으로 번역된 첫 번째 단어는 창세기 29장 35절에 나온다. "그(레아)가 또 임신하여 아들을 낳고 이르되 내가 이제는 여호와를 찬송하리로다 하고 이로 말미암아 그가 그의 이름을 유다라 하였고 그의 출산이 멈추었더라." 여기서 찬송은 히브리어로 '야다'(yadah)이며, 손을 뻗쳐 존경심을 나타내며 예배한다는 뜻과 '고백하다, 찬양하다, 고마워하다'라는 뜻을 갖고 있다. '야다'라는 말은 문자로만 보면 손을 뻗거나 위로 올리며 찬양하는 것인데, 실제로는 손을 계속 흔들며 찬양한다는 뜻이다.

성령님은 우리로 손을 흔들며 찬양하게 하시는데, 이때 손의 움직임을 자세히 살펴보면 매우 아름답고 은혜롭다는 생각이 든다. 몸의 모든 행동이 일종의 언어다. 그러므로 우리는 우리 손을 사용하여 하나님을 찬양할 수 있어야 한다. '유다'라는 이름이 '찬양하다, 잔치를 열다'라는 의미를 갖고 있다는 사실을 기억하라. '유다'라는 아름다운 말은 히브리어의 '야다'에서 파생되었는데, 이 단어는 역대하 20장 21절과 시편 7편 17절, 33편 2절, 99편 3절을 포함하여 구약성경 여러 곳에서 발견된다.

레위기 19장 24절에는 '할룰'(hallul)이라는 단어가 나온다. 할룰은 '축하연을 벌이다, 찬양의 잔치를 열다, 즐겁게 찬양하다, 거룩한 웃음을 즐겁게 웃다' 등의 뜻을 갖고 있다. 성경에서 할룰이란 단어는 특별히 추수한 것을 하나님께 바칠 때 썼다. 찬양과 예배는 사랑과 희락과 화평과 오래 참음과 자비와 양선과 충성과 온유와 절제라는 성령의 열매들을 주님께 바치는 제사다(갈 5:22-23). "빛의 열매는 모든 착함과 의로움과 진실함에 있느니라"(엡 5:9).

할룰은 사사기 5장 3절, 역대하 8장 14절, 느헤미아 12장 24절 그리고 시편의 몇 군데에서 발견되는 '할렐'(hallel)이라는 단어와 관련이 있다. 할렐은 '나타내다, 빛을 비추다, 찬양의 노래를 부르다, 결혼식을 준비하다, 결혼하다'라는 뜻을 갖고 있다. 이 얼마나 아름다운 단어인가! 우리가 주님을 할룰식으로 찬양하면, 그분과 쉽게 연합할 수 있다.

에베소서 5장 19절은 "시와 찬송과 신령한 노래들로 서로 화답하며 너희의 마음으로 주께 노래하며 찬송하며"라고 선포하고, 골로새서 3장 16절은 우리에게 서로를 향해 그리고 주님을 향해 찬양의 노래를 부르라고 권면한다.

다음 소개할 단어는 '바라크'(Barach)로, '흘러넘치게 축복하다, 축하의 말을 해주다, 경례를 붙이다, 감사와 존경의 표시로 무릎을 꿇다'라는 뜻을 갖고 있다. 이 단어는 사사기 5장 2절과 시편 103편 1절을 비롯하여 성경의 여러 곳에서 발견되며, 영어로는 '축복하다'(bless)로 표현될 수 있다. 바라크는 진정으로 상대를 사랑하고, 상대가 잘되기를 바랄 때 쓰는 표현이다.

주님은 현악기와 여러 악기를 연주하며 찬양하는 것을 원하신다. 히브리어로 '짜마'(zamar)는 입으로 찬양하면서 손으로 악기를 연주하는 것을 뜻한다. 즉 노래와 연주를 동시에 하는 것이다. 짜마는 또한 시편으로 주님을 찬양하고 송축하는 것을 뜻하기도 한다. 짜마라는 단어는 시편 57편 7절, 시편 138편 1절 등에 나오는데, 원래의 의미는 포도나무를 가지치기한다는 뜻이다. 우리는 포도나무이신 그리스도의 가지에 해당한다. 우리가 주님을 경배하면, 그분은 우리의 자아를 십자가에 못 박도록 가지치기해주신다.

시편 63편 3절, 106편 47절, 147편 12절에는 '샤바크'(shabach)라는 단어가 나오는데, 그 뜻은 '큰 소리로 전달하다, 찬양하다, 너무 크게 소리 질러서 적들이 도망하거나 놀라 입을 다물고 가만히 있다'이다. 샤바크를 통해 우리는 찬양의 권세와 승리와 영광과 찬사가 있음을 알 수 있다. 성령님은 가끔 우리로 '샤바크'하게 하신다. 소리를 지르는 것은 주님께 '샤바크'하는 것이다.

잠언 27장 21절에는 '마할랄'(mahalal)이 나오는데, 이것은 '이름을 떨치게 하다, 칭찬하다'라는 뜻이다. 마할랄은 할렐과 관련된 단어로 여러 의미들을 포함하고 있다. 확대역성경에서 잠언 27장 21절의 말씀은 "도가니로 은을, 풀무로 금을, 칭찬으로 사람을 단련한다. 그 이유는 사람이 무엇을 높이고 무엇을 자랑하는지를 살펴보면 그 사람의 됨됨이를 알 수 있기 때문이다"라고 되어 있다. 주님은 우리로 불같은 시련을 겪게 하셔서 정결한 마음으로 하나님만 예배하게 하셨다.

'토다'(todah)는 시편 42편 4절을 비롯하여 여러 곳에서 발견되는데, '감사하다'라는 뜻과 예배하거나 찬양하는 무리가 기뻐하고 즐거워하며 주님께 찬양의 제사를 드린다는 의미를 갖고 있다. 히브리어의 '감사하다'라는 말에는 너무 고마워서 감사를 표현한다는 뜻이 담겨 있다. 참된 고마움과 감사함을 주님께 표현해드리는 것은 찬양의 중요한 요소다.

신약성경에서는 찬양에 관한 말이 마태복음 21장 6절에 '아이노스'(ainos)라는 단어로 처음 등장한다. 아이노스는 '찬미하다, 격찬하다 또는 찬양하다'라는 의미다. 이와 동일한 단어가 누가복음 18장 43절과 로마서 15장 11절에 나온다. 아이노스와 어근을 같이 하는 단어는 누가복음 19장 37절의 '아이네오'(aineo)다. 요한복음 9장 24절, 12장 43절 그리고 베드로전서 4장 11절에는 '영광돌리다, 존경하다, 높이다, 찬양하다, 예배하다'라는 뜻을 가진 '독사'(doxa)라는 단어가 나온다.

'찬미하다, 박수갈채를 보내다, 격찬하다, 찬양하다'라는 의미를 가진 '에파이네오'(epaineo)는 로마서 2장 29절, 13장 3절과 에베소서 1장 6절에 나온다. 히브리서 2장 12절에서 주님을 찬송하는 것을 표현할 때 사용된 '훔네오'(humneo)는 '찬송을 부르다, 종교적인 노래를 부르다, 시편을 노래하다, 노래로 잔치를 열다'라는 뜻을 갖고 있다. 히브리서 13장 15절의 "예수로 말미암아 항상 찬송의 제사를 하나님께 드리자"라는 표현에서 사용된 헬라어는 '아이네시스'(ainesis)로, '찬양의 제사 또는 감사의 제사를 드리다'라는 뜻을 갖고 있다.

어느 날 밤 우리가 함께 모여 예배를 드리고 있을 때, 성령께서 강력하게 임하셔서 출애굽기 34장 5-7절의 "여호와께서 구름 가운데에 강림하사 그와 함께 거기 서서 여호와의 이름을 반포하실새 여호와께서 그의 앞으로 지나시며 반포하시되 여호와라 여호와라 자비롭고 은혜롭고 노하기를 더디하고 인자와 진실이 많은 하나님이라 인자를 천대까지 베풀며 악과 과실과 죄를 용서하리라 그러나 벌을 면죄하지는 아니하고 아버지의 악행을 자손 삼사 대까지 보응하리라"는 말씀을 주셨다.

함께 모여 찬양할 때 우리는 하나님의 다양한 이름을 자주 불렀다. 그렇게 한 이유는 하나님께서 우리가 그렇게 하는 것을 기뻐하신다는 생각이 들었기 때문이다. 성령님은 우리로 그분의 여러 이름들을 입으로 발하게 하셨고, 이로 인해 우리 내면에 기쁨이 충만해졌다. "나의 백성들은 나의 이름이 무엇이고, 그 뜻이 무엇인지 알게 될 것이다. 그날에 그들은 내가 '스스로 있는 자'라고 말한 바로 그 존재임을 알게 될 것이다"(사 52:6, 확대역성경). "하늘에 올라갔다가 내려온 자가 누구인지, 바람을 그 장중에 모은 자가 누구인지, 물을 옷에 싼 자가 누구인지, 땅의 모든 끝을 정한 자가 누구인지, 그의 이름이 무엇인지, 그의 아들의 이름이 무엇인지 너는 아느냐"(잠 30:4).

여호와 이레(Yehovah-yireh) – 나의 공급자이신 하나님(창 22:13-14)

여호와 라파(Yehovah-rapha) – 나의 치료자이신 하나님(출 15:26)

여호와 닛시(Yehovah-nissi) – 나의 깃발이신 하나님(출 17:8-15)

여호와 카데쉬(Yehovah-kaddesh) – 나를 거룩하게 하시는 하나님(레 20:7-8)

여호와 샬롬(Yehovah-shalom) – 나의 평화이신 하나님(삿 6:24)

여호와 라아(Yehovah-raah) – 나의 목자 되신 하나님(시 23:1)

여호와 오리(Yehovah-ori) – 나의 빛이신 하나님(시 27:1)

여호와 시드케누(Yehovah-tsidkenu) – 나의 의가 되시는 하나님(렘 23:6)

여호와 사바오스(Yehovah-sabaoth) – 만군의 하나님(사 54:5)

여호와 샴마(Yehovah-shammah) – 현존하시는 하나님(겔 48:35)

우리가 구약성경에 나타난 하나님의 거룩한 여러 이름들을 힘껏 외쳤을 때, 특별한 기름부음이 임했다. 이 모든 하나님의 이름은 예수님께도 그대로 적용된다. 그분은 우리에게 모든 이름 위에 뛰어난 이름, 곧 예수라는 이름을 주셨다. 할렐루야!(엡 1:20-21, 빌 2:9-10)

우리 회원들은 하나님의 거룩한 이름인 여호와에 대한 연구를 계속해나갔다. 시편 83편 18절에 "여호와라 이름하신 주만 온 세계의 지존자로 알게 하소서"라는 말씀이 있다. 이제 여호와라는 이름이 어떤 이름인지를 알려주는 성경구절들을 보자.

복 받을 이름(욥 1:21, 시 72:19, 103:1)

불러야 할 이름(대상 16:8, 시 80:18, 99:6, 105:1, 사 12:4)

고백해야 할 이름(왕상 8:33-35, 대하 6:26)

선포해야 할 이름(출 33:19, 34:5, 시 22:22, 102:21, 요 17:26)

높여야 할 이름(시 34:3, 사 12:4)

격찬해야 할 이름(시 68:4)

두려워해야 할 이름(시 61:5, 86:11, 102:15)

감사해야 할 이름(대상 16:35, 시 106:47)

영광 돌려야 할 이름(대상 16:10, 시 29:2, 86:12, 96:8)

공경해야 할 이름(시 66:2)

사랑해야 할 이름(시 5:11, 69:36)

찬미해야 할 이름(삼하 7:26, 대상 17:24)

나타내야 할 이름(요 17:6)

언급해야 할 이름(사 26:13)

찬양해야 할 이름(대상 29:13, 시 7:17, 44:8, 135:1)

기뻐해야 할 이름(시 89:16)

기억해야 할 이름(시 20:7, 45:17, 119:55)

찾아야 할 이름(시 83:16)

송축해야 할 이름(시 66:4, 68:4, 69:30)

신뢰해야 할 이름(시 33:21)

기다려야 할 이름(시 52:9)

그분의 이름으로 우리가 취해야 할 행동은 사람들을 축복하고 향을 태우고(찬양의 제사를 올림), 손을 들고, 깃발을 세우고, 그분 앞에서 걷는 것(신 21:5, 말 1:11, 시 44:5, 118:10, 63:4, 신 18:5, 시 20:5, 미 4:5)이다.

하루는 주님을 예배하던 중 한 회원이 큰 축구경기장을 환상으로 보았다. 그곳에서는 강력한 치유와 축사가 일어나고, 많은 사람들이 구원받는 일들이 일어나고 있었다. 하나님께서 그 일에 여러 사람들을 사용하고 계셨다. 그러나 모든 일을 행하시는 분은 단 한 분이었는데, 바로 예수님이셨다. 축사와 치유와 구원을 행하시는 분은 단 한 분, 바로 예수님이시다. 그 환상을 본 회원이 놀란 가슴을 진정시키며 주님께 "주님, 이런 큰 사역을 일으키는 자들 중에 우리는 어디에 있는 겁니까?"라고 물었고, 이에 대한 그분의 대답을 듣고 그녀는 매우 놀랐다. 그 이유는 주님께서 이 질문에 대해 "왜 묻느냐, 너희들은 맨 아래쪽에 있다!"라고 대답하셨기 때문이다.

이어 그녀는 찬양하는 자들, 예배하는 자들이 특별한 옷을 입고 큰 무대의 한 곳에 모여 앉아 있는 것을 보았다. 신호가 떨어지자 그들은 모두 함께 일어나 주님을 노래하며 찬양하기 시작했다. 그들은 거대한 합창단을 이뤘다. 그들이 함께 박수를 치자 주님이 그들의 찬양과 박수소리에 힘을 얻으시고 매우 기뻐하셨다. 맨 아래쪽에는 마치 축구경기를 승리로 이끌기 위해 응원하는 이들과 같은 사람들이 앉아 있었고, 주님은 그들의 응원에 매우 기뻐하시는 듯한 표정을 지으셨다.

CHAPTER **12**

LADIES OF GOLD

그 외의 기록물들

　이 장에 실린 글들은 금촛대 중보자들이 기록한 글과 그 모임에서 펴낸 소식지에 실린 것들이다. 주로 그들이 가르쳤던 내용, 예언, 시 등으로 이루어져 있는데, 프랜시스 메트컬프가 쓴 것이 제일 많다. 원본이 너무 낡아 알아보기 어려운 기록들은 알아볼 수 있는 부분만 여기에 실었다. 또 일부 등사본의 경우 원본이 더 이상 존재하지 않아 전체를 다 실을 수는 없었지만, 책의 완성도를 높이기 위해 실을 수 있는 부분을 최대한 싣는 것을 원칙으로 하였다.

　–제임스 말로니

　주님께 찬양의 노래를 불러드리는 것은 참으로 선하고 탁월한 일이다. 우리가 주님께 불러드리는 노래와 찬양은 관제(drinking offering, 붓는 제사)와 같다. 주님이 우리의 영·혼·육 모두를 사랑하시는 분이기에 우리의 영과 혼을 모두 그분께 부어드려야 하는 것이다. 주님은 우리의 진정한 신랑이시다. 신랑이신 주님은 우리의 영·혼·육 모두를 마치 자신의 것인 양 사랑하신다.

　주님의 소망은 우리의 영·혼·육을 그분과 연합시키시는 것이다. 그러므로 우리의 사랑과 찬양을 주님께 쏟아붓는 것을 매우 기뻐하신다. 주님은 우리의 육체를 사랑하시기에 병든 몸을 고쳐주고 싶어 하신다. 그런 이유로 이 땅에서 사역하실 때, 병든 자들을 고쳐주셨다. 주님은 한 번도 시간을 허비하신 적이 없다.

　　하나님의 자비와 사랑은
　　하늘이 높음 같이 높다.
　　동이 서에서 먼 것 같이
　　그분이 우리의 죄를 멀리 옮겨놓으셨다.
　　주님을 찬미하라, 그분을 높여라.
　　천국의 무리에 속하라.
　　주님을 찬미하라, 그분을 높여라.
　　주님의 은혜와 사랑을 노래하라.

하나님을 찬미하라, 그분을 높여라! 그분을 더 크게 높여라! 그분의 백성들이 크게 높이지 않으면 누가 그분을 높이겠는가? 어떤 사람들은 그분을 힘이 센 작은 신 정도로 생각한다. 그러나 절대로 그렇지 않다. 하나님은 매우 크신 분이기 때문에 우리가 아무리 그분을 크시다고 해도 결코 충분하지 않다.

내 속에 주님을 향한 잘못된 마음이 있다면, 그분이 나를 용서해주시기를 간구한다. 나는 항상 주님을 존귀하게 대해드리고 싶다. 요즘은 주님을 존귀하게 대한다는 말이 가슴에 많이 와 닿는다.

내 입으로 주님을 찬양하는 말을 하겠습니다.
내 입으로 주님을 찬양하는 말을 하겠습니다.
내 몸으로 주님의 거룩한 이름을 영원히 송축하겠습니다.

오, 주님, 온 마음을 다해 당신을 찬양합니다. 주님은 전 우주적인 분이시면서 우리 각자와 개인적으로 관계를 맺으십니다. 오, 주님은 우리 각자를 일대일로 사랑해주시고, 또 각자에게 합당한 상급을 내려주십니다.

우리 입에는 하나님을 향한 찬양이 가득하고
우리의 손에는 양날 선 검이 들려져 있다.
우리는 그분의 명령에 따라 찬양하며 전진할 것이다.
주님의 정의로운 의를 실현하기 위해
우리 손으로 적들을 궤멸시키기 위해

찬양하며 전진할 것이다.

모든 백성들아, 주님이 오시니 박수를 쳐라! 너희 모든 열방 나라들도 박수를 쳐라! 이 땅을 통치하시기 위해 주님이 오고 계신다! 우리가 주님을 기뻐하면, 그분이 우리에게 나타나신다! 온유한 자들은 큰 기쁨을 누리게 될 것이다. 주님께서 "너희의 슬픔이 변하여 기쁨이 될 것이다"라고 말씀하셨다. 주님이 주시는 기쁨의 시간이 다가오고 있다. 주님께서 권능으로 이 땅을 심판하러 오시는 그날, 세상은 울며 통곡하나 그분께 속한 자들은 잔치를 열며 환호할 것이다. 우리가 기뻐하는 중에 주님이 임하실 것이다. 핍박을 견뎌낸 자들은 큰 상을 받게 될 것이다. 우리에게는 그날이 핍박에서 환희로 바뀌는 날이 될 것이다.

주님은 순식간에 우리의 슬픔을 기쁨으로 바꾸시는 능력을 갖고 계신다. 그분께서 너희에게 주시고자 하는 것을 주실 수 있도록 허락해드려라. 주님의 손에 들린 악기가 되어 그분이 연주하시고자 하는 대로 너희를 완전히 맡겨드려라. 주님이 너희를 조율하시고 담력을 키워주실 때 두려워하지 말라. 그분의 조율로 인해 너희는 더 좋은 소리를 낼 수 있게 된다.

너희가 부르는 고음의 찬양 속에 슬픔과 탄식의 저음이 깔려 있구나. 주님의 노래는 그분의 죽음과 피와 눈물의 결과가 아닌가? 한 번 잘 들어보라! 고음을 받쳐주는 저음으로 인해 찬양이 더욱 힘차고 아름답게 들린다는 사실을 알아라. 고음과 저음을 동시에 들을 수 있는 훈련을 하라. 찬양을 연주하는 악기들이 내는 소리들을 동시에 들을 수 있는 훈련을 하라. 주님이 너희를 위해 연주하는 모든 악기들이 내는 소리들을 저음에서 고음까지 다 만끽하며 들을 수 있는 훈련을 계속하라.

| 아들이 부활했다!

주님은 무덤에서 살아나셔서
죽음을 무찌르셨습니다.
주여, 우리 안에서 부활하셔서
우리에게 명령해주소서.

주님은 부활한 몸을 사람들에게 보여주셨습니다.
주님은 대적들을 이기시고
당신의 생명을 우리에게 주심으로
우리 안에 거하시게 되셨습니다.

주님은 택하신 모든 사람들에게
당신의 사랑을 나타내 보여주셨습니다.
오, 부활하신 주여,
주님의 딸과 아들들 안에서 당신을 나타내소서.
다시 일어나사 주님의 사역을 강력하게 펼치소서.
우리 안에서 우리와 함께 역사하소서.
초대 교회에 역사하셨던 대로
다시 한 번 당신의 성도들과 함께 역사하소서.

이제 다시는 목숨을 버리지 마시고,

우리 안에서 주님의 생명을 나타내소서.

살아 계신 말씀이시여,

우리로 우리를 보지 않고 주님만 보게 하소서.

제자들은 그분의 부활을

큰 능력으로 증거했다네.

큰 능력과 권세로

많은 기적과 이사를 행했다네.

오, 주여, 우리도 그들처럼

당신의 부활을 증거하게 하소서.

당신의 백성들이 주님의 말씀을 가지고

세상 모든 나라들로 나아가 당신을 증거하게 하소서.

우리가 증거하리이다.

당신의 부활을 증거하리이다.

주께서 부활하셨다! 다시 살아나셨다!

주님은 살아 계신다. 그분의 백성들도 살아 있다.

그분은 부활하신 하나님이시다.

우리가 주님을 찬송하듯이

모든 산 자들이여, 그분을 찬송하라.

주님은 죽은 자들을 살아나게 하신 후
그들로 당신을 찬송하며 살라 명하셨나이다.
세상 모든 나라들과 천국이 주님을 찬송하나이다.
우리가 당신의 부활을 증거하리이다.

주님은 거룩한 성전에 계신다. 세상에 있는 모든 것들아, 그분 앞에서 잠잠하라. 주님은 거룩하게 된 성도들 안에 계신다. 세상에 거하는 모든 자들아, 그분 앞에서 잠잠하라. 주님은 예고 없이 크신 능력으로 자신의 성전을 방문하신다. 그분이 성전에 오셔서 능력을 나타내시면 모든 사람들이 놀랄 것이고, 시온은 그분 앞에서 떨게 될 것이다. 주님이 능력으로 강림하시면 온 시온이 놀랄 것이고, 숨겨진 모든 것들이 빛으로 드러날 것이다. "지으신 것이 하나도 그 앞에 나타나지 않음이 없고 우리의 결산을 받으실 이의 눈 앞에 만물이 벌거벗은 것 같이 드러나느니라"(히 4:13).
오, 너희는 마음으로 준비하고 있어라. 주님께서 갑자기 임하실 것이니 준비하고 있어라. 그분은 생각지 못한 새롭고 놀라운 방법으로 오실 것이다. 주님은 시온에서 부활하신 자신을 보여주심으로 자신이 다시 사셨음을 사람들에게 명백하게 증명하실 것이다.

예, 주님! 눈먼 자들은 다시 보게 될 것이고, 의심했던 자들은 다시는 의심하지 않게 될 것이고, 듣지 못하던 자들은 다시 듣게 될 것입니다. 젖

먹이들의 찬미 소리에 주님은 힘을 얻으시는 반면, 당신의 적들은 혼비백산하여 달아날 것입니다. 주님의 아기들, 당신의 아들들이 당신의 온전함과 권세를 사람들에게 힘껏 증거할 것입니다. 예, 주님의 절대적인 권세가 기름부음 받은 자들에게 강력하게 임하게 될 것입니다.

> 보라, 무덤이 비었다, 무덤이 비었다!
> 무덤은 더 이상 죽음의 장소가 아니다!
> 빈 무덤의 노래는 승리의 노래다.
> 부활을 증거하는 노래다.
> 천사들이 외치는 소리를 들어보아라.
> "그분은 여기에 없다. 살아나셨다!"
> 무슨 소리가 들린다.
> 빈 무덤이 내는 반주 소리가 들리는구나.
> 빈 무덤이 반주하니 천사가
> "그분은 여기에 없다. 살아나셨다!"고 노래한다.
> 무덤의 돌이 치워졌다. 인봉이 깨졌다.
> 영광과 능력의 부활을 증거하라.
> 증언하라, 노래하라!
> 부활의 영광과 능력을 전하라!

예수님, 당신은 제자들에게 "어찌하여 이렇게 무서워하느냐 너희가 어찌 믿음이 없느냐?"라고 말씀하셨습니다. 주님은 그들에게 믿음에 관해 자주 말씀해주셨습니다. 주님은 하나님을 경외하는 이방인 백부장의 믿음을 칭찬하셨습니다(마 8:10-13). 당신은 이 마지막 때에 유대인들과 이방인들에게 임하셔서, 그들에게 하나님의 전신갑주를 입히신 후 강한 군사로 삼으실 것입니다. 우리는 주님을 기쁘시게 해드리기 원하고, 성숙한 믿음을 갖기 원합니다. 우리는 사랑과 믿음을 가진 사람이 되어 주님을 기쁘시게 해드리기 원합니다.

"믿음은 바라는 것들의 실상이요 보이지 않는 것들의 증거니 선진들이 이로써 증거를 얻었느니라"(히 11:1-2). 주님, 우리도 믿음의 조상들처럼 믿음의 증거들을 갖고 싶습니다. 우리 조상들의 믿음은 참으로 대단했습니다. 우리 어머니들의 믿음도 대단했습니다. 사도들의 믿음도 훌륭했습니다. 주님은 우리 모임에 속한 사람들의 믿음뿐 아니라, 전 세계에 흩어져 있는 모든 그리스도인들의 믿음도 강하게 해주십시오. 주님이 이 땅의 교회들을 정결하게 해주셨기 때문에 우리가 믿음의 좋은 열매를 맺을 수 있었습니다. 주님의 "믿음대로 될지어다"라는 말씀이 아직도 우리의 심령 속에 살아 역사하고 있습니다.

세상은 우리에게
"보는 대로 믿게 된다"고 가르친다.
그러나 주님은
"믿는 대로 보게 된다"고 가르치셨다.
"믿으라, 그러면 그렇게 된다"고 가르치셨다.

이것이 우리를 향한 주님의 말씀이다.

영광의 주님이 나타나실 것을 믿으라.

믿으면 그렇게 된다.

주님, 우리가 순결한 마음과 믿는 마음으로, 의심이나 두려움 없이 주님과 주님이 하신 말씀을 굳게 믿고 나아갑니다. 성경이 "태초에 말씀이 계시니라 이 말씀이 하나님과 함께 계셨으니 이 말씀은 곧 하나님이시니라"(요 1:1)고 했기 때문에 그 말씀대로 주님의 말씀이 하나님이심을 믿습니다. 우리는 또한 주님이 주겠다고 약속하신 것들을 반드시 받게 될 줄로 믿습니다.

주님은 그분의 약속의 깊은 의미를 깨우쳐주셨고(시 25:14, 확대역성경), 위대한 구원이 주님으로부터 왔다는 사실도 알게 해주셨습니다. 주님은 우리를 위해 간구하시는 위대한 대제사장이시기에 주님께 나아가는 사람들을 온전히 구원하실 수 있습니다(히 7:25). 우리의 몸과 영과 혼이 다 온전하게 구원받기를 원합니다. 우리의 모든 것이 다 주님께만 속하고, 우리가 오로지 주님의 나라에만 있게 되어 그 어떤 흑암의 대적들도 침범하지 못하고 오직 성령님만 우리를 다스리시기 원합니다.

"마귀에게 틈을 주지 말라"(엡 4:27)고 하신 말씀대로 우리의 마음을 마귀로부터 지켜내어 조금이라도 빼앗기지 않겠습니다. 주 그리스도시여, 우리의 마음은 주님께만 속해 있습니다. 주님은 우리에게 "능력과 사랑과 절제하는 마음"(딤후 1:7)을 주겠다고 약속하셨습니다. 그러니 우리에게 절제하는 마음(sound mind, 건전한 생각)을 주소서. 우리의 생각하는 것과 말하는 것이 주님의 생각과 말이 되게 해주소서.

우리의 생각이 살아 계신 하나님의 생각과 말씀에 동의합니다. 내 안에 있는 모든 것들이 살아 계신 주님의 말씀에 동의합니다. 내 속에 있는 모든 것들이 그리스도 안에 있는 진리를 따를 것을 선포합니다. 이기심이나 악한 영들이 들어올 빌미가 될 그 어떤 것도 내 속에 있지 않게 해주소서. 예수님, 내 안에서 주님이 되어주소서. 내 전 존재의 주님이 되어주소서. 이것이 주님을 향한 나의 부르짖음입니다. 내 속에 있는 모든 것들이 주님의 거룩한 이름을 송축합니다. 주님의 거룩한 말씀을 믿고 받아들입니다. 할렐루야! 내 속에 있는 모든 것들이 주님의 말씀을 굳게 믿도록 해주소서!

오, 주님의 믿음을 성도들에게 주심을 찬양합니다. 주님은 우리에게 믿음을 지키기 위해 힘써 싸우라고 명령하셨습니다(유 3, 20, 21). 바울이 전하고 가르쳤던 믿음, 베드로가 전하고 가르쳤던 믿음, 모든 사도들이 전하고 가르쳤던 진실한 믿음, 그런 믿음을 우리도 갖고 싶습니다. 주님이 다시 오실 때 이 세상에서 믿음이 있는 자를 볼 수 있겠느냐(눅 18:8)고 물으셨습니다. 주님이 원하시는 믿음은 살아 있는 깨끗한 믿음입니다. 주님은 우리를 단련하심으로 우리의 믿음이 불로 제련된 순수한 금처럼 되게 하십니다. 할렐루야!

오, 주님, 옛 성도들의 진실한 믿음을 이어받은 무리에 우리가 속하기를 간절히 원합니다. 할렐루야! 성령님은 믿음의 영이시고, 우리는 믿음의 말씀인 로고스와 레마를 가지고 있습니다. 할렐루야! 믿음의 말씀으로 우리의 잘못과 어두움의 영들을 벗어버렸습니다. 그 결과 우리는 강한 믿음을 갖게 되었습니다. 이 믿음은 주님이 심어주신 믿음으로, 지금 그 믿음이 우리 안에서 자라고 있습니다.

이 믿음으로 인해 위대한 일들이 벌어질 것입니다. 이 믿음으로 큰일들이 행해질 것입니다. 주님은 믿음으로 나라들을 정복할 수 있다고 말씀하셨습니다. 우리는 믿음으로 죽은 사람도 살릴 수 있음을 잘 알고 있습니다. 믿음으로! 살아 있는 순결한 믿음으로 그렇게 할 수 있습니다(히 11:33-35).

오, 주님은 부활하신 후 제자들에게 "믿음 없는 자가 되지 말고 믿는 자가 되라"(요 20:27)고 말씀하셨습니다. 불신하지 말고 믿으라고 말씀하셨습니다. 그렇습니다. 믿어야 합니다! 믿음이 답입니다! 제자들조차 주님이 부활하셨다는 사실을 믿지 않았습니다. 오, 주님, 우리 속에는 항상 불신이 자리잡고 있습니다. 그러나 주님의 능력으로 불신이 물러남으로 우리의 믿음이 정결해집니다. 오, 주님, 믿음이 없어 두려워하거나 의심하거나 머뭇거리는 자가 되지 않겠습니다. 우리는 주님을 의심하는 자가 아무것도 받을 수 없음을 잘 알고 있습니다(약 1:6-8).

주님은 믿음이 사랑으로 역사한다고 하셨습니다(갈 5:6). 우리가 주님께 감사하는 이유는 우리 안에 사랑으로 역사하는 믿음이 있기 때문입니다. 주님이 데살로니가 성도들에게 그들의 믿음이 넉넉하게 자라나고 있다고 칭찬해주신 것처럼, 우리의 믿음도 마지막 때에 악에 맞서 견고히 서 있을 만큼, 믿음의 방패와 성령의 검으로 악한 적들의 불화살을 막을 수 있을 만큼 잘 자라고 있다고 칭찬해주시면 좋겠습니다(엡 6:16-17).

한번은 주님이 한 여인에게 "여자여 네 믿음이 크도다 네 소원대로 되리라"(마 15:28)고 말씀하셨습니다. 그 여자는 이스라엘 사람이 아니었음에도 그녀의 믿음대로 되는 일이 일어났습니다. 그 이유는 주님이 믿음대로 된다고 선포하셨기 때문입니다. 우리도 그런 믿음을 가짐으로 주님께 기쁨을 드리고 싶습니다. 우리는 주님이 우리 속에 계시는 것 외에 다른 것을 바라지 않겠습니다. "너희 믿음대로 되라"(마 9:29)고 말씀하신 그 믿음이 우리 심령 속에 있게 하시고, 믿음대로 되는 일들이 우리 삶에 일어나게 하소서.

너의 눈을 보이지 않는 하나님의 영원한 진리들에 고정시켜라. 그러면 너는 영원한 것을 만지게 될 것이고, 주님만 바라보며 사는 택함 받은 영혼들이 도달한 완전함이 무엇인지 알게 될 것이다. 이제 막 예수를 믿어 하나님의 자녀가 된 지 얼마 안 된 자와 전 생애를 통해 성숙해져서 하나님의 임재 앞에 큰 희열을 느끼며 순전한 마음으로 서 있는 자의 차이는 엄청나게 크다는 사실을 알아라. 미성숙한 그리스도인이 행할 수 있는 능력은 매우 작다. 하나님의 뜻과 성령의 역사하심에 지속적으로 온전히 순복해야 믿음이 자라고 또 자라는 것이다. 그래서 결국 온전한 믿음에 이르게 되는 것이다.

때때로 네가 겪는 훈련, 고난, 고통, 이별, 수고, 궁핍, 거절들이 온전한 믿음을 갖게 해준다. 성령께서 모든 지체들이 강하게 되도록 훈련시켜 주신다. 너의 모든 생각과 상상하는 것들이 그리스도 앞에 무릎 꿇어야 한다. 세상을 좋아하고 세상에 끌리는 마음이 주님의 마음에 복종해야 한다. 마음의 모든 숨은 동기들이 완전히 사멸될 때까지 너의 바람과 소원이 계속 정결해져야 한다.

하나님의 사랑의 너비와 깊이를 헤아릴 수 있으려면, 모든 지식에 뛰어난 하나님의 강권하시는 사랑의 크기를 제대로 알 수 있으려면, 성도들과 함께 너의 영혼이 깨끗하게 씻겨야 한다. 흔치 않은 경우이긴 하지만, 네가 만일 하나님의 무한한 속성을 인식하게 되고, 너를 향한 목적을 그분께서 손수 이루신다는 사실을 알게 되면, 고난을 통한 훈련을 마치는 날에 너에게 면류관을 씌워주시는 주님을 향한 감사의 마음이 네 속에서 주체할 수 없을 정도로 흘러나오게 된다(히 5:7, 12:5-11).

낙심하거나 의심하지 말고, 환호하는 자가 되어야 한다. 요동하지 말고 굳건히 서 있어라. 내가 말하노니, 너에게 제시된 높은 삶의 기준을 확고하게 고수하여라. "서쪽에서 여호와의 이름을 두려워하겠고 해 돋는 쪽에서 그의 영광을 두려워할 것은 여호와께서 그 기운에 몰려 급히 흐르는 강물 같이 오실 것임이로다"(사 59:19). 네가 낙망하고 조급해진 상태에서 할 수 있는 것은 거의 없다.

너는 하나님이 맡기신 임무를 수행하는 동안 많은 어려움을 겪게 될 것이다. 그러나 그렇다고 해서 뒤로 물러서서는 안 된다. 지금은 편히 있을 때가 아니고 서서 견뎌내야 할 때다. 네가 악한 영들과 싸우려면 신실하게 하나님의 보좌 앞에서 예배하고, 세상 각지에 흩어져 있는 성도들을 기억하면서 그들을 위해 기도해야 한다. 하나님은 너희의 찬양을 받기에 합당하신 분이다(사 59:16-21).

네가 온 세상에 임할 악의 때에 견고하게 서 있도록 내가 새 힘을 준다. 이때 네가 빛의 갑옷을 입고 있다면, 의심하거나 두려워하지 않게 된다. 능력과 존귀가 너의 갑옷이기에 다가올 그때를 생각하며 즐거워할 것이다. 네가 약할 때 하나님이 너로 강하게 해주신다. 주님의 연약함을 짊어지려는 자는 복이 있는 자다. 주 예수께서는 연약하심으로 십자가에 달려 죽으셨지만, 하나님의 능력으로 부활하셨다. 네가 약함의 잔을 마시면 내가 너로 능력이 담긴 포도주를 마시게 해줄 것이고, 그 결과 너는 강해질 것이다. 나는 힘을 영원히 소유하고 있는 주 여호와다.

오, 주님은 모든 육체가 당신의 영광을 보게 되고, 모든 입술이 주님의 영광을 선포할 것이라고 하셨습니다. 주님이 우리 안에 계셔서 빛을 비추심으로 모든 백성이 주님의 영광을 보게 될 것입니다. 주님은 많은 아들들을 이끌어 영광에 들어가게 하실 것이라고 하셨습니다.

우리 안에 계신 그리스도는 우리의 영광의 소망이십니다(골 1:27). 주님이 의롭다 하신 모든 자들을 영화롭게 하신 것(롬 8:30)을 우리의 육의 눈으로 직접 볼 수는 없지만, 주님이 이미 그렇게 하셨다는 사실을 확실히 믿습니다.

주님은 자신의 영광을 제자들에게 주셨습니다. 따라서 우리가 그 영광을 이미 받았음을 믿습니다. 주님의 영광은 창세전에 하나님 아버지와 함께 누렸던 것으로, 그 영광을 제자들이 받았습니다. 성령은 영광과 능력의 영입니다. 우리 안에 계신 성령님은 자신을 나타내시는 분입니다. 주님은 우리를 영광에서 영광으로 변화시켜주십니다. 우리가 거울을 보는 것처럼 그 영광을 볼 때 주님과 같은 형상으로 변화되어 영광에서 영광에 이릅니다(고후 3:18). 그 영광이 우리에게 비칩니다.

주님의 말씀이 땅 끝까지 전해지고, 주님의 사역이 이루어집니다. 주님의 백성들의 손은 사람들을 치유하는 당신의 손입니다. 주님의 백성들의 믿음은 이 세상 곳곳을 돌아다니며 사역하시는 당신의 믿음입니다. 주님의 백성들의 목소리는 말씀하시는 당신의 목소리입니다.

주님, "주께서 그러하심과 같이 우리도 이 세상에서 그러하니라"(요일 4:17)라는 말씀을 받아들입니다. 우리를 주님의 증인으로 부르셨으니 이 세상에 사는 동안 주님만 나타내기 원합니다. 주님은 당신의 구원을 사람들에게 나타내시려 우리를 부르셨습니다. 주님이 우리로 전하게 하신 구원은 부분적인 것이 아니라, 영과 혼과 육을 모두 포함하는 완전한 구원입니다. 그러므로 우리는 사람들에게 영·혼·육을 모두 포함한 완전한 구원을 전해주어야 합니다.

세상의 기초가 놓이기 전에

하늘 아버지는 그리스도의 완전한 구원을 전하도록 우리를 택하셨다.

그분은 우리가 그리스도 안에서 새 피조물이 되게 하셨다.

하나님의 은혜의 영광을 찬양케 하기 위해!

하나님의 은혜의 영광을 찬양케 하기 위해!

하나님은 그리스도 안에서 우리로 새 피조물이 되게 하셨다.

그분의 은혜의 영광을 찬양케 하기 위해!

그리스도의 사랑을 받는 여러분에게 전합니다.

유월절과 부활절이 다가오고 있는 이때에 여러분이 거룩해지기를 진심으로 바랍니다. 여러분이 그리스도의 살과 피에 동참하고 그분의 거룩한 영에 동참하는 일이 실제로 일어납니다. 그 이유는 여러분이 그분의 몸과 살과 뼈의 일부이기 때문입니다(엡 5:30). 이러한 성만찬의 체험은 참으로 친밀하고도 놀라운 것입니다. 1976년 초에 주님은 우리에게 시편 25편 14절의 "달콤한 만족감을 주시는 주님과 사귀려면 그분을 공경하고 예배해야 한다. 주님은 예배를 통해 우리에게 약속을 보여주시고 약속의 깊은 의미도 알게 해주신다"(확대역성경)는 말씀을 주셨습니다.

그때부터 우리는 불같은 시련을 겪어왔습니다. 우리는 데살로니가 교회에게 믿음이 자라 풍성해지고 서로에 대한 사랑이 풍성해지기를 원한다고 편지한 사도 바울의 바람이 우리 모임에서도 성취되기를 간절히 원했습니다. 그러자 주님은 우리에게 시련을 주셨고, 그 결과 우리의 믿음과 사랑을 온전하게 해주셨습니다.

우리가 주 예수 그리스도의 흠 없는 신부(유 24)가 되도록 온전하게 빚어가시는 성령님을 찬양합시다. 우리를 신부로 빚어가시는 훈련 과정에는 혹독한 고난과 치열한 영적 전쟁이 포함되어 있습니다. 에베소서 6장은 하나님의 훈련을 잘 이기기 위한 교과서입니다. 우리는 죄와 마귀를 이기신 예수님께만 집중해야 합니다. 하나님의 아들이 나타나신 것은 마귀의 일을 멸하시기 위함입니다(요일 3:8). "자녀들아 너희는 하나님께 속하였고 또 그들을 이기었나니 이는 너희 안에 계신 이가 세상에 있는 자보다 크심이라"(요일 4:4)는 말씀이 우리에게 큰 용기를 주었습니다.

우리는 마귀와의 격렬한 전투 중에도 주님을 찬양하며 높였고, 그 결과 놀라운 승리를 경험했습니다. 우리 회원 중 한 명은 죽음의 문턱까지 갔다가 다시 살아나기도 했습니다. 또한 몇몇 회원은 천사가 찾아와 힘을 주고 보호해주는 체험을 하기도 했습니다. 할렐루야!

우리가 펴낸 소책자들을 원하는 사람들의 빗발치는 요청에 큰 위로를 받았습니다. 특별히 우리를 위해 기도해주신 분들께 감사드립니다. 여러분의 요청에 대한 응답이 늦어진 것을 용서해주십시오. 우리는 여러분의 기도제목을 주님께 신실하게 올려드릴 것입니다. 남편 마리안과 저는 현재 육체적으로 심한 공격을 받고 있습니다. 우리 부부가 매일 주님 안에서 살아갈 수 있는 것은 오로지 주님의 은혜입니다. 여러분은 믿음으로만 영·혼·육이 승리를 거둘 수 있다는 사실을 잘 알고 있어야 합니다.

여러분은 그리스도께서 갈보리 십자가에서 위대하고도 영광스러운 승리를 쟁취하셨음을 깨닫고 기뻐해야 합니다. 하나님은 그리스도의 갈보리 십자가를 통해 우리를 대적하는 하늘의 공중 권세 잡은 자들과 정세들을 무력화시키셔서 그들의 실체를 밝히 드러내심으로 승리를 거두셨습니다(골 2:15, 확대역성경).

남편 마리안과 여기에 있는 하나님의 모든 성도들과 함께 주님의 부활을 기뻐하며 여러분에게 주님의 사랑과 축복을 보내드립니다.

– 프란시스 메트컬프

1976년 유월절-부활절

다락방에서 예수님과 함께
유월절 음식을 먹은 사람이
처음엔 열두 명이었지만
지금은 셀 수도 없이 많아졌네
사랑하는 그분과 함께 잔을 나눈
어린양의 숫자가 크게 늘어났네
쓴 포도주가 가득 담긴 잔을 손에 드시고
"이것은 내 피다"라고

말씀하시는 주님의 소리가 들리는 듯하네

주님은 기도를 마치신 후

우리와 함께 그 잔을 드셨네

우리는 주님의 사랑과 고난을 마셨네

주님은 떡을 손에 들고

축복하신 후

제자들에게 나누어주셨네

그 떡은 영원히 사시는

그리스도의 몸이네

그 떡이 주님의 몸이 되었네!

– 프란시스 메트컬프

보혜사 성령님, 오, 보혜사 성령님, 우리가 당신을 높입니다. 예, 우리가 당신을 존귀하게 여깁니다. 진리와 빛의 성령님, 생명의 성령님! 우리가 당신을 존중합니다. 당신은 아버지의 약속대로 이 세상에 오셨습니다. 그러므로 우리가 하나님 아버지를 송축합니다. 교회에 성령이 임하도록 기도하신 예수 그리스도를 높입니다.

성령님, 당신은 이 시대에 강력하게 역사하고 계시고, 앞으로 다가올 마지막 때에는 더욱 강력하게 역사하실 것입니다. 오, 성령께서 마지막 때에 행하실 일들, 나타내실 능력들, 거두실 승리들을 생각하니 우리 속에서 기쁨이 솟아오릅니다. 능력의 성령님, 우리가 당신을 높입니다. 불의 성령님, 태우시는 성령님! 우리의 심령을 태우소서. 오, 태우시는 성령님, 우리 안에서 새롭게 불타소서.

    육체는 아무리 열심히 일해도 아무것도 이루지 못함을 잘 알고 있습니다. 오직 성령님이 하라고 하신 것만 행해야 이룰 수 있습니다. 육체로 심으면 썩을 것을 거두지만, 성령으로 심으면 영원한 생명을 거둡니다. 그러므로 우리가 오직 성령님의 지시만 따라야 함을 아주 잘 알고 있습니다. 성령으로 심되 풍성하게 심어야 합니다. 당신은 우리에게 성령으로 살면 육체대로 살지 않게 된다고 말씀해주셨습니다. 이제는 더욱 성령님을 높이고, 성령님과 동행하며 살겠습니다.

    나는 성령이 태풍처럼 소용돌이치며 땅으로 내려오는 것을 보았다. 커다란 불덩이가 하늘에서 내려오는 것을 보았는데, 그것은 성령이었다. 성령께서는 나에게 성령과 불로 세례 받는 것에 대해 알려주시며 "성령과 불의 세례는 아주 격렬하다"라고 말씀하셨다. 이와 관련하여 성경은 "그 앞에는 삼키는 불이 있고 그 사방에는 광풍이 불리로다"(시 50:3)라고 기록하고 있다.

    우리는 성령의 불세례를 받게 될 것이다. 성령의 불은 육체가 이룬 일들을 태워 없애버린다. 그분은 불타는 나무로 모세에게 나타나셨다. 이제 그분은 우리의 마음의 제단에 새 불로 나타나셔서 그것을 태우실 것이다. 성령의 정결케 하시는 불로 태움 받아 깨끗하게 되는 것은 참으로 영광스러운 경험이다. 우리는 성령의 능력이 우리의 마음을 태우는 것을 잘 견뎌낼 것이다. 주님, 우리에게 거룩하신 성령님을 부어주셔서 감사합니다. 우리가 주님을 마음껏 송축합니다!

보혜사 성령님,

이 밤에 당신께 감사의 경배를 드립니다.

이는 성령님이 우리에게 모든 것들을 알려주시고

예수 그리스도를 보여주셨기 때문입니다!

합창)

말씀을 해석해주시는

영원히 복되신 주님

복되신 주님

복되신 주님

말씀을 기억나게 해주시는 주님

성령님, 당신은 거룩하신 천국의 교사이시고

우리 주님의 영이십니다!

주님은 위로자 성령님을 보내주겠다고 하셨지요.

이제 우리는 성령 그분이 참이심을 압니다.

살아계신 하나님의 위대하신 성령이시여
당신은 우리의 마음속에 인봉되어 있습니다!

합창)
말씀과 성령이 동의한다.
참으로 놀라운 증거다.
성경이 말하고 있는 증거들을
우리 속에서 찾아보자!

주님, 자비와 인자의 노래를 부르겠습니다.
정의로우신 주님께
자비와 인자의 노래를 불러드리겠습니다.
주님의 흠 없는 길을 조심스레 따름으로
지혜로운 자가 되겠습니다.
오, 주님, 언제 오시렵니까?
나 항상 흠 없는 마음으로
올바르게 살며
당신을 노래하겠습니다.

내 눈앞에 악한 것들을 놓지 않겠습니다.
한눈팔게 하는 악한 것들의 궤계를 멸하겠습니다.

왜곡된 마음을 품지 않겠습니다.

악한 것을 알지 않겠습니다.

주님, 당신의 도움이 필요합니다.

주님의 안전한 길을 따르며 지혜롭게 행동하겠습니다.

(시 101편, 확대역성경)

내 사랑 주님과 함께하니 너무 행복합니다.

내 마음 날개를 달고 위로 올라갑니다.

내 발이 천국 리듬에 맞춰 춤을 춥니다.

주님을 소유하니 너무 행복합니다.

천국의 기쁨! 천국의 기쁨!

슬프고 우울한 적도 있었지만,

지금은 기쁨에 겨워 웃고 있습니다.

천국의 기쁨이

내 마음에 흘러넘치고 있습니다.

전에는 슬펐지만 지금은 기쁩니다.

천국의 기쁨! 천국의 기쁨!

주님의 사랑으로 인해

과거에 경험했던 희열이

주님을 사랑하는 나에게

지금 다시 임했습니다.

하나님만이 느끼시는 천국의 기쁨을

나도 느끼고 있습니다. 할렐루야!

추위에 길을 잃고 방황하던 나를,

어두움에 헤매던 나를,

주님이 보시고 안아주셨습니다.

놀라운 사랑, 놀라운 희열, 놀라운 기쁨

천국의 기쁨! 천국의 기쁨!

나는 주님께 문을 열고 들어오시라고 말했다. 주님께서 큰 문을 여시자, 내 눈앞에 새로운 영역이 나타났다. 거기에는 사도 바울과 성도들과 천사들이 있었다. 그들이 나를 새로운 곳으로 데리고 들어갔다.

예수 그리스도는 내 안에 살고 계십니다.

그분을 죽음에서 살리신 성령님도

내 안에 살고 계십니다.

하나님 아버지도 우리 안에 살고 계십니다.

예수 그리스도는 이 땅에서 살아가는

성도들 안에 살고 계십니다.

하나님을 주님으로 모신 나라는 복 받은 나라다! 주님, 당신이 이 나라의 주인이 되어주셔서 감사합니다. 이 나라가 생길 때부터 우리가 당신의 유업이 될 수 있도록 택해주시니 감사드립니다. 이 나라를 세운 선조들이 이 땅에서 주님을 높였습니다. 주님은 지금 북에서 남으로, 동에서 서로, 이 나라 곳곳에서 운행하고 계십니다. 사람들이 진심으로 회개하고 기도하며 주님께 돌아오고 있습니다. 싸움과 혼돈이 온 나라에 가득한 가운데서도 도처에서 일어나 주님을 찬양하고 예배하고 있습니다.

우리가 주님의 나라의 백성이 되게 해주셔서 감사합니다. 하나님을 잊어버린 사람들과 악인들은 지옥에 들어가게 될 것입니다. 이 나라가 주님을 잊지 않는 나라가 되게 해주소서. 우리는 이 나라가 주님을 더 강력하게 기억하는 나라가 되기 원합니다. 성령님, 우리에게 지금까지 나타나주심에 감사드립니다. 주님, 올해는 당신이 최대로 나타나시는 해, 강력하게 역사하시는 해가 되게 해주소서.

사랑하는 주님께서 가까이 오셨다! 코앞까지 오셨다! 사랑하는 주님께서 우리 가운데 계신다! 오, 그분을 찬미하자! 주님을 찬양하고, 그분께 우리의 순수한 사랑을 드리자. 사랑하는 주님! 우리가 사랑하는 주님! 그분은 수없이 많은 무리들의 대장이시다. 그분은 천국에서 가장 공명정대하신 분이다. 주님이 자신의 아름다움을 우리에게 보여주셨다. 그분의 사랑을 보여주셨다. 주님은 우리가 가까이 다가가는 것을 허락하셨고, 그분과 함께 걷는 것도 허락하셨다. 기뻐하고 즐거워하라. 어떤 일을 겪더라도 기뻐하고 즐거워하라. 주님이 우리 가운데 계신다!

오늘 성령께서 우리를 감동시켜 주셔서 주님이 특별한 방법으로 우리의 사랑을 받기 원하신다는 사실을 알게 되었다. 그분은 우리에게 "오늘은 나의 날이다. 너희가 전쟁을 치르고 있는 지금도 나는 너희와 친밀한 관계를 맺음으로 연합하길 원한다"고 말씀하셨다.

나라는 존재가 이제 막 주님이 계신 광야의 천막 안에서 태어난 것처럼 느껴졌다. 모래 언덕 쪽에서 전쟁하는 소리가 들렸다. 대장 되시는 주님께 승리를 전하는 나팔소리도 들렸다. 그때 갑자기 커튼이 쳐졌고, 사랑하는 주님이 말을 타고 나에게 힘차게 다가오셨다.

나를 향한 사랑의 마음으로 불타고 계신 주님이 천막 안으로 들어오셨다. 그분과 사랑의 교제를 나누는 귀한 시간이 시작되었다. 나는 주님께 나의 사랑을 한껏 부어드렸다. 오직 위대하시고 거룩하신 주님의 마음을 기쁘게 해드리는 일에만 신경을 쓰자 힘들었던 지난 기억들이 눈 녹듯 사라졌다.

주님은 나의 사랑을 받으심으로 새 힘을 얻으셨다. 새 힘을 얻으신 주님은 군대를 이끌고 승리의 말발굽 소리를 드높이며 다시 전쟁터로 달려가셨다. 그분이 쏜 날카로운 화살이 적장의 심장을 꿰뚫었다. 이것이 내가 사랑하는 주님이 하신 일이다! 나의 대장 되신 주님이 하신 일이다!

이 구원의 말씀이

나라에서 나라로

강처럼 흘러들어

불처럼 번져

그리스도를 통해

사람들이 바라던 진리를

온 세상이 알게 될 것이다.

'바라던 진리'가 다가온다! 주님, 모든 나라가 일어나 당신의 오심을 환영합니다. 주님의 말씀이 세상 곳곳에서 환영받게 하소서. 온 세상 사람들이 주님의 지체가 되게 하시어 이들이 세상 곳곳에서 역사하시는 성령님을 찬송하게 하소서. 교회가 부활의 능력을 받아 주님께서 주신 강력한 힘으로 전진하게 하소서. 우리는 주님이 나타나시기를 간절히 바라고 있습니다. 우리는 매일 주님의 얼굴을 구하며 주님을 뵙게 되기를 염원하고 있습니다.

주의 영이 계신 곳에 자유함이 있네.

주의 영이 계신 곳에 자유함이 있네.

율법의 묶임에서 그분이 우리를 자유케 하셨네.

주의 영이 계신 곳에 자유함이 있네.

주님이 적에 대항하는 우리의 수준을 높여주시네.

우리는 주님의 은혜와 능력으로 승리자가 되네.

주님이 우리에게 분명한 승리를 주시네.

주의 영이 계신 곳에 자유함이 있네.

주님이 우리를 육의 속성에서 자유케 하셨네.

우리가 성령 안에 거함으로 승리자가 되었네.

주님의 은혜와 축복이 우리의 양손에 가득하네.

주의 영이 계신 곳에 자유함이 있네.

증거에 자유함이 있고, 기도에도 자유함이 있네.

매일 예수를 위해 사는 것에 자유함이 있네.

하나님을 경배함에 자유함이 있으니 참으로 좋은 희년이로다.

주의 영이 계신 곳에 자유함이 있네.

성령 하나님의 사랑은 참으로 아름답다.

그분이 주시는 사랑은 놀랍도록 아름답다.

그분이 우리의 눈물, 고통, 슬픔을 멸하러 오신다.

그분이 우리의 아픈 마음을 고치러 오신다.
성령께서 온 세상을 부드럽고 힘차게 날아다니신다.
아픈 영혼들을 치료하시려 기다리고 계신다.
성령께서 영혼들을 구원하사 온전케 하시면,
인애 속에 감춰진 그분의 축복이 드러난다.

나는 조금 전에 꿈에서 깨어났다. 꿈에서 나는 예루살렘에 있었고, 거기서 드보라 모드를 보았다. 우리는 감람산 교회에 있었는데, 거기서 주님께 예배를 드리고 싶은 마음이 생겼다. 그러나 그리스도를 대적하는 사람들 때문에 예배를 드릴 수가 없었다. 그래서 우리는 교회 밖으로 나와 우리끼리 모임을 가졌다. 거기서 드보라가 춤을 추었다. 그녀는 춤을 추며 뛰었고, 마지막에는 주님의 임재 속에 쓰러졌다.

한 형제가 내 뒤로 다가와 내 머리 위에 손을 얹고는 "예언하는 것을 무서워하지 마십시오"라고 말했다. 대적자 몇 명이 거기 있었다. 그런데 또 다른 형제가 나에게 다가와 나의 눈을 똑바로 쳐다보면서 "예언하기를 두려워하지 마십시오"라고 말해주었다. 나는 "적들이 홍수처럼 밀려올 때, 두려워하지 말고 전능하신 하나님을 의지하라"는 노래를 부르기 시작했다.

나는 꿈에서 깨어나 그것이 우리와 우리가 살고 있는 이 시대와 관련된 꿈이라는 생각이 들었다. 그리고 우리가 승리했다는 확신이 들었다. 주님이 우리의 승리자가 되신다!

주님은 우리가 그리스도의 깊은 곳까지 들어갔기 때문에 시온이 대적자들에게 점령당하고, 그 결과 우리가 공격을 받고 있는 것이라고 말씀해 주셨다.

오, 주님, 우리는 당신만 계시면 충분합니다. 모든 것이 충분합니다! 주님은 물질적으로 그리고 영적으로도 충분함의 모든 것 되십니다. 우리는 주님으로부터 모든 것을 충분히 받습니다. 필요한 모든 것이 주님으로부터 옵니다. 풍성하신 주님이 우리 가운데 계시기에 우리가 필요로 하는 모든 것을 풍성하게 받습니다.

LADIES OF GOLD

LADIES OF GOLD

by James Maloney

Copyright ⓒ 2011 by Answering the Cry Publications

Originally published in English under the title
Ladies of Gold by WestBow Press

1663 Liberty Drive
Bloomington, IN 47403

Korean Translation Copyright ⓒ 2016 by PureNard
2F 16, Eonju-ro 69-gil, Gangnam-gu, Seoul

The Korean edition is published by Arrangement with WestBow Press.
All rights reserved.

본 저작물의 한국어판 저작권은 WestBow Press와의 독점 계약으로 한국어 판권은 '순전한 나드'가 소유합니다. 저작권자의 허락 없이 이 책의 일부 또는 전체를 무단 복제, 전재, 발췌하면 저작권법에 의해 처벌을 받습니다.

금촛대 중보자들 I

초판발행 | 2016년 3월 4일
5쇄발행 | 2024년 3월 20일

엮 은 이 | 제임스 말로니
옮 긴 이 | 박미가
펴 낸 이 | 허철
총　 괄 | 허현숙
편　 집 | 김혜진
디 자 인 | 이보다나
제　 작 | 김도훈

인 쇄 소 | 예원프린팅
펴 낸 곳 | 도서출판 순전한 나드
등록번호 | 제2010-000128
주　 소 | 서울특별시 강남구 언주로69길 16, (역삼동) 2층
도서문의 | 02) 574-6702
팩　 스 | 02) 574-9704
홈페이지 | www.purenard.co.kr

Printed in Korea

ISBN 978-89-6237-187-1 03230